为什么我们希望你成为有钱人

（第二版）

〔美〕唐纳德·特朗普　〔美〕罗伯特·清崎　著

刘红霞　译

四川人民出版社

readers-club

北京读书人文化艺术有限公司
www.readers.com.cn
出　品

致中国读者的一封信

亲爱的中国读者：

你们好！

今年是《富爸爸穷爸爸》在美国出版20周年，其在中国上市也已经整整17年了。我非常高兴地从我的中国伙伴——北京读书人文化艺术有限公司（他们在这些年里收到了很多读者来信）那里了解到，你们中的很多人因为读了这本书而认识到财商的重要性，从而努力提高自己的财商，最终同我一样获得了财务自由。

我很骄傲我的书能够让你们获益。20年后的今天，世界又处在变革的十字路口。全球经济形势日益复杂，不断涌现的"黑天鹅事件"加剧了世界发展的不确定性，人们对未来充满迷茫，悲观主义情绪正在蔓延。

而对于你们，富爸爸广大的中国读者来说，除了受世界经济的影响，还要面对国内经济转型的阵痛，这个过程艰苦而漫长。当然，为了成就这种时代的美好，你必须坚持正确的选择，拥有前进的智慧和勇气。这就需要你努力学习。

最后，我还是要说，任何人都能成功，只要你选择这么做！

罗伯特·清崎

富人教他们的孩子财商,
而穷人和中产阶级从不这样做。

——〔美〕罗伯特·清崎

出版人的话

转眼间,"富爸爸"问世已20余年,与中国读者相伴也已近20年。在中国经济和社会蓬勃发展的20年间,"富爸爸"系列丛书的出版影响了千千万万的中国读者,有超过1000万的读者认识了富爸爸、了解了财商。在"富爸爸"的忠实读者中,既有在餐厅打工的服务员,也有执教讲堂的大学教授;既有满怀创业梦想的年轻人,也有安享晚年的退休人士。"富爸爸"的读者群体之广、之大,是我们不曾预料到的。

作为一套在中国风靡大江南北、引领国人创业创富的财商智慧丛书,"富爸爸"系列伴随和见证了千万读者的创富经历和成长历程,他们通过学习财商,已然成为中国的"富爸爸",这也是我们修订此书的动力。20年来,"富爸爸"系列也在不断地增加新的"家族成员",新书的内容也越来越贴合当下经济的快速发展以及国内风起云涌的经济大潮,我们也在十几年的财商教育过程中摸索出了一套适合国内大众群体的"MBW"财商理论体系,即从创富动机、创富行为习惯、创富路径三方面培养学员的财商,增强大家和财富打交道的积极意识,提高抗风险的能力。

曾有一位来自深圳的学员告诉我,他当年就是因为读了《富爸爸穷爸爸》一书,并通过系统的财商训练,才在事业上取得了巨大的成功。难能可贵的是,成功后的他并没有独享财富,而是将自己致富的秘诀——"富爸爸"财商理念分享给了更多想要创业、想要致富、想要成功的人。

在"富爸爸"的忠实读者群中，类似的成功故事还有很多很多。在"富爸爸"的影响下，每一位创富的读者都非常乐意向更多的朋友传授自己从财商训练中获得的成功经验。

值此"富爸爸"20周年之际，作者的最新修订版再次契合了时代的发展、读者的需要。在经济金融全球化的发展与危机中，作者总结过去、现在和未来财富的变化与趋势，并重温了富爸爸那些简洁有力的财商智慧，在中华民族伟大复兴的新时代，"富爸爸"系列丛书将结合财商教育培训，为读者带来提高财商的具体办法，以及在中国具体环境下的MBW创富实践理论。丛书的出品方北京读书人文化艺术有限公司将从图书、现金流游戏、财商课程等多角度多方面，打造出一个立体的"富爸爸"，不仅要从财商理念上引导中国读者，更要在实践中帮助中国读者真正实现财务自由。读者和创业者可以通过关注读书人俱乐部微信公众号，来了解更多有关"富爸爸"系列丛书和财商学习的信息。

正如富爸爸在书中所说，世界变了，金钱游戏的规则也变了。对于读者和创富者来说，也要应时而变，理解金钱的语言、学会金钱的规则。只有这样，你才能玩转金钱游戏，实现财务自由。

汤小明

读书人俱乐部

作者按
预言成真

我想阐述三个观点，以此说明为什么本书的再版会比其2006年第一次出版时的意义更加重大。

观点1：

2004年，我和唐纳德·特朗普第一次相聚，我们发现我们共同关注和忧虑一些事情，因此我们有了合著此书的想法。这些忧虑如下：

1. 美元贬值以及它如何掏空储蓄者和中产阶级的财富。

2. 石油价格上涨。随着全球石油消费量的增加，石油价格持续走高。石油被誉为"流动的金子"和"工业的血液"。今天这个时代，它的影响极为广泛，大到政治局势和世界经济，小到地区建设和百姓生活都会受其影响。石油价格的走高，意味着所有东西都将变得昂贵。此外，这也将直接影响穷人和中产阶级。

3. 沉重的债务。不仅是消费者入不敷出，就连美国政府也这样了。目前，全球已经深陷次级信贷危机的漩涡中。

4. 401（k）和共同基金欺骗了投资者。在本书上一次出版后不久，《华尔街日报》就发表了一篇能印证我们这一担忧的文章。

观点2：

本书于2006年出版后，曾遭到好多人的严重批评。本书此次改版，将指出为什么那些批评家是片面和短视的。

观点3：

特朗普和我之所以联合起来著书立说，是因为我们都有作为自己致富导师的"富爸爸"。写这本书，是因为我们都相信财商的力量。与其指望政府和政客们关照你和你的钱，不如从现在开始好好打理自己的钱，尽快致富。

——罗伯特·清崎

目 录

前　言
为什么我们希望你成为有钱人 / 1

第一部分
我们为何合著此书？/ 11

第 1 章　百万富翁遇见亿万富翁 / 13
第 2 章　我们共同关心的事 / 29
第 3 章　正在消失的中产阶级 / 39
第 4 章　如何让自己变得富有？ / 51
第 5 章　为什么我们想让你变得富有？ / 63

第二部分
三种类型的投资者 / 77

第 6 章　为赚钱而投资 / 79
第 7 章　选择你的战场 / 87
第 8 章　储蓄者和投资者的区别 / 95
第 9 章　你必须投资这两样东西 / 107
第 10 章　赢家控制局面 / 119
第 11 章　开发左右脑，增强创造力 / 127
第 12 章　胸怀大志，开疆拓土 / 133
第 13 章　致富是可以预见的，且无风险 / 141

第三部分
关键时刻：超越胜利和失败 / 149

第14章　你从你父亲那里学到哪些？ / 153
第15章　你从你母亲那里学到哪些？ / 161
第16章　你从学校学到哪些？ / 167
第17章　看军校如何帮你定义人生 / 173
第18章　你从运动中学到哪些？ / 183
第19章　你从商业中学到哪些？ / 197
第20章　想有钱是一种罪恶吗？ / 203

第四部分
如果我是你，我会怎么做 / 213

第21章　在校学生的致富之路 / 215
第22章　穷人的致富之路 / 231
第23章　退休老年人的致富之路 / 241
第24章　如何让我的财富保值增值？ / 251
第25章　为什么我发不了财？ / 259

第五部分
踏上你的致富之路吧 / 269

第26章　路径1：投资房地产 / 271
第27章　路径2：创业 / 283
第28章　给自己找一个致富导师 / 293

结　语 / 301
特朗普的致谢 / 304
清崎的致谢 / 305

前　言
为什么我们希望你成为有钱人
两个男人，一个建议

富人越来越富，而你呢？

"中产阶级正在消失，不断萎缩的中产阶级对美国的稳定和世界的民主都造成了一定的潜在隐患。我们之所以希望你变得富有，是因为与其坐等这一问题继续发展，不如参与到问题的解决中来。"

——唐纳德·特朗普、罗伯特·清崎

唐纳德·特朗普和罗伯特·清崎共同关注这样一个问题，那就是：美国的富人越来越富，但是美国却越来越穷。就像日渐消融的极地冰川一样，中产阶级正在消失。美国的两极分化日趋严重。你要么站在富人这一列，要么站在穷人那一列。而特朗普和清崎希望你站到有钱人这一列。

中产阶级日渐萎缩，已经发展为全球性问题，只不过这一现象在经济发达国家表现得更为明显，比如八国集团[①]。

前任美联储主席艾伦·格林斯潘曾经说过："正如我经常所说，这不是一个民主社会——更准确地说，这是一个资本主义社会——可以轻易接受而丝毫不加应对的那种状况。"他接着解释道，"在美国，贫富差距如此之大，而且拉大的速度如此之快，最终可能会威胁到资本主义社会自身的稳定。"

问题源自教育的缺失

造成美联储主席所说的这一问题（贫富差距加大）的真正原因是什么？他给出的答案是"教育"。格林斯潘指出：美国孩子在小学4年级时的测试水平尚高于世界平均水平，但是到了12年级的时候却被远远地甩在后面了。他说："为了防止这一差距继续扩大，我们得做点什么。"

唐纳德·特朗普和罗伯特·清崎也把造成贫富差距加大的原因归咎于教育的缺失。只不过他们关注的是另一种类型的教育——财商教育。两人都对美国各级学校缺乏优质的财商教育表示担忧。他们认为：正因为财商教育的缺失，使得美国迅速地从世界头号经济大国滑落为最大的债务国。疲弱的美国经济和作为国际储备货币的美元持续走软将不利于世界的稳定与发展。正如全球其他地区经常说的那样："美国打个喷嚏，全球都跟着感冒。"

同为培训师的两个人

唐纳德·特朗普和罗伯特·清崎都是成功的企业家和投资家。他们在生意上取得的成功已经得到国际上的广泛认可。他们身兼多职，不仅是培训师，

[①]八国集团（Group of Eight），是指八大工业国美国、英国、德国、法国、日本、意大利、加拿大及俄罗斯。——编者注

还是著名的畅销书作家；他们不仅生产教育棋盘游戏，还致力于财商教育的推广，甚至涉足教育类电视节目的制作。唐纳德·特朗普打造了自己主持的超级热门电视真人秀节目《学徒》，罗伯特·清崎也在广受好评的美国公共电视台（PBS）主持《富爸爸致富指南》这一节目。

两人同为培训师，并不是因为他们需要更多的钱，而是因为他们关心你和你的家人、美国以及全世界的命运。正所谓"授人以鱼，不如授人以渔"，他们正是用财商教育这种方法来帮助穷人和中产阶级。

不同阶级的理财观

有三种不同类型的理财观，每个类型针对的群体分别是穷人、中产阶级和富人。穷人的理财观是"无需理财，政府会解决我们的养老问题"，也就是依靠社保和医保养老。中产阶级的理财观是：就业，好好工作，量入为出，储蓄，长期持有共同基金，并且多元化投资。大多数的中产阶级都是保守型投资者——不想冒太大风险，获取保本收益足矣。富人们则是积极性投资者——为了追求高收益不惜冒风险。本书正是写给积极型投资者看的。

唐纳德·特朗普和罗伯特·清崎之所以成为畅销书作家和著名的演说家，是因为他们通过演讲或者著书立说的方式来教导人们"不要总是量入为出，过着拮据的生活，而是要通过'开源'来提高自己的生活水平"。他们希望人们试着学习投资理财方面的知识，然后通过投资致富。

回顾历史

在狩猎采集时期，人们以部落群居的方式生活。当时的人们很大程度上是平等的，没有阶级之分。即使是部落首领，他所居住的地方大体上也和部落里的族人一样。部落首领没有私人飞机当座驾，也没有价值数百万美元的房产，更没有保障其退休后依然过着优厚生活的黄金降落伞①。

到了农耕时期，贫富差距开始出现，且两极分化严重：一极是国王和他们

---

① 黄金降落伞（Golden Parachute）是指作为企业的高级管理层，在他们失去原来的工作后，公司从经济上给予其丰厚保障。——编者注

的贵族朋友们，另一极是为他们辛苦劳作的大众。这一时期，普天之下莫非王土，也就是国王控制着全部的土地资源。农民们在国王的土地上辛苦劳作，并把庄稼收成中的一部分作为赋税上交给国王。

到了工业时期，现代中产阶级在美国这一民主共和国诞生了。

今天，我们已经步入信息时代，但中产阶级却在慢慢消亡。

全球性问题

现在，中产阶级的慢慢消亡已经逐渐变成了一个全球性问题，但大部分的中产阶级却对此毫无危机感。他们之所以感到安全，是因为他们认为政府会对此问题进行干预，并制定一些保护他们利益的措施。他们不知道的是，其实政府根本无力解决这一问题。不管哪国政府，即使是美国政府也不可能像以前那样保护自己的国民。为什么？因为现在这一问题已经是全球性问题。比如，石油价格的决定权已经不是美国所能左右的了。恐怖主义也不再是国与国之间的战争，而是观念之战。恐怖分子可以袭击任何一个地方，然后消失得无影无踪。在全球经济一体化这一趋势下，美国丧失了大批工作机会，这使得某些跨国公司变得比一些国家还富有。互联网的应用也让我们无论身在哪里，都可以通过即时通讯保持密切联系。从这个意义上讲，互联网进一步加速了全球化进程，随时随地的沟通已经成为现实。

在美国国内，正如环保主义者注意到一些种类的青蛙正在消失一样，经济学家发现中产阶级和穷人的养老金和医保也正在消失。在不久的将来，历史上人数最多的婴儿潮一代开始在世界范围内退休。大多数的政府都没有足够的财力向这批人兑现诺言。

他们是商人，而非政客

人们希望他们自己选出的政府官员能关注并解决日益增多的与中产阶级和穷人有关的问题。然而唐纳德·特朗普和罗伯特·清崎不是政客（虽然特朗普已经成功竞选总统），他们当时却是以企业家、投资家和教育家的身份合作撰写本书的。

他们无法承诺帮你解决问题,但他们希望你避免成为问题的受害者。请不要期待你选出的政党或政府官员能提供一些解决方案,也不要相信他们可以保你过上健康、富裕的生活。唐纳德·特朗普和罗伯特·清崎希望你能变成有钱人,从而参与到解决国家和全球所共同面临的问题中来。

并非一本实务操作书

谈到赚钱,人们总想知道具体该怎么做。他们总是问很具体的问题,比如"我有25000美元,我该怎么理财?"当你跟别人说我不知道怎么打理自己的钱时,他们很乐意告诉你该怎么做。他们的建议是"把你的钱交给我吧"。

本书不是一本实践性很强的理财书。唐纳德·特朗普和罗伯特·清崎这两位作者也不会告诉你把钱具体投资到哪些领域。他们只是在书里和读者们分享他们的想法,以及他们的金钱观、生意经和投资之道,这其中包含他们实现财富自由的秘诀。

洞察力

许多人不希望人们知道他们的致富秘诀,但是特朗普和清崎却不是这样,他们愿意和大家分享。

洞察力是领导力的一个方面。这本书与洞察力有关,在金钱游戏中致胜的特朗普和清崎,将在本书中分享普通人无法洞察到的东西——两人取得成功的想法和做法。借助他们二人的经验和智慧,你将获得不同寻常的洞察力,由此助力你的财务自由之路。

注意"透明度"这个词

在金钱世界里,有一个词常常会被提及,即"透明度"(transparency)。这一词语有多层含义。跟本书相关的3个含义如下:

1. 不被借口和欺诈所蒙蔽;
2. 信息透明,让人一目了然;

3. 很容易理解。

人们都想拥有一双慧眼，这样就能亲自观察，自己做决定。但是我们目前的教育体系不可能教授财商知识，所以我们无法拥有一副发达的经济头脑。由此导致人们在投资时缺乏一定的洞察力，所以只能把钱交给理财顾问进行简单的投资。于是，很多人盲目地追随理财顾问给出的这一理财建议：努力工作、储蓄、长期持有共同基金、多元化投资。

注意：如果你笃信理财顾问给出的这一建议，那么本书可能不太适合你。

特朗普和清崎不对共同基金进行投资，因为共同基金公司不需要账务透明，也不需要对外披露真实的运营费用。因为大多数的业余投资者不懂得"透明度"这一理财常识，所以这些隐藏的信息对他们构不成困扰。专业的投资者，比如特朗普和清崎，他们需要清晰地了解有关自己投资的所有信息。

或许"储蓄、投资共同基金"对穷人和中产阶级来说不失为良好的理财方式，但对那些想成为有钱人的人来说，却不尽然。本书就是要通过这两位富人的双眼，让读者了解普通人难以一窥究竟的金钱世界。

看历史如何影响今天

本书也将讨论历史如何引领我们走到当今这个财务境况的。我们将列举历史上一些重要的年份。

1971年：美元与黄金脱钩，不再是与黄金挂钩的国际储备货币。也就是在这一年，"储蓄"成了过时和糟糕的理财建议。如今，中产阶级几乎没有储蓄。

是因为他们知道储蓄是个过时的想法吗？

1973年：历史上第一次石油危机爆发。这次危机从某种意义上来说更多的是政治问题。但是，当前的石油危机却是对我们所有人都产生影响的供需层面的问题。我们中的少数人将变得更加富有，但是大部分人将更加贫困。

当前的石油危机如何影响到你？

1974年：美国《雇员退休收入保障法案》（ERISA）通过。这一法案最终导致众所周知的401（k）计划付诸实施。从没有哪一项法律的变动能如此重要地影响你我的生活。401（k）计划原本是美国税法中一段晦涩难懂的小文，最初只是针对企业为高管提供的利润分享计划而做的规定。1981年，美国国税局规定普通雇员可以使用同样的规则——从其工资或薪金中缴款参与该计划，并享受延迟纳税的优惠待遇。401（k）计划使美国人的退休储蓄方式发生了革命性变化。问题是，其实401（k）只是一个储蓄计划，而非退休计划。众多拥有401（k）计划的普通雇员在其退休后，也不可能靠足够的养老金为其老年生活提供坚实的保障，因为401（k）本身就是为高收入的企业高管量身打造，而非为收入微薄的工薪族而设计。简单来说，401（k）退休储蓄计划对近八成的工薪族来说并不合适，尤其是那些年收入低于15000美元的人。即使拥有401（k），还是会有数百万的中产阶级将被降级为贫困阶层。

你有401（k）吗？

1989年：柏林墙被推倒，互联网兴起，我们进入了信息时代。伴随着婴儿潮那一代工人的失业，大量年轻的互联网行业的百万富翁、亿万富翁横空出世。

许多中老年人因为自身所掌握的技术已经过时，不得不开始为年轻一代打工。与工业时代的加薪相比，许多年长的工人收到的是一纸解雇通知书，因为他们多年积累的知识和经验已经被淘汰了。

你的技能过时了吗？

1996年：《电信改革法案》通过。此法案允许通过光纤网络与全球连接，一定程度上加速了全球化的步伐。从此，很多美国白领拥有的工作机会流失到国外，因为在那些服务成本比美国低得多的国家雇用一名程序员、医生、律师和会计会更划算，这从经济学的角度上来看十分正确。

你在被互联网影响的地区工作吗？

2001年：中国加入世贸组织。美国及欧洲（诸如八国集团等）国家从生产者变为消费者，从而打破了之前的贸易平衡，使得我们的工厂转移到发展中国家。

一些小公司也因此再无法与像沃尔玛这样的大公司竞争，因为这些跨国公司的订单基本被中国的工厂包揽。

现在，美国和西方国家的中产阶级正在消失，而中国和印度的中产阶级却在日益壮大。

你是否购买海外生产的商品？

2004 年：在美国总统两党候选人约翰·克里与乔治·布什的辩论中，双方谈及美国工作外包的问题。但他们都回避了一个更为严重的问题——美国将债务也"外包"给外国人了。

谈及非法移民问题时，大多数人只关注它对国内劳动力市场的冲击，却忽略了一个更为重要的问题：国外资金流入已让美国负债累累。也就是说，美国这艘航空母舰是在国外资金的支撑下才"不沉船"的。2004 年，44% 的美国国债被外国人持有。历史上没有哪个国家的外债能达到如此之高。我们根本无力偿还这笔债务，而且世界对于美国外债金额的容忍度也是有限的。

你有能力偿还自己的个人债务吗？

本书不是一本政治类题材的书。我们不会在书中责怪共和党人、民主党人、自由派或保守派中的任何一方。我们只讨论有关金钱、财商以及如何提高财商，这样可以使你免遭国家资金管理不善所产生的影响。今天我们所面临的问题已经超出了政府的能力范围。这也许就是为什么政客们回避讨论这一问题的根源所在。

美国拥有世界上最高的生活标准。为了维持这一生活水准，我们为此付出了巨大的代价——通过举债并成为世界上最大的债务国。截至目前，仍有许多国家把美元作为其外汇储备的一部分，这意味着世界允许我们根据自己的意愿启动印钞机。你觉得这是童话故事还是噩梦？特朗普和清崎认为好景不长。他们预计全球范围将出现大规模的调整。不幸的是，穷人和中产阶级将成为这次调整的重灾区。这也是我们为什么想让你变成有钱人的原因。

本书不是讨论"如何改变世界"这一主题的

本书并不探讨"如何改变世界",而是探讨"如何改变自己"。只有改变自己,你才能跟得上世界变幻的步伐,避免沦为全球变革的牺牲品。毕竟我们生活在一个瞬息万变的世界。政客和政府不可能对此迅速作出反应,更不可能帮我们从这些变革中逃脱出来。

金钱并不能解决贫困问题

金钱不是万能的,不是所有问题都可以用钱来解决,比如贫困。造成贫困的原因有很多,其中一个就是财商教育的缺失。单纯用"砸钱"的方式去扶贫不仅会让穷人越来越多,还会让他们在贫困线上挣扎得更久,这就是为什么特朗普和清崎要担当起致富导师重任的原因。他们明白,唯一能解决全球贫困问题的方法是提高人们的财商。如果单纯地用"砸钱"的方式就能解决全球性的贫困问题,他们宁愿捐出自己的全部财产。但既然财商才是最终的解决之道,他们就愿意为此捐出自己的宝贵时间和致富经验。

随着财商的提升,你将发现致富机会无处不在。一旦成为有钱人,你也会选择加入解决贫困问题这一阵营中。这就是唐纳德·特朗普和罗伯特·清崎想要做的事。

本书的两位作者有着完全不同的背景,各自从不同的角度阐述自己的观点。清崎是一个讲故事高手,写作时经常以对话的形式来说明某个问题。特朗普喜欢直截了当地说明问题,尽可能用比较简洁的话语。所以在文中我们用两种字体来呈现二人的观点。

你能以开放的心态来阅读本书吗?如果是这样的话,你将通过这两位成功人士的慧眼观察世界,并且扩展自己的思维方式。这些都将助力你的财务自由之路。

是的，我们确实创造了一个近乎完美的共和国。

但他们会遵守吗？

或者，他们是否会在尽情享受时，

忘记自由的来之不易？

没有人格的丰富物质，

正是通往毁灭的道路。

事实上，当我想到神的公义时，

我为我的国家感到忧虑。

神的公义不可能永远沉默。

——托马斯·杰斐逊

第一部分
我们为何合著此书?

鉴于多种原因,唐纳德·特朗普和罗伯特·清崎从来没有见过面,更别提一起合作出书了。唐纳德·特朗普来自号称全球金融之都的纽约。他出生于一个富裕家庭,年轻时就开始赚钱,现在已经成为亿万富翁。罗伯特·清崎在有着"度假天堂"美誉的夏威夷长大,他的父母都是中产阶级,经过多年的努力,他自己早已跻身于百万富翁之列。

如今早已实现财务自由无需工作的他们却选择继续工作,甚至比以前更加努力。虽然他们工作的领域不同,但共同的使命却让他们走到了一起。

二人同为国际著名的畅销书作家,每个人都可以自己写一本畅销书。

既然如此,为何二人还要选择共同合作完成一本书呢?

估计你在书店已经多次见过他们单独出版过的著作了,也许你买过,也许没有。但是现在他们要合作出版一本书,是不是很有意思?

本书第一部分的主要内容是由二人分别介绍他们是如何相识及此书的创作背景。

第1章
百万富翁遇见亿万富翁

清崎的视角

2005 年 11 月 6 日　芝加哥

现在是周日下午早些的时候。成千上万的人都聚集在芝加哥参加一个大型的房地产博览会。展会大厅内摆满了各种陈列，全是与房地产有关的财富投资机会。培训讲师们正在更小的教室里向参会人员传授"如何才能建立自己的财富"等相关知识。大厅里充斥着嘈杂的嗡嗡声。参展人员对这些能改变自身财务命运的知识充满了兴奋感。

后台的工作人员正在房间里紧张地忙碌着。这里有着与大厅截然不同的兴奋——安静且令人激动的兴奋。一辆黑色加长豪华轿车停了下来，人们开始窃窃私语："他来了。唐纳德·特朗普来了。"

我当时正站在后台休息室，所以没法得知豪华轿车的到来。但是当我看到两名警察经过休息室的大门时，我知道唐纳德·特朗普即将出场了。

我从休息室往外望去，一位身材高大、仪表堂堂的大人物从豪华轿车里缓缓走下来。从气场上来看，这个人只能是唐纳德·特朗普，看过《学徒》节目的观众都能认出他。人们自发地排成两列，特朗普走在这两列仰慕者之间，对大家微笑点头示意。这简直就是皇室贵族或国家元首出场时才有的规格待遇！如果这在好莱坞的话，估计还得铺上红地毯。

"我的天哪！"一个年轻妇女轻声说道，"他比电视上更迷人。""我简直不敢相信他竟然这么高！"另一个年轻妇女说道，"你看到他的头发没？"大多数情况下，人群中的男人们基本都保持安静。

休息室的门突然被打开，活动发起人走到我身边，问我："做好介绍特朗普的准备了吗？由'富爸爸'清崎来介绍特朗普出场，大家一定很喜欢。"

接着唐纳德·特朗普走到我和活动发起人身边，在和活动发起人私下交谈几句之后，特朗普转身和我打招呼："你好，今天是由你来介绍我出场吗？"我点头以示回应。"太好了，听说你的书仍稳居《纽约时报》畅销书榜。"特朗普说道，"你太了不起了。"接着，他降低音量，继续说道："我想跟你谈点别的事。你现在方便吗？"

"方便。"我回复道。

"你是个人投资理财排名第一的作家，我是经管类排名第一的作家。我觉得我们应该合作一本书，你觉得怎么样？"

我被他的这个提议惊呆了，竟然说不出话来。

等我回过神来，回复道："好主意。那就这么说定了。"

我伸出手想要跟他握手，以确定他刚说的合作出书这事不是在跟我开玩笑。没想到他也同时伸出手来，我们握了握手。特朗普转身对他那威猛的保镖基思说："把我的名片给清崎先生。"

基思，这位一米八的大个子保镖突然变得不那么令人生畏了。只见他笑着掏出金色名片盒，递给我一张唐纳德·特朗普的名片。

"下次你来纽约的时候记得打电话给我，我们到时候好好商量一下写书的细节。我会介绍梅雷迪思给你认识，她会协助我们完成写书这个项目。"特朗普说道。

很快，出场时间到了。我转身走向舞台，这里不仅是现场 24000 名来自芝加哥的特朗普粉丝目光聚集的中心，还是更多通过卫星转播观看的亿万观众静候唐纳德·特朗普出场的地方。我那简短的开场白刚刚结束，超级火爆的电视真人秀节目《学徒》的主题曲就被播放出来，伴随着成千上万的金色气球从大厅屋顶飘落，人群中爆发出热烈的掌声，唐纳德·特朗普出场了。

漫长的回程路

坐在从芝加哥返回凤凰城的飞机上，跟特朗普握手的场景又浮现在我脑海中。"我是谁？竟然会和特朗普合作写书？"我一直问自己，"我们写点什么内容好呢？"

"需要毯子吗？"空姐的话把我从混乱的思绪中拉出来。

"不需要，谢谢。"我笑着答道。

空姐刚走开，我脑海中立马闪现出一个想法：我们可以写点跟房地产有关的内容。

这个想法刚一闪现，我就被站在对立面的另一个我不断地拷问：你想和特朗普合作一本关于"房地产"的书？要知道，在房地产方面，特朗普可是大名鼎鼎的专家，你只不过是一个小菜鸟。他在纽约兴建了诸多摩天大楼，而你呢？你只不过有几个小公寓、几栋低层的商业楼宇，外加几块空荡荡的地皮。除此之外，他还是亿万富翁，而你只不过是百万富翁而已。

在此之前，我一直对自己所取得的成就非常满意。可一说要跟特朗普合作出书，我所有的成就则显得那么渺小和不值得一提。跟特朗普合作出书的荣誉感一扫而空，留给我的只有伤感。"我们到底写点什么好呢？"在整个航程中，我一次又一次地问自己。

会面地点——特朗普办公室

2005 年 12 月 12 日

这一天，我去纽约的美国公共电视台录一期电视节目，同时也要跟雅虎财经频道的负责人见面。梅雷迪思和我约定，只要我有机会去纽约，她就约我见面，看看我们能否在出书这件事上碰撞出绝佳主题框架。12 月 12 日，我和妻子金·清崎乘坐出租车到达特朗普的办公室。那里不仅仅是他的办公室所在地，其实整栋大楼也都是他的。

看过《学徒》这个节目的人一定对纽约第五大道上特朗普大厦那金光闪闪的入口再熟悉不过了。站在人行横道上，我的目光随着楼层一层一层地往上移动，久久地凝望这座摩天大楼，过了好久才看到天际。特朗普大厦比我和金拥有的任何一栋建筑都要宏伟壮观。虽然我曾从这座大厦前面经过好几次，但当我知道自己可以进到里面和它的主人特朗普见面时，它瞬间变得更高大了。

没想到在第五大道上竟然勾起我这么多回忆。1965年,我第一次来纽约这个国际大都市求学——美国商船学院。当年,我也曾像今天这样注目过这座大厦。只不过那时的我还是个来自夏威夷的贫苦小伙子。

40年后,我又一次站在这里,受特朗普之邀,进入这座大厦里和他见面。那一刻,我对过去的一切做了一次深刻的对比。

大多数人认为我很成功。按照我在"富爸爸"系列书中分享过的那些经验和教训,我赚过几百万,也赔过几百万。现如今,我站在特朗普大厦前,我猛然意识到这一路走来是多么艰辛和漫长。这种感觉让人难以置信。

面对眼前的大厦,我想起特朗普最喜欢的一句口头禅"大处着眼"。我不禁"哇"了一声,感叹我现在的志向比1965年我初到纽约的时候要远大好多。这时,我太太用力地攥了一下我的手。

深吸一口气,我们步入大厦,向电梯走去,电梯口的保安立即上前跟我们打招呼。确认身份后,我们直接乘电梯到达顶层,特朗普就是在这里经营着他的整个帝国。

如果你看过《学徒》这档节目,一定知道特朗普的办公室门口有一位迷人的接待员。(为了满足真人秀节目观众的好奇心,唐纳德·特朗普在其办公楼下面的一层仿造了一处一模一样的办公室,并在那里录制节目。这样,录制节目时他可以从自己的办公室乘电梯直接下楼到录音棚。)虽然这档节目我看过好几期,但是我从没想过有一天我能真真切切地走进特朗普的世界。

我突然觉得自己仿佛是参加真人秀节目中的选手,这种感觉很奇特。节目中的情景和现实中的场景在我的脑海里交替出现,亦梦亦幻。

除了先前招呼我们入座的接待员外,第一个出来迎接我们的是特朗普那位身材威猛的保镖基思。一见面,他就像老朋友一样对我们报以热烈的欢迎。接着他坐在我们身边,我感觉就像在自己家里一样,没想到他接人待物这么亲切,闲谈中得知他以前曾经是纽约市局警探,现在是特朗普的私人保镖。基思一直陪我们交谈,招待我们喝水,直到梅雷迪思出现。

作为纽约典型的年轻女主管,梅雷迪思不仅外表出众,而且工作能力也很出色,即使被外派到伦敦、巴黎、悉尼、东京、多伦多或北京,她都能独当一面。梅雷迪思跟我握手并微笑地欢迎我们："太好了，我们终于见面了。"

谢过梅雷迪思，我和金跟随她穿过玻璃门进入特朗普的会议室——真正的会议室。刚一落座，电视真人秀里面的镜头又在我的脑海里闪现出来。我轻声自问："你在这里做什么？你怎么来这里的？"（事实上，我说话的时候是这样的：你在——吸气——这里做什么？你怎么——吸气——来这里的？）

聊了几分钟后，梅雷迪思问我："您打算写哪方面的内容呢？"

"我其实很关注贫穷问题，"我回答道，"我觉得书的主题可以是关于如何解决贫困问题。书名可拟定为《贫穷的终结》。"

梅雷迪思点头说："这个主题不错。"

"另外一个我比较关心的问题是：为什么富人越来越富，美国却越来越穷。我觉得我们可以写写为什么中产阶级逐渐消失，而高收入的工作机会却正在向中国和印度转移。我还长期关注这个问题：随着婴儿潮一代的退休，养老金渐渐不堪重负，社会保障及医疗保险资金日趋捉襟见肘。"

"特朗普先生对这些问题也很关注，"梅雷迪思说，"他曾写过一本很不错的书，就是关于这些问题的。"

"是《我们该有的美国》这本书吧？"金说道。

"是的。"梅雷迪思回应道，"他在这本书里表达了自己对这些问题的忧心，以及早在911事件发生前，他就提出对恐怖袭击的担忧。"

"911之前？"金问道。

梅雷迪思点了点头，"书中不仅提及恐怖主义，还谈到失控的国家债务问题。他不仅指出这些问题，对此还提出自己独特的解决方案。"

我妻子点头回应，她很喜欢这本书。

梅雷迪思继续说道："提到特朗普，人们对他的第一印象停留在主持真人秀节目、举办选美比赛、投资赌场和房地产，其实他还有大家不太熟悉的一面。关心这些全球问题和如何解决这些问题的人应该好好读一下这本书。"

"如此说来，我们有好多共同关注的问题。我们都是导师和演说家。有意思的是，像特朗普这么有钱的名人也会对普通民众发表演说。事实上，我对他为什么要做导师很好奇。每次见面都很匆忙，我都没机会问他这些问题。"

"他天生就是当老师的料。"梅雷迪思说道,"替他工作这么多年,这一点我很清楚。《学徒》这个真人秀节目就是最好的例子。当节目制作人马克·伯内特向他提出真人秀这一节目构想时,他坚持这档节目一定要有一定的教育意义,否则拒绝合作。"

"确实如此。"金说道,"我看这个节目就是想学一些经营方面的经验。特朗普先生解决不同问题的方法也让人受益匪浅。最精彩的部分就是他所分享的每次行动背后的思考过程。我最想知道他在节目中'解雇'选手们的原因。"

我说:"《学徒》确实是一档寓教于乐的节目。收看节目时,我一点也不觉得浪费时间,因为我总能从中学到一些可以应用到实践中的东西。"

"或许你们合作的这本书可以从'你们同为导师'这个角度出发。"金说道,"你们都是企业家和房地产投资家。你在南美创办了一家开采银矿的公司和一家石油公司,这是众所周知的事情,如同大家都知道特朗普和特朗普大厦一样。但是,他们不知道你两位都是导师。"

"可石油勘探那个项目我失败了啊。"我自嘲道。

金笑着说:"不是所有的投资项目都会成功的。"

"特朗普先生也不是百战百胜的,"梅雷迪思补充道,"他也面临很多挑战。"

"他曾在他的《东山再起——投资界的不死鸟》这本书中公开讲到他遇到的财务挑战。"金说道,"这也是很棒的一本书。"

梅雷迪思微笑着点了点头:"除了财务方面遭遇的挑战,你们俩人都毫无避讳地向公众讲述自己的成败得失。能否告诉我,你们为什么对自己的财务麻烦会如此直言不讳呢?"

"因为我想要人们知道我是如何历经挑战和失败,最后取得成功的。我想说的是,不管是富人还是穷人,都不可避免地会遇到各种财务问题。"

"说得太对了。特朗普先生也是这么想的。他也非常希望人们从自己的成败中学习经验和教训。是不是还有许多富人也愿意这么做?"

"没多少富人愿意这么做,"我说,"其实大部分富人不希望别人知道自己是如何致富的,更不会有人愿意提及自己的失败经历。这其中就包括我的富爸爸。"

"为什么会这样？"

我看了看金，她冲我笑了笑，意思是鼓励我继续说下去。于是我对梅雷迪思说道："写完《富爸爸穷爸爸》的书稿后，我便拿给富爸爸看，他本人及其家人都要求我不要在书中提及他的真实姓名，即便书中提及富爸爸时没什么对他不利的言论。他只是不想让读者知道自己是如何致富的。为了尊重他的隐私，我没在书中提及富爸爸的真实姓名。"

"这样做会不会给你带来一些麻烦？"梅雷迪思问道。

"的确如此。"我回答道，"好多人在看了这本书以后说我在撒谎，怀疑我书中提及的富爸爸根本不存在。"

> 其实大部分富人不希望别人知道自己是如何致富的，更不会有人愿意提及自己的失败经历。
>
> 我想要人们知道我是如何历经挑战和失败，最后取得成功的。我想说的是，不管是富人还是穷人，都不可避免地会遇到各种财务问题。
>
> ——罗伯特·清崎

"其实挺可笑的。"金说道，"清崎之所以这么做，完全是为了尊重富爸爸及其家人的意愿。我们只是为了保护对方的隐私而已。这个话题对我们俩来说简直太痛苦了。大多数富人不想暴露自己致富的秘密。"

"这就是特朗普和你跟其他富人不一样的地方。"梅雷迪思笑着说，"你们俩都善为人师，即便遭受非议，仍然愿意分享自己的知识财富。"

"特朗普先生也因传授和分享自己的知识这一良好的初衷而饱受非议？"金问道。

"是的，远远不止你们知道的那些。"梅雷迪思说，"好多人认为他发表演讲、出书及研发教育类产品（电视真人秀和棋盘游戏）只是为了赚钱或者出名。虽然特朗普先生确实从中赚了不少钱，名气也比以前更大了，但是他这样做的最初目的是为了教导人们。他真心希望人们能够在他的引导下走上财务自由之路。他十分关心目前我们的国家和人民所面对的财务困境，担心美国经济一旦处理不当将会对世界造成一定的影响。他一直不明白为什么我们的学校不教授财商方面的课程。正因为如此，他才毫不吝啬地分享自己的知识。"

突然，有人敲门。原来是特朗普的私人助理罗娜。她走进来说："特朗普先生5分钟后就可以跟你们见面了。同时，他很抱歉让大家久等了。其实他很讨厌让别人等他，但是没办法，他现在正忙着打电话处理事务。"

"没关系的，"我说道，"我正好利用这段时间跟梅雷迪思好好聊一会儿，我们聊得还不错。"

罗娜走后，梅雷迪思起身并带我们走出会议室。我环顾四周，豪华至极，不仅让我回想起自己工作过的地方。"你知道，"我对梅雷迪思说，"特朗普和我都有教我们学东西并且让我们为其工作的富爸爸。因此，从很多方面来看，我们俩都是学徒。"

达成一致

"欢迎欢迎。"特朗普站在办公桌后起身迎接，"非常抱歉，让你们久等了。"

"没关系，"我边说边环视他办公室的四周，墙上挂满了来自世界各地的大大小小的各种奖项和礼物。他的桌子旁边是他每周录制广播节目的无线电设备。所有这些都令人钦佩不已。

一阵寒暄之后，我们切入主题。"我们即将合作的这本书写点什么内容好呢？"特朗普问道。

"我相信我们都想问对方这个问题。"我回答道，"毕竟我们俩在房地产领域的交易规模及各自的财务状况方面相差悬殊。我觉得我们俩在金钱方面的匹配度极低。毕竟您是资产上亿的亿万富翁，而我只不过是个小小的百万富翁而已。"

特朗普轻声笑道："千万不要小瞧百万富翁。身价上亿的富人宁愿跟您交换身份呢。"

"我明白，但是百万富翁和亿万富翁之间的差距确实很大。毕竟，今天好多百万富翁都即将破产了。"

"此话怎讲？"特朗普问道。

"或许我们身边都有一些这样的人,他们的房子升值不少,但是他们的收入却没增加多少。举例来说,我在夏威夷有个同学,他在父母去世后继承了一处房产。尽管他继承的这处房屋的总价飙升,而且没有一分钱的房贷,但是他仍然只是个名义上的百万富翁。他和妻子仍然生活得很拮据,因为他们俩的年收入低于9万美元。他们有3个孩子,都还在上学。他们不知道如何支付孩子们的大学费用。"

"这么说他们是资产富裕但生活拮据?"特朗普问道。

"是的,从账面上看,他们是百万富翁,但现实生活中他们却是中产阶级。如果夫妻双方中有一人出意外,或者孩子生病,他们很容易出现财务危机,陷入贫困。"

"很多家庭都可能出现类似的变故,尤其是在退休或者终止工作以后。一旦生病,他们不得不变卖家产,以求生存。"特朗普严峻地说道。

"未来几年,随着婴儿潮这一代的退休,这个问题还将进一步扩大。"

"确实如此,"特朗普说道,"医疗保险费用已经超过社会保险费用,成为美国最大的债务负担。我不知道政府如何为即将退休的7500万人支付退休金,以及他们的保健费用、医疗费用,甚至当他们生活无法自理时的长期照料费用。我担心的是我们孩子这一代,当政府无法为我们提供养老保障的时候,就得由他们来承担这一严峻的财务挑战了。"

"或许这就是我们写作的重点。"我说。

"我确实在《我们该有的美国》这本书中已经提及这问题,尽管这个问题从没引起读者的关注。我个人认为这是我所有书中写得最好的一本,因为书中对我们面临的这些问题进行了深入剖析,而非单纯地谈论如何致富。但是这本书的销售情况却远不及其他书。"

"我也出版了一本类似的书,即2002年出版的《富爸爸财富大趋势》。我在书中主要讲述以下几个方面:当婴儿潮一代退休后,股票市场将迎来一场灾难;401(k)存在严重缺陷,它根本不是退休计划,而是储蓄计划;不久的将来,大部分的退休工人们都会被如何养老这个问题困扰。"

"您这本书也卖得不好?"特朗普问道。

"是的，很多人都看好这本书，但销量却不行。更糟糕的是，华尔街的媒体并不相信我的预言。"

"怎么回事？"特朗普问道。

"这事着实让我很不安，并且沮丧了好久。直到几个月前，《纽约时报》和《时代》周刊两大媒体都在封面上刊登了我早在2002年就预言过的问题。"

"这两大媒体怎么说的？"特朗普问道。

这次来美国公共电视台录制节目，我随身携带了这两本杂志。于是，我从公文包里拿了出来。"这是《时代》周刊2005年10月31日发行的这一期。封面标题为'退休大骗局'，副标题是'那些自认为退休后可以享受一定退休福利的数百万的美国人定将得到一个出人意料的惊喜，看公司如何在国会的帮助下掏空民众的口袋。'"

"没错，我看过这篇报道。"特朗普说道，"我记得'看公司如何在国会的帮助下掏空民众的口袋'这部分内容。文章提到公司在政府的协助下，合法地'偷走'工薪族的钱。"

"难道这还不让人感到不安吗？"我问道。

"《纽约时报》怎么说的？"特朗普问道。

我又拿起另一本杂志，对特朗普说道："2005年10月30日，《纽约时报》封面发表题为'很遗憾，你不会再有养老金了'的报道。副标题为'美国的下一波财务危机'。"

特朗普点点头："我们的确有好多共同关注的话题。"

"的确如此。这也是我为什么要做培训、写书、研发棋盘游戏的原因。我不是为了赚更多的钱，当然能赚到钱更好。对我们来说，有很多比这更容易赚钱的方法。我做财商培训及财商教育产品是源于我对这些问题的担心和关注。我不愿看到我们的国家和人民深陷困境之中。"

"我深有同感。"特朗普说道，"我们出席相关大型活动发表一次仅为两个小时的演说，路上却要花费两天的时间和大量的精力。正如您说的，我们轻松赚大钱的方式很多，不必如此颠簸。"

我和金一致点头表示同意。同为培训讲师的金说道："我们确实可以通过房地产或其他投资很轻松地赚大钱，但是培训已经成为我们的使命。正是这一使命，促使我们整天在空中飞来飞去。要知道在飞机上过夜，只为发表一个简短的演说，然后再飞回家。这样做肯定不是为了赚钱。"

特朗普表示认同，并说道："当我们面对一大群听众发表演讲时，你们有没有这种感觉？他们当中虽然有些人已经成为有钱人了，有些人不久将成为有钱人，可还有相当多的人可能要在财务困境中挣扎很久。每当想到这些，我就难受。"

"或许这就是你们俩要写的主题。"梅雷迪思说道，"也许人们很想知道你们为什么希望他们变得富有，以及你们最关心的问题是什么。"

"还有，"金补充道，"大家一定也非常关心你们为什么选择继续努力工作，即使你们已经不必这么做了。你们已经有足够的钱，可你们却不打算退休。何不在书里讲讲你们这样做的原因？到底是什么比金钱更重要的动力促使你们坚持不懈呢？"

"我做培训只是出于喜欢而已。"特朗普说道，"但是我真的关心这些问题。我希望我是错的，但我仍然认为美国已经深陷财务危机之中。一直以来，美国政府都未能妥善处理这一问题。我这么说，并不是想指责民主党或共和党，指责某个政党或对某个领导人指指点点毫无意义。不管是哪一党执政，我都担心中产阶级会陷入困境，而且逐渐消失。就像我常说的，我常担心今天的中产阶级将变成新贫族。更糟糕的是，即便他们经过多年的打拼，仍可能陷入贫困之境。"

"那我们可以把书的主题锁定在'通过财商教育终结贫困'方面。"我说，"毕竟是因为财商教育的缺失，导致我们陷入困境的。何不利用财商教育帮我们摆脱困境呢？"

"好主意！但是在我们尝试解决全球性贫困问题之前，得让大家知道如何自救。毕竟解决全球贫困问题，这可能需要几代人的努力。在我们无法改变目前的教育体系之前，我们可以先自己这么做。"

特朗普继续说道："未来几年，婴儿潮一代将陆续退休，到时候政府不得不承认财力不足，石油价格飞涨，美元持续走软，通货膨胀难以控制，美国仍陷于中东战争之中。我们需要对那些找寻答案的人们给予帮助。我们可以教大家如何致富，或者至少教会他们如何在未来的几年中生存下来。这些是我们现在就必须做的，绝不能等到明天。"

也就是这个时候，我终于明白我们为什么要合作写书了。

特朗普的视角

开端

回想初次跟罗伯特·清崎见面的情景，就好像是生活时不时带给我们的一次次巨大的惊喜。久闻他的大名，他的书销量高达几百万册，而且连续五年稳居《纽约时报》畅销书排行榜第一名。这是很了不起的成就。我原以为他是那种气场强大、令人生畏的人。

我关于他气场强大的预测是正确的——清崎确实气场强大，周围的人会被他释放出来的强大的气场所吸引。他似乎不费吹灰之力就可以做到这一点。他的这一天性给我留下很深的印象。后来是他的谦虚和低调改变了我对他的看法。他就是那个书卖了 2600 万册的家伙吗？简直不可思议。有时候，我一直怀疑他是出于某种原因而故意假装低调、谦虚。

没多久，我发现清崎所表现出来的言行都是真实的。几次通话以后，我更加确信他的真诚及他对培训工作的热爱，和我一样热爱。当我告诉清崎我当初同意合作《学徒》这档栏目的唯一原因是因为它具有一定的教育意义时，清崎对我说："特朗普，你是一个好导师，这一点最重要。"我想我找到懂我的那个人了。

我们开始讨论教育的重要性，他提到《学徒》节目中导师的有益指导让他和金每周都能从节目中学到一些东西。

我问他"如果你知道自己不能失败，你会怎么办"时，他很快回答说："我们可以想办法接触并教导更多的人。"

就像我们在芝加哥见面时我对他说的一样：我是经管类的顶尖作家，他是个人理财类的顶尖作家。只要我们俩强强联合，一定会吸引数百万人的目光和注意。更重要的是，我们的合作会很有趣。

清崎很快就明白我的用意了。他说他会在我们下次见面之前好好想想书的主题。这让我很钦佩。我知道他是一个深思熟虑的人，他一定会在深入思考后做出正确的抉择。几周后，他来到我位于纽约的办公室，一见面立马说道："说实话，最初构思书的主题时，我真的毫无思路。我一直在做思想斗争，实在不知道我能和您这样的大人物一起写点什么。最后，我决定不自以为是，想听听您的建议。"清崎敢于诚实地面对自我，对我也开诚布公，这让我更加确信他的书为什么能如此热卖。

写书的过程中可能会有很多乐趣，但也需要耗费大量的时间和精力。我的日常行程安排决定了我不可能有很多的精力用于写书这方面。但是，我一直想努力钻研某些问题，尤其是和志同道合的人一起研究。

美国思想家、文学家、诗人爱默生曾经说过："教育者能化难为易。"他还说："知识就是用来被传授的。"

几年前，那时我还未曾跟清崎相见，就已经读过他的《富爸爸穷爸爸》这本书，当时我就觉得清崎有一种能化难为易的天赋。他是一个很会讲故事的人，要知道这可是让人们易于理解一切的关键所在。同时，这也是使其成为著名演说家的原因。人们也是这么称赞我的。不管我们俩所具有的这种讲故事的本事是否是与生俱来的，但它却可以成为我们帮助他人的一大利器——用故事把复杂的问题简单化。

我知道，一提到"特朗普"，你们首先想到的就是"哦，他是个亿万富翁"，但这种第一印象有点打脸。我的大儿子小唐纳德曾评价我就像是一个很有钱的蓝领。小唐纳德跟随我多年，他十分了解我，知道我是一个内心极其简单的人。但这并不意味着我很好对付，只不过我喜欢用简单的方法处理复杂的事情。虽然我做的事情都很复杂，但我知道如何把它们一一拆解。打造一座摩天大楼，需要从蓝图和地基开始着手。我知道做事情不仅需要花费时间，还需要保持耐心。教育也是如此。

如果你看过《学徒》这档节目，就会知道我在节目中对选手们毫不留情。因为现实生活中没有人会听你解释，也不会因为同情而怜悯你。俗话说得好：人生没有彩排，每天都是直播。事实的确如此。如果你想出人头地，就必须过着紧张而忙碌的生活。清崎和我希望你的生活没那么紧张，忙碌之余还能多一些收获。

我承认，当大家听说我要和另一位企业家合著一本书这个消息的时候，一定会很惊讶。毕竟企业家们都喜欢掌控全局，分享控制权似乎不符合我们的常规。但是当你一旦遇到志同道合的人时，这种分享就会变得十分愉悦。强强联合会使我们变得更强大！

许多有远见的人和企业家都有一大弱点，那就是无法成功地向他人分享自己的愿景和目标，由此导致他们一路上形单影只。俗话说"高处不胜寒"，有时候确实如此。

企业家喜欢尝试新东西。我和清崎的这种合作，应该就算是一种尝鲜。我相信，将我们二人不同的个性和见解融合在这本书中，不仅能提升我们作为教育者、演说家的角色，而且更能让读者们更全面、更好地理解书中的内容。如果一个人学富五车，却不与大家分享，又有什么用呢？

另一个有趣的观点是：企业家通常被贴上"不擅团队合作"的标签，因为他们什么事情都要自己说了算。至少这是专家们在分析符合企业家特质的气质类型时得出的结论。我认为清崎和我都不太符合这个特质，但我觉得这对我们当下的成功没有产生多少影响。

我们俩合作这本书的过程，一切都是顺其自然的。最终我们不仅拟出恰当的大纲，还让读者看到我们所有的努力和付出——从第一天见面到最终完成初稿。我们的努力最终化作你眼前的这本书，希望它能为那些追求更好生活的人们提供财商教育方面的内容。面对不可知的未来，我们需要用财商武装自己。

本书是写给那些积极上进、乐于走出舒适区的人。也许你现在已经是百万富翁了，或许还不是，但是无论你目前的财务状况如何，本书所提到的经验都适合你。

希望读者在阅读本书的时候能体验到一种寓教于乐的过程。很快你就会发现,财经理论也不那么无聊。清崎和我还有一个共同点——我们没那么无聊,我们喜欢做有意义的事情。接下来就请全神贯注地阅读本书吧。希望你能享受阅读带来的乐趣。俗话说"书中自有黄金屋",本书也不例外,书中埋藏的"宝藏"等待你去寻找。开始"淘宝"吧!

> 如果一个人学富五车,却不与大家分享,又有什么用呢?
> ——唐纳德·特朗普

第2章
我们共同关心的事

清崎的视角

2006年2月19日　得克萨斯州达拉斯市

又是一个星期日的下午,黑色豪华轿车又一次停在大型房地产博览会的后台入口。人们又一次随着"特朗普到了"这个消息的散播而兴奋不已。再一次,警卫率先进入后台开路,人们自动站成两列,特朗普走在中间,接受狂热粉丝的追捧和欢呼。

一个小时后,媒体们都走了。特朗普问我:"今天的观众规模有多大?他们表现如何?"

"成千上万的人参加了今天的博览会。这个群体规模太大了。这个周末,世界各地的人们聚集到此,他们十分兴奋,怀着对知识的渴望,迫切地想学点东西。"

我也很兴奋,但是我跟他们的兴奋点不一样。

上次跟特朗普见完面,我读了他写的那本《我们该有的美国》。书中提及了好多美国及全球都面临的一些问题,比如恐怖主义、美国国债及医疗费用等。下面这部分文字引自这本书中关于医疗费用这一问题的相关内容。

美国总审计局,这一隶属于国会的调查机构,描绘了这样一幅丑陋的景象:

与社会保险不同的是,自1992年以来,美国的住院医疗保险(HI)[①]早已入不敷出——目前的税收和其他财政收入不足以支付福利支出和项目费用。

[①] 美国的政府医疗保险包括AB两部分:A部分是住院医疗保险(HI),参加A部分保险是强制性的;B部分是补充性医疗保险(SMI),B部分医疗保险是自愿性的。——编者注

从本质上讲，老年保健医疗（Medicare）已经超出了政府的财力范围，根据美国财政部提出的要求，社会保险可能会在2013年左右陷入跟医疗保险一样的局面。

目前的老年医疗保健计划无论在经济上还是财政上都不可持续。这已经不是什么新消息了，"联邦医疗保险委员会"早在上世纪90年代初就已经指出：该计划目前的形式是不可持续的。

至于政客们如何处理医疗保健这只"大怪物"，特朗普这样写道：

克林顿盯着那只"野兽"，只是眨了眨眼。面对艰难的抉择，他选择回避。我们只能在这条路上艰难地走下去。就像总审计局所指出的那样：不提早做决定，日后将面临更大的痛。

但是，让我们面对现实吧，克林顿并不是唯一回避这一棘手问题的政客。要想推出有意义的改革，需要等待新的政治人物的出现——即富有勇气和远见的冒险者。

关于长期医疗护理方面的问题，他说：

医疗保险还面临着另一个隐性问题——老年人的长期护理。随着婴儿潮一代即将面临退休，以及他们已经退休了的父辈，这个问题将更加严峻。

我们可以用数据来说明这个问题的严重性：截至2030年，老年人口将比现在翻一番，这一数字将达到7500万；需要住在养老院的老年人数量也将是现在的5倍。

我知道会有人这么问：难道医疗补助计划（Medicaid）[①]不负责支付养老院

[①] Medicare是美国的老年保健医疗制度。这是一个美国政府为65岁以上的老年人提供的廉价医疗费减免制度。Medicaid是医疗补助制度。这是一个美国联邦与州政府合办的为穷人或残疾人提供医疗经济补助的计划。两者的区别是，前者是为老年人而设，后者是为贫困者而设，二者之间没有直接联系。——编者注

的费用吗？这是婴儿潮一代经常会问到的问题。因为他们的父母可以享受政府的医疗补助计划，他们以为退休时政府也会帮自己支付这样一笔长期医疗护理费用。

答案是：医疗补助计划一开始就不是一个可以提供长期护理的福利计划。正如参议员约翰·布鲁和众议员威廉·T.霍姆斯所指出的那样，"日益增长的长期护理需求将推动医疗补助计划走向破产"。

几乎每两个人中就有一个人需要接受长期的老年护理，但仅有1/4的人有能力支付这样一笔平均高达41000美元/年的私人家庭护理费用。仅有1%的美国人购买了这种长期医疗护理保险。所以，大部分人到时候还是要依赖政府提供的医疗补助计划。就目前的情况而言，人们对此失望至极。

医疗补助计划在短暂地发挥其应有的效用之后，将会随着病人数量的不断增加而慢慢递减，直到病人的权益降低到贫困水平。如果这些病人是你的父母，这意味着他们毕生的努力将付之一炬。也就是说，我们的父母的晚年生活将是贫困潦倒的。这将导致很多家庭不得不背负巨大的经济负担。那些计划退休后环游世界的婴儿潮一代将发现他们不得不卖掉自己的汽车以保证父母能得到基本的医疗护理。

正如我前面所说，在我跟特朗普见面之后，我终于明白我们为什么要合著此书了。当我读完《我们该有的美国》这本书后，我更加坚定我们为什么要在书中与读者分享这些，以及我们为什么毫无保留地传授自己的经验、为什么要让人们走上财务自由之路。

那天在达拉斯举办房地产博览会的后台，我画了下面这张图表：

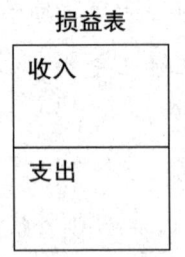

"你的意思是说目前美国在社保和医保方面共有72万亿的负债?"特朗普问道,"这是谁说的?"

"两位经济学家说的,"我答道,"2004年,肯特·斯莫特斯和加卡迪斯·戈卡莱煞费苦心地花费大量时间计算出:截至2004年,美国政府对国民的债务总额为72万亿美元。"

"这不是一笔小数目啊。"特朗普说道。

"这比世界上所有债券和股票市场上的钱都要多。"我说道,"2000年的时候,全球股票市场和债券市场的总价值分别为36万亿美元和31万亿美元。这两项加起来都不够美国政府偿还美国人民的债务。"

"我知道目前的社保基金情况不容乐观。"特朗普说道,"但没想到这么糟糕。竟然糟糕到我们无法支付的地步。"

"除非我们印更多的钱,但这样会让所有人的储蓄都变为废纸。而且极可能造成恶性通货膨胀,如此一来,不仅人们的储蓄大大贬值,就连固定收入也要大幅缩水。即便如此,也无法从根本上解决问题。"

"我们讨论的这个问题不仅仅是美国和美国人面临的,全世界都被这一问题困扰着。人们的寿命越来越长,从欧洲到亚洲,所有国家都不得不考虑如何为自己的国民提供长期的健康护理和退休福利。"特朗普说道。

回顾历史

20世纪30年代，德国政府大量印刷货币，导致马克的价值暴跌。有这样一个故事：一位妇女拉着一车钱去买面包。当她选好面包从面包店走出来取钱的时候，发现自己的小推车被偷走了，钱还在。

恶性通货膨胀使得金钱贬值。在1933年，德国当时复杂的社会环境、政治及财政问题使阿道夫·希特勒当选为德国总理。而他之所以能当选，在很大程度上是由于中产阶级的储蓄被掏空。

美国国内，30年代的经济大萧条导致富兰克林·德拉诺·罗斯福当选为美国总统。1935年，罗斯福签署《社会保障法》，用以解决我们现在仍在努力解决的问题。随后政府又推出了一系列措施用以改善这一问题，诸如1955年和1965年分别颁布实施的老年保健医疗计划（Medicare）和医疗补助计划（Medicaid）。但如今这一问题却日趋严重。换句话说，75年前的问题，时至今日仍然是悬而未决，而且事实上还变得更严重了。原因就是我们一直试图靠政府的财力去解决这个问题，而不是从根本上想办法。

> 我们希望人们放弃政府应该保障自己的老年生活这一应得权益的心态，想办法努力让自己变得富有，这样他们就自己可以解决问题——他们自己的问题。
>
> ——罗伯特·清崎

这才是我们真正关心的问题

特朗普曾经说过："我们已经养成了一种应得权益心态，当然我说的是并非只有穷人这样，上至总统下至议员，无一例外地指望政府为自己提供养老金。我真心希望政府有能力解决这一问题，但是一旦这样做，将拖垮整个国家。或许我们可以要求富人为此买单，但这样做真的能解决问题吗？这种输血式的扶贫又能持续多久呢？"

我同意特朗普的观点。我们希望人们放弃"政府应该保障自己的老年生活这一应得权益"的心态，想办法努力让自己变得富有，这样他们就自己可以解决问题——他们自己的问题。

看看下面这个示意图：

解决糟糕的财务状况的最好办法是改变我们的思想——开始像富人那样思考问题，而不是像穷人和中产阶级那样思考问题。这意味着我们要放弃目前的应得权益心态，无论你是一个高级军官、政府官员、学校教员，还是普通员工，抑或是穷人。如果不打消由政府来照料我们的晚年生活这一念头，我们只有一个结果——濒临破产的美国和有着良好教育但经济困难的美国国民。

阿尔伯特·爱因斯坦对神经病的定义是"每次都做同样的事却期待不一样的结果"。如此说来，我认为把孩子送到学校却不教他们学习与金钱有关的知识，跟神经病没啥区别。

看看下面的现金流现象图：

E 代表雇员

S 代表小企业主、自雇主或自由职业者

B 代表大企业家（例如特朗普）

I 代表投资人

我们需要培养更多的能创造就业机会的位于 B 象限的企业家，并且把所有孩子都培养成位于 I 象限的投资人。目前，我们的学校在把孩子培养成 E 象限雇员和 S 象限的小企业主/自雇主方面做得很出色，但在如何把孩子培养成 B 象限的大企业家和 I 象限的投资人方面则完全空白。

由于缺乏坚实的财商教育知识，有些孩子刚一毕业就深陷财务危机，只能努力工作，节衣缩食，慢慢还债，进行长期和多元化投资。

沃伦·巴菲特这样评价多元化投资："多元化投资是对无知的一种保护。如果你了解自己在做什么，你会发现分散投资并不明智。"

致富的关键在于你要清楚自己在做什么。

回到博览会舞台现场

"还有十五分钟。"博览会负责人对特朗普说道。

"好的，"他答道，"我准备好了。"

当我们向舞台走去的时候，特朗普说："我们希望他们变得富有的原因是为了让他们解决自身面临的财务问题。许多人把赌注押在股市、政府或养老金上。"

"这个出发点不错。"我说道。

"我们可以告诉人们我们为什么成为富人，而不是如何成为富人的，以及我们为什么在拥有足够的钱以后仍然继续努力工作。"

"我们希望读者们探寻自己想要成为有钱人的原因，而不是期望从政府那里获得施舍。这是我们为解决这一问题所能做的。显然，我们不能帮助所有人，毕竟不是所有人都有致富天赋的。但是我们可以帮助那些有致富天赋并且拥有强烈致富意愿的人。"

"持有应得权益心态是阻碍人们成为有钱人的巨大问题。"特朗普说。

"确实如此。"我表示同意。

"这一心态问题甚至比美国的巨额国债、美元贬值、石油危机及退休计划还要严重。这才是真正的大问题。"特朗普补充道。

"问题远不止如此。"我说道,"我们都会遇到金钱问题,甚至包括你我在内。我们如何解决问题这才是问题的关键。"

"太对了,"特朗普说道,"如果所有美国人都在'应得权益心态'这一观念下思考问题,是无法解决我们的财务问题的。'心态'确实是这一问题的关键。这也是我们为什么要大家成为有钱人的原因。"

当我登上台阶,准备上台介绍特朗普的时候,说道:"我们的财务问题也是因为我们的思考方式导致的。我们必须改变看待金钱的方式。"

说完这些,我走向舞台,向成千上万的粉丝们隆重介绍特朗普。

特朗普的视角

群体思维

正如清崎所说:"如果我们仍用旧观念去思考问题的话,是无法解决目前这一严重的财务危机的。"我对此表示十分赞同。现在人人都持有应得权益心态,并且已经蔓延到经济领域。

我想现在我们所有人都应该听说过"群体思维"这个词。这是一种古老的从众心理,也称为羊群心态。它似乎能将人最好和最坏的一面展现出来。好的方面表现在,有时"牧羊人"(领导者)可能会出现,带领"羊群"(民众)前进。但这似乎是不太可能出现的情形。通常是狼群先出现,随后羊群准备集体逃亡。在我们无法眼观六路、耳听八方并独立作出正确思考和行动之前,我们所能做的就是要冲出羊群。那些可以独立思考的人绝不会加入任何"羊群"随波逐流。

群体思维不仅阻碍人们独立思考,而且使得他们盲目地把钱转交给所谓的"理财专家"。说到群体思维,这让我想起另一个故事。

我在名为清晰频道(Clear Channel)的一档广播节目中打算讲讲"橙色事件"。我这里说的可不是去年珍妮·克劳德和克里斯托在中央公园举办的"橙色门"大型艺术展,而是发生在密歇根州底特律市的一件事。

在过去的50年中底特律流失了近百万人,所以目前这座城市随处可见一些摇摇欲坠的空房。几个艺术家厌倦了每天面对众多空荡、荒废的房屋。于是,他们决定做点什么。

> 那些可以独立思考的人绝不会加入任何"羊群"随波逐流。
> ——唐纳德·特朗普

为了引起人们对这些被抛弃的房屋的注意,一夜之间艺术家们给这些建筑物披上了明亮的橙色外衣——涂色。

当然,这些艺术家们在做这件事的时候是匿名的,因为他们显然会因擅自闯入而惹上麻烦。他们希望其他画家带着画笔加入他们的行动。他们成功了,这些巨大的橙色建筑引起了轰动!吸引了全国的目光,底特律因此也重新获得了关注!

这是一个很多人采取行动并共同完成某件事的强有力的例证。他们自己动手完成某项任务,而不是坐等别人为此做点什么。这一行为虽说是非常规的,但却起到了一定的积极作用。

"打破常规"这是一个被过度使用的术语,但是在底特律,打破条条框框的创造性思维模式显然带来了成效。并非只有艺术家有权利开发大脑的此部分功能,我们大家都可以发挥自己的创造性思维。无论我们在哪里生活或者无论我们做什么事,都开始尝试创造性思考吧。无论是个人还是国家,最糟糕的事情莫过于成为被动的观察者,或者慢慢沉沦于我们的舒适区而无法自拔。

正如我前面所说,要想获得领先别人的优势,就必须有可以持续生存下去的本事。即便美国号称"世界超级大国",我们也不能躺在过去的荣誉上睡大觉。正所谓"物极必反",这是即将到来的衰退的第一个迹象。我们仍面临一些挑战，最好对这些挑战引起重视。千万不要屈服于群体思维，它好比导致美国这艘航行中的巨轮沉船的暗礁一样。

如今，面对自己当下的财务状况及未来的财务前景，人们应当改变自己的思考模式，这比以往任何时候都显得尤为重要。

清崎和我希望你能拓宽思维。我们都能从笛卡尔的"我思故我在"这一至理名言中受益。

第3章

正在消失的中产阶级

清崎的视角

提高你的财商

关于智商有很多定义。我从富爸爸那里学到的更实用的一个定义是这样的:"智商是一个人解决问题的能力。"比如,在学校里,你能解某道数学难题,别人就会认为你很聪明。出了校门步入社会,如果你会修理汽车,人们就觉得你在修车方面有天赋。提到金钱,你能处理的财务问题越大,你的财商就越高。

今天,全球都面临着一些严重的财务问题。许多问题是相互关联的,即一个问题导致另一个问题的发生。最紧迫的问题主要有以下几个:

1. 美元贬值;
2. 国债激增;
3. 婴儿潮一代开始退休;
4. 石油价格上涨;
5. 贫富差距扩大;
6. 工资减少;
7. 工作机会转移到国外;
8. 社保和医疗保险濒临破产;
9. 储蓄大大缩水;
10. 财商教育缺失。

面对这些紧迫的问题，我们的问题是：

1. 我们能做些什么？
2. 这些问题的解决方案有哪些？
3. 我们的财商足够解决这些问题吗？
4. 我们如何避免让自己成为这些问题的牺牲品？
5 我们如何保护家人免遭这些问题的迫害？

由于在问题出现之初，我们没能尽力解决，导致这些财务问题至今还悬而未决。因为当这些问题刚一浮出水面时，我们不是教育民众提高自己的财商，而是教他们等待政府来帮他们解决自身面临的问题。这就是为什么没有一个政客敢对社保和医保进行改革，即使我们知道这些保障计划注定要失败。

我知道会有一些读者这样说："政府需要照料那些生活不能自理的人。"我同意这个观点，作为一个文明社会，确实应该对那些生活无法自理的人加以照顾。但是，大多数人可以很好地照顾自己，如果我们必须这么做或者如果我们接受一定培训的话。

是时候提高我们的财商了。

人口结构变化

由于我们过去使用低财商这一解决方案，导致今天我们的人口结构正在发生变化，如下图所示：

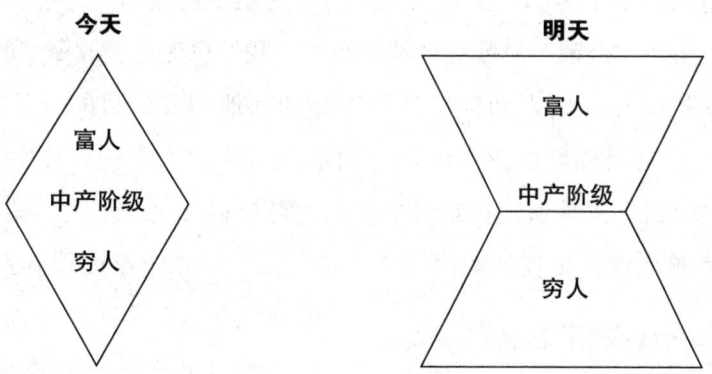

上图说明：富人越来越富，其他人则越来越穷，尽管还是有很多人赚了更多的钱。不幸的是，美国并不是唯一一个朝着这个方向发展的国家。未来许多国家都会走向两极分化：富人和穷人。

2006年4月16日，《纽约时报》周日版刊登了这样一则头条新闻，标题为：

"日本经济复苏，但贫富差距扩大"

文章的第二段这样写道：

今日，那个曾经自诩要诞生"一亿中流"（一亿中产阶级）的日本，正把它的人民分为两类：赢家和输家。

文章中还说道，目前日本的贫富差距进一步扩大。

换句话说，中产阶级正在消失。今天在日本，你要么是富人，要么是穷人，要么是财务赢家，要么是财务输家。同样的事情正在美国及欧洲许多国家发生。

低财商的代价

在我和特朗普的交谈中，我们一致认为用以往的财商智慧无法解决今日复杂的财务危机。如果美国尝试投入更多的财力用于社保和医保福利支出,恐怕那只会下金蛋的"金鹅"早就被煮熟享用了,我们也无法获取更多的金蛋了。

我们著书立说、研发和推广教育游戏和其他产品的目的就是想让人们通过致富来解决自身面对的财务问题,而不是希冀他人来施以援手。我们一致认为:直接给钱这种输血式扶贫只会让问题更糟糕、更难解决,甚至潜藏更大的危险。简单来说,现在的美国人,不论贫富,基本上都能得到良好的教育。

但问题在于,像我的穷爸爸一样的美国人越来越多。他们普遍都很善良,接受了良好的教育,努力工作,希望退休后政府能照料自己的老年生活。

> 关于智商有很多定义。我从富爸爸那里学到的更实用的一个定义是这样的:"智商是一个人解决问题的能力。"
>
> ——罗伯特·清崎

我们已经说过:在未来的几年,大概有7500万的婴儿潮一代陆续退休。他们是对社保和医保做出全面贡献的第一代人。可他们贡献的钱早已不知去向,消失在"庞氏骗局"之中。

在这里有两点需要说明:第一,因为学校里没能教授有关金钱方面的知识,所以这7500万人中有好多人不知道庞氏骗局为何物;第二,虽说这些人中大部分在其退休后应该从社保和医保计划中支取少量保障金,但是如果这7500万婴儿潮一代每人每月在社保和医保方面支取1000美元,美国政府每月的账单为750亿美元。这笔费用相当于每个月来一次卡特里娜飓风[①]或是进行一场伊拉克战争。值得庆幸的是,人们尚且有一些时间做准备,从而使自己避免成为接踵而来的"财务风暴"的受害者,只不过时间不多了。

在主日学校,我曾接受过这样的教育:给别人一条鱼,你可以帮其解决一天的温饱问题。这正是美国政府正在做的事情。由此导致美国人民持有应得权益心态,期望政府能通过社保和医保来照料他们的晚年生活。

[①]卡特里娜飓风:2005年8月底,飓风"卡特里娜"先后登陆美国南部佛罗里达州、路易斯安娜州,共造成1836人死亡,经济损失达1000亿美元,成为美国历史上损失最为严重的自然灾害。——编者注

教会别人掌握钓鱼技能，你可以帮其解决一生的生存问题。这正是唐纳德·特朗普和我正在做的事情。我们希望人们学习如何致富，并向他们传授致富经验。

为了教授别人致富，我开办了现金流俱乐部，并开设相应的课程和游戏。有些人只售人以鱼而不授人以渔，比如股票经纪人、房地产经纪人、财务规划师、银行家及保险代理人。他们忙着销售手里的"鱼"，而不是教人们如何"钓鱼"或者免费赠送手中的"鱼"。当你把"sell"（销售）和"fish"（鱼）这两个单词合在一起，得到新的单词"selfish"（自私）。虽然大多数商人可能不那么自私，但"卖鱼"的人足够让"selfish"（自私）变为现实。我在这里只是想提醒你注意导师的"教"和商人的"售"两者之间的区别。

特朗普和我都发现：大部分人没有选择学习如何管理自己的钱或是学着用自己的钱去投资，而是简单地把自己的钱交给所谓的"理财专家"去打理，然后祈祷那些专家是真正的专家。

在特朗普写的那本《如何致富》一书中提及理财顾问时，说他们是"卖鱼"的。书中的那个章标题足以说明一切：做自己的财务顾问。

那一章一开始这样写道：

"许多人花钱为自己雇一个财务顾问，我却见过好多财务顾问是如何把客户害得惨不忍睹。比如某些著名运动员，年轻的时候就赚了一大笔钱。大多数时候，这些运动员的理财顾问由于管理不善，使得这些运动员在三十多岁时就变得一无所有，仅剩下过去的荣耀。这时，运动员为了生活下去，被迫到处找工作。"

我们想教你如何"钓鱼"

特朗普和我不"卖鱼"，我们也不兜售投资建议或者告诉人们应该做何种投资。我们只是讲师，希望你能学习如何致富，学习如何拿自己的钱做投资，如何成为自己的理财顾问。我们只教你学习如何"钓鱼"。

富爸爸的秘密

正如我前面所言，许多富人喜欢保持神秘感。我之前没注意，直到我的富爸爸要求我在《富爸爸穷爸爸》书中匿名使用他和他家人的名字时才意识到这一点。许多有钱人既不愿意露富，也不愿意出名，更不愿意跟他人分享自己的致富之道。也正因为如此，我才惊讶特朗普能如此开诚布公地谈论他的财富及分享自己取得商业成功的秘诀。

玛丽·巴菲特在其《巴菲特学》一书中这样写道：

F. 斯科特·菲茨杰拉德[①]写道："富人跟你我之辈不一样。"他说的没错。富人的奇异之处在于他们有着跟常人不一样的想法，他们通常要求家人和朋友对自己的一切都保持沉默。在嫁给彼得·巴菲特（巴菲特的儿子）以后，我不止一次地被告知不要和外人谈论沃伦·巴菲特及他的投资之道。所以我的这本书不可能在我与彼得的婚姻存续期间写作并出版。

在和彼得离婚后，玛丽·巴菲特打破沉默，开始为世人揭开沃伦·巴菲特的投资细节，由此使沃伦·巴菲特的秘密公之于众。这本书确实写得不错，即使本书并未得到沃伦·巴菲特本人的亲自授权，但书中的确披露了沃伦·巴菲特不为人知的秘密，描述了沃伦·巴菲特到底是如何做的。但这并不意味着你和我甚至特朗普能以同样的方式致富，况且我们也不一定愿意那么做。

你需要找到适合自己的致富方式。从沃伦·巴菲特及特朗普这样的成功人士身上学习经验的确很重要，但更重要的是什么致富之道才是适合你的。

梦想VS目标

许多人都有自己的梦想。富人们都有目标。问题是，梦想和目标这两者之间有什么区别？

有一次，我在乔治亚州亚特兰大市的"新出生"教堂做礼拜。那天布道

[①] 20世纪美国作家、编剧，著有《人间天堂》《了不起的盖茨比》等书。——编者注

的弗农·阿什主教有关"过程和目标的力量"的阐述让我受益匪浅。

弗农·阿什说道:"所有目标的实现都需要具体的过程。"听完主教的这番话,我突然意识到为什么好多人空有梦想却没能梦想成真。原因在于人们只是空想,没有专注于制定实现梦想的阶段性目标。举例来说,许多人想要减肥。实现这一目标的过程在于在饮食和运动方面做出调整。他们没把减肥的重点放在如何实现目标上,只是一味地梦想拥有更健康、更迷人的身材。最终,梦想只是梦想。

前些天,我开着我的宾利敞篷车去了健身房。一个年轻妇女走过来对我说:"我的梦想就是有朝一日也能拥有这样一辆车。"

谢过她的称赞之后,我问她:"你计划如何实现这个梦想?"

她的回答是:"我不知道。我想我还是继续做梦吧。"

这就是阿什主教所说的:过程和目标一样重要。没有过程的目标只能称其为空想。

大多数人,尤其是那些遇到财务危机的人,通常认为只要有足够多的钱就能解决他们眼下的危机。他们不是通过设定目标、发现适合自己的致富之路来成为富翁,而是梦想着通过买彩票、寄希望于涨工资来实现目标,并且和那些债台高筑的假富翁们在消费方面保持一致,梦想着有朝一日能成为富翁。阿什主教说的没错,梦想和目标的区别在于过程。在很多方面,过程比梦想或目标更重要。

如果你失去了一切

曾经有一位记者问亨利·福特:"如果有一天你失去了所拥有的亿万财富,你会怎么做?"他这样回答:"不出5年,我会东山再起的。"发现属于自己的成功秘诀,意味着你实现目标的过程是一个学习知识、积累经验的过程,正是这个过程中学到的一切让你致富的。正如我的富爸爸常说的:"金钱不能使人致富,知识却可以。"知识源自过程中的历练。

如你所知,特朗普和我都曾面临各自的财务挑战,正是这些挑战让我们变得更聪明、更富有。财务挑战,无论是输是赢,都是致富路上不可或缺的过程。对特朗普和我来说，我们致富的过程或成长经验都是通过创业和房地产投资来实现的。沃伦·巴菲特则是通过收购公司实现的，穆罕默德·阿里则是通过拳击来实现。所以本书不是关于如何让你快速致富的书，而是让你找到能够让梦想成真的过程的书。

特朗普的视角

日渐消失的中产阶级

当清崎和我谈论日渐消失的中产阶级的时候，不由得让我想到一些物品可以很形象地说明这一现象，比如沙漏或者一个腰围很细的人。

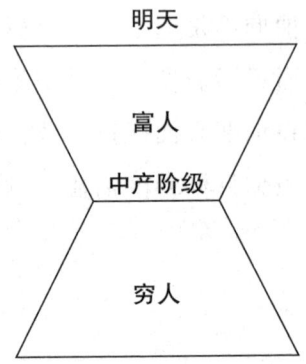

当你翻转沙漏的时候，会发生什么？无论你如何翻转，你都会感觉不是穷人供养富人就是富人供养穷人。我不太喜欢看到这种视觉效果，因为它让我想起了美国曾经反抗的旧世界和贵族统治。我们是在走回头路吗？殖民者仅仅是一群被误导的理想主义者吗？

我在旅游途中经常会读一些报纸，《华尔街日报》的某些报道让我开始思考"风险"这一因素。就在昨天，我听说有三名登山者死在珠峰上，显然死因是由于他们在成功抵达目的地后耗完了所有的体力。今天我看到的文章内容是关于赛马冠军得主巴尔巴罗的,他在比赛中不幸受了重伤。成千上万的人前去看赛马,巴尔巴罗的粉丝们有理由相信,他们将会看到1978年以来的第一个三冠王[①]。不料在比赛中却出了事故,这是一场不可思议的悲剧,没有人能忘记这一幕。

期望会导致令人惊讶的结果。胜利与失败之间往往有着微妙的界限,这使我在思考两者的关系时变的富有哲理。有时候,最完美的计划可能会因为无法控制的外因让我们眼睁睁地看着计划失败,比如天气状况、受伤或者过于自信(如果有的话)。当我们试图理解生活中某些时刻遇到的无法解释的事情和事件时,可考虑运用哲学智慧去思考问题。

> 任何事情都不可能有百分百的把握,但是未雨绸缪总比茫然失措要好得多。
>
> ——唐纳德·特朗普

我前面提到过,保持完好无损很重要,否则我们都将成为被攻击的目标。一个小小的裂缝可以导致沉船,同样,一次大浪也足以摧毁航船。不管怎样,失衡都将导致我们陷入摇摇欲坠的境地,并造成混乱的失控局面。

我们现在面临的最大风险是我们没有为未来提前做好准备。正如我们所看到的,任何事情都不可能有百分百的把握,但是未雨绸缪总比茫然失措要好得多。在第一次世界大战期间的加里波利战役中,谁也没有想到竟然会有25万士兵战死,更没想到英法澳新联军会被土耳其军队打败和击退。这一结局出乎所有人的意料,因为联军先前未作任何准备工作就盲目登陆。

今日之中国

全球化已经成为现实。当清崎说道"我们必须高度重视中国和印度这两

[①]三冠王:赢得美国三冠王不容易,参赛的赛马必须分别获得肯塔基德比(Kentucky Derby)、普里克内斯大奖赛(Preakness Stakes)及贝尔蒙特大奖赛(Belmont Stakes)三项国际一级赛冠军才能封为"三冠王"。——编者注

个正在日益崛起的经济体"时，我报以微笑，因为我们俩又一次英雄所见略同。许多人认为中国或印度需要好多年才能成为跟美国并驾齐驱的全球最大经济体之一。或许这是群体思维的又一个例证。我和清崎早已目睹了这两大经济体在全球范围内造成的影响力。

最近在我跟定居欧洲的一位朋友的聊天中，他提到中国制造在欧洲市场的覆盖率要远超美国。这是一个非常大的话题。关于中国，以下两个事实可以说明这个国家是如何发展的，以及这个国家将走向何方：

1. 两年前，第一家星巴克在中国开业。现在中国的星巴克比美国多很多。
2. 20世纪70年代，上海只有一座摩天大楼，如今，这一数字飙升至800。

作为摩天大楼的建造者，再加上在我的特朗普大厦里也有一家星巴克，所以我对这两个方面格外关注，也由此发现这一令人吃惊的事实。这两个再简单不过的例子不难让我们得出这样一个结论：中国是一股强大的力量。中国有着占全世界五分之一的人口，中国蓬勃发展的经济和源源不断的劳动力，已经跟上全球新技术的脚步。中国人是勤劳和自律的。这意味着什么？我们要么闭上眼睛，被中国超越，或者我们可以研究中国，让美国从变革中受益。

今日之印度

我那两个都在特朗普集团工作的孩子小唐纳德和伊万卡最近都待在印度，所以我想对印度亲自做一些研究。我要讲的第一个故事发生在特朗普大厦里。

去年，我的一名员工乘坐从特朗普大厦到机场的出租车。出租车司机是一位来自印度的年轻男子，这是他第一次载客去机场。他很好奇自己拉的这位客人是否见过我。我的这位员工这样回答司机："见过，5分钟之前刚见过。"

司机非常惊讶地说道："你5分钟之前见过特朗普？就在特朗普大厦？"

"是的，他的办公室就在那栋大楼里，我就在那儿工作。"

这位司机更加吃惊，说道："你的意思是特朗普还上班？"他简直不敢相信自己的耳朵。于是，我的这位员工开始跟司机讲述我真实的生活状态：每天在办公室工作好几个小时，办公桌上有便签纸、铅笔、复印机及其他办公设备。

司机久久地惊讶于有关我的叙述，接着他开始向我的员工讲他们国家的事情。整个途中，他用短短的几分钟概括性地讲了讲自己国家的历史，还说在印度有几百种语言，几乎每30英里就有一种方言，但是不论你在印度的哪个省或是在西北部的旁遮普邦，有一句话所有人都听得懂。

现在该轮到我的员工好奇了。于是她问道："哪句话？"

司机从方向盘上移走双手，兴奋地比划道："你被开除了！"

我的员工哈哈大笑，然后很有礼貌地问他是否知道怎么去机场，司机竟然对她说不用担心，他会试着找到机场的。没想到他真的找到了，显然他对方向的感觉跟他对自己国家的感觉一样好。

我们对印度日后的发展走向有何看法呢？我们又对印度这个国家了解多少？下面这些事实可以让我们初步了解印度。

1. 印度文明是世界上最大、最古老、最持续的文明之一。
2. 在过去的一万年中，印度没有侵略任何一个国家。
3. 印度是世界上最大的民主国家。
4. 印度是世界上为数不多的未使用暴力就获得了独立的国家。
5. 航海术发源于6000年以前的信德河流域（也许那位年轻司机就来自那里）。
6. 梵语是欧洲所有语言之母。
7. 在英国于17世纪入侵印度之前，印度一直是世界上最富裕的国家。
8. 国际象棋是由印度人发明的。
9. 印度发明了数字系统。阿尔伯特·爱因斯坦说："非常感谢印度人，是他们教会我们如何数数，没有他们，任何有价值的科学发现都不可能成为现实。"
10. 代数、三角函数和微积分都起源于印度。
11. 圆周率（Pi）的值最初是由印度数学家Budhayana计算的，早在公元6世纪，他就解释了勾股定理这一概念。这一发现远比欧洲的数学家早很多。

12. 印度是世界上讲英语人数最多的国家。

　　我的观点是，印度绝对值得我们深入了解和研究。在美国，约有38%的医生和12%的科学家为印度裔。他们是美国及全球最富有的种族之一。印度人十分注重教育，美国一些大公司甚至跨国集团都是由印度人经营的。

　　这意味着当今世界竞争十分激烈，尤其是在中国和印度。这是好事。我认为竞争能使人摒弃骄傲和自满。马克·吐温说过："别到处宣称世界对你不公平，世界不欠你任何东西，因为它要比你诞生的早得多。"

　　这句话所蕴含的道理可用于很多方面。仔细想想：你是如何结合自己的优势抓住一些有利信息的？富人善于发现机会，而穷人只会埋起头来，假装什么也没有发生。

　　试问：你能从错综复杂的经济变化中发现机遇吗？

第4章
如何让自己变得富有?

清崎的视角

解决问题

每个人都可能遇到金钱问题。如果你想发财致富,把问题解决掉就可以了。只有发现问题,我们才能有机会解决问题。

每一代人都将面临那个时代所特有的一些经济问题。对于我父母那一代人来说,他们面对的困境是经济大萧条及世界大战。解决他们所面临的问题的方法是去上学,然后找一份稳定的、有福利的工作,然后65岁退休,退休后打打高尔夫。他们那一代人基本上都参加了养老金固定收益计划,还有一定的储蓄、社保及医疗保险。对他们中的大多数人来说,拥有一份学历和一份好工作足以生存下去。

我属于婴儿潮的一代,我们这一代也面临着各种不同的经济问题。现在,仅仅拥有一纸名牌大学文凭和一份好工作已经不行了。更糟糕的是,好多工作正在流失到海外。因为在经济发达国家,公司需要承担的人力成本日渐高涨——这也是在我父母那一代的 DB 计划[1]中比较昂贵的一项公司开销。公司不愿意再为员工缴纳高昂的退休金,所以 DB 计划已经取消,取而代之的是 DC 计划[2]。

1974年,因为全球市场的变化,好多公司停止提供 DB 计划,开始执行

---

[1] 即确定给付型计划 Defined benefit pension plan,简称 DB 计划。——编者注
[2] 即确定缴费型计划 Defined contribution plan, 简称 DC 计划。——编者注

DC计划，也就是后来人们所熟知的401（k）、个人退休账户①、基欧计划②。我这一代面临的问题是：DB计划是真正的养老金计划，而DC计划却不是，后者只是一个储蓄计划。事实上，401（k）计划也从没被想着设计为退休金计划。在其他国家，也面临同样的问题，只不过用不同的名字替代了DB计划或者DC计划而已。

简而言之，DB计划可以确保你在有生之年能老有所养，DC计划却只能保证你的账户里有点养老钱。换句话说，理论上DB计划不会耗光你的养老金，相反DC计划却可以。这就是为什么《今日美国》称美国人今天最大的恐惧是担心退休后没有足够的钱养老。大多数人已经意识到婴儿潮这一代中多达80%的人没有攒够足够的养老钱。

婴儿潮的下一代被称为X一代③和Y一代④。X一代和Y一代也面临各自不同的经济问题。如果婴儿潮这一代没能因为找个好工作而替父辈们收拾残局，那留给X一代和Y一代的将是更大的残局。因为他们不仅要承担起自己这一代的经济问题，还要面对美国巨额的债务问题（美国已成为历史上最大的债务国），以及"继承"婴儿潮那一代的父辈们遗留下来的经济问题，甚至还有婴儿潮祖父辈遗留下来的问题。因为我们所有人都希望活得久一些。既然想活得更久一些，那就得通过延迟退休的方式来延长工作年限。但是，如果我们没法多活几年或者不能继续工作，又该怎么办呢？

> 每个人都可能遇到金钱问题。如果你想发财致富，把问题解决掉就可以了。只有发现问题，我们才能有机会解决问题。
>
> ——罗伯特·清崎

数万亿美元的债务，问题越来越严重，令人不寒而栗。任由其继续发展到下一代，只会让问题越来越严重，越来越复杂。

---

① 个人退休账户即IndividualRetirementAccounts，简称IRA。——编者注
② KeoghPlan，又称HR-10计划。——编者注
③ 指1960—1979年出生的美国人。——编者注
④ 指1983—2000年出生的美国人。——编者注

随着问题越来越大、越来越复杂，这就需要更高的财商来解决。我们需要获取所有有助于解决这个问题的智力。

下面我们引用2005年10月31日美国《时代周刊》杂志的封面标题来说明。标题如下：

退休大骗局

那些自认为可以享受一定福利退休的数百万的美国人定将得到一个出人意料的惊喜。

看公司如何在国会的帮助下掏空民众的口袋。

由于学校财商教育的缺失，那些毫无道德底线的人，甚至是当选的两党官员，他们更能轻而易举地从毫无戒心的民众那里合法地偷走本该属于民众自己的钱。

请告诉我真相

特朗普和我也希望是我们搞错了，但我们更加相信美国经济已经陷入困境。如果美国陷入危机了，全世界也将无法避免。

目前全球面临的一个最大问题是石油价格上涨。石油素有"世界经济的血液"之称。如果石油价格过高，并且我们也无法找到更好的替代能源，世界经济将会走向死亡。正如特朗普那天对我所讲的那样，"如果加油站的汽油每加仑卖5美元的话，这不会对你我的生活产生重大影响。但是，对那些每小时时薪只有10美元的人来说，他们的生活将遭受重大打击。"他接着说道，"石油影响经济的方方面面，问题是，我们的储量不够了。石油价格还会继续上涨。对你和我来说可能问题不大，但是数百万的民众将会受此影响。"

如果每桶石油超过100美元，我相信在不久的将来，全球经济将遭遇重创——但是你可以躲过这一劫，前提是从现在开始你就面对这个问题，并成为解决问题的一员。

当我对人们提及将要面临的这些财务危机时，我发现人们的反应各不相同。最常见的一种反应是："别跟我说这些没用的。"另一种反应是："我们应该乐观点，总这么消极不太好。"或者是"上帝会帮我们解决这些问题的。"

这些反应通常来自那些低财商的人。他们选择像鸵鸟一样把头埋进沙子里。这就是为什么数百万人甚至是上亿人会在未来几年遭遇不幸的原因。他们没有把这些问题看作是机遇，而是选择视而不见。

财富 ＝ 能源

在1973—1974年爆发第一次石油危机之后，富爸爸告诉我石油和财富直接相关。他经常说："财富＝能源。"1966年，我刚到标准石油公司上班，当时我在油轮上工作，对石油十分感兴趣。富爸爸的解释很简单。他说："当能源价格下跌，我们的财富就会增值。"我们可以用下面的图表来表示这一关系。

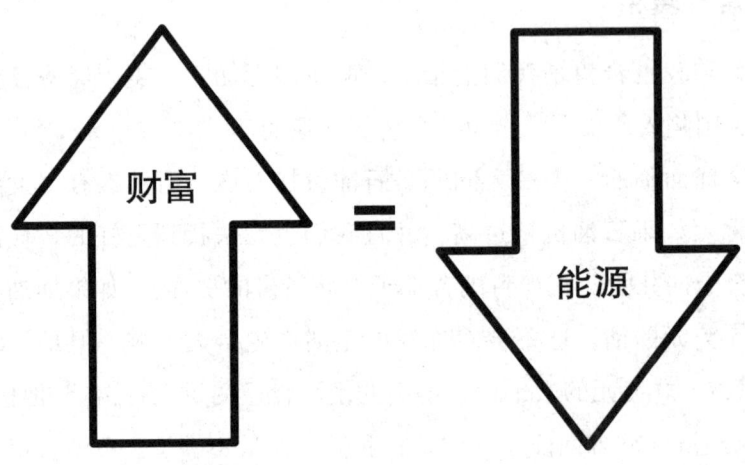

对大多数人来说，当能源价格上涨，他们手中的财富即将贬值。

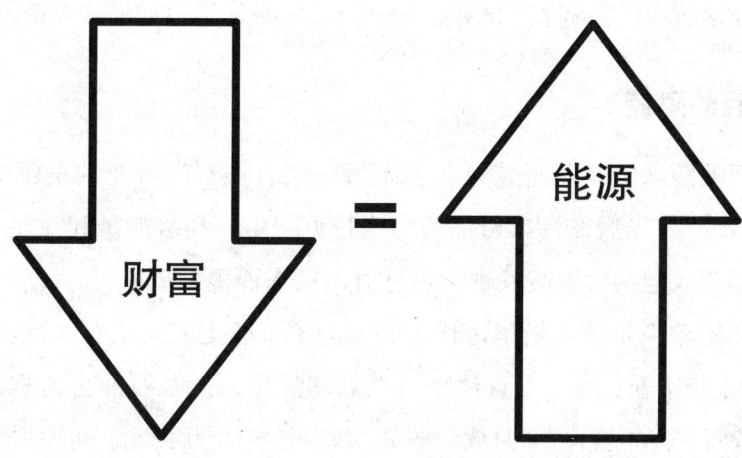

同样在1974年，我开始了全新的工作生涯——施乐公司的销售代表，也由此证明了富爸爸"财富＝能源"理论的正确性。1974年，居高不下的石油价格导致经济萎缩。人们不再租赁施乐公司的复印机，纷纷解除租赁合约。作为一个销售新手，我在第一次销售时，几乎是跪在顾客面前乞求他们不要解除租赁合同，更别想把复印机卖出去了。我记得有一位顾客对我说："公司都没了，我要复印机还有什么用？"这只是石油价格上涨引发的一个小小的连锁反应。

做销售的头两年，我不仅没能赚到钱，还欠了施乐公司一些钱。之所以我会欠施乐公司钱，是因为每当客户取消一台机器订单时，付给负责把机器卖出去的销售代表的佣金就由失去订单的这个销售代表来弥补。我不是在卖产品，而是在挨饿。在这两年里，我有好几次都差点被解雇。

机遇和挑战并存

好消息是，那一段经济萎缩期的推销经历把我锻炼成一名优秀的销售员。虽然我当时没赚多少钱，但当时的销售培训让我现在依然很受用。我的生意之所以做得很成功，就是因为我懂得如何把产品销售出去，因为我深谙销售和市场的重要性。在经济不景气的特殊时期,往往会暗藏许多机遇。正如特朗普和我经常所说的那样:"如果你想经商,你必须学习如何推销产品。"

提高我的财商

鉴于石油短缺,富爸爸建议我多了解一些有关石油行业的东西。从1966年到1969年,我先后在标准石油公司当过见习生、高级船员和油轮三副。因为我对石油感兴趣,所以我发现学习这方面的东西很简单。

从我开始在施乐公司做销售代表起,为了了解更多关于石油行业的信息,我就在俄克拉何马州的一家石油公司做兼职工作,这家石油公司靠出售石油和天然气享受税收优惠。那时候,投资者每投资10万美元,可享受4倍的免税额。举例来说,一项10万美元的投资可以享受40万美元免税额。因为石油开采所享受的税收优惠,投资者可以从中赚更多的钱。这也是为什么富人越来越富的原因。

在石油价格居高不下的那段时期,通过销售石油和天然气以实现合理避税这一杠杆投资方式让我学到很多重要的经验。第一个经验就是:不是所有的商业活动都会受到石油危机的影响。我亲眼目睹"富人越来越富、穷人越来越穷"这一现实。由此,我的财商得到提升,我得以看到了另一个世界。在经历向企业推销施乐复印机及业余时间向富人推荐免税的石油投资之后,我决定要成为有钱人。

经验教训

再看看下面这个图表：

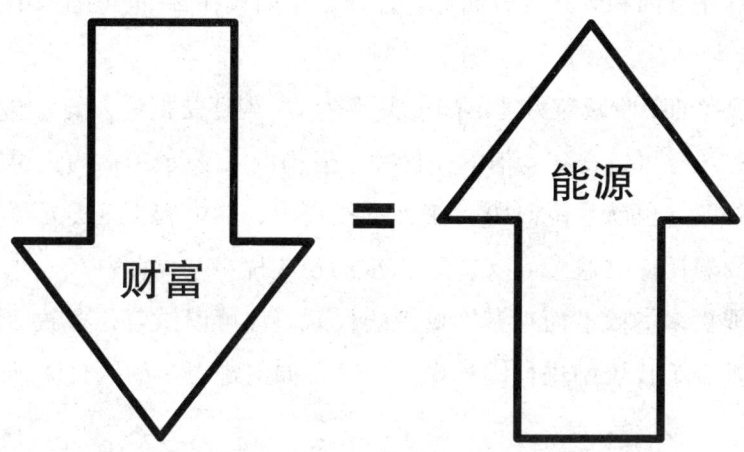

严酷的事实是，随着能源价格的上升，所有人的财富随之贬值，只有那些借助高财商进行聪明投资的人除外。如果你是进行聪明投资的富人，你的状况应该是这样的：

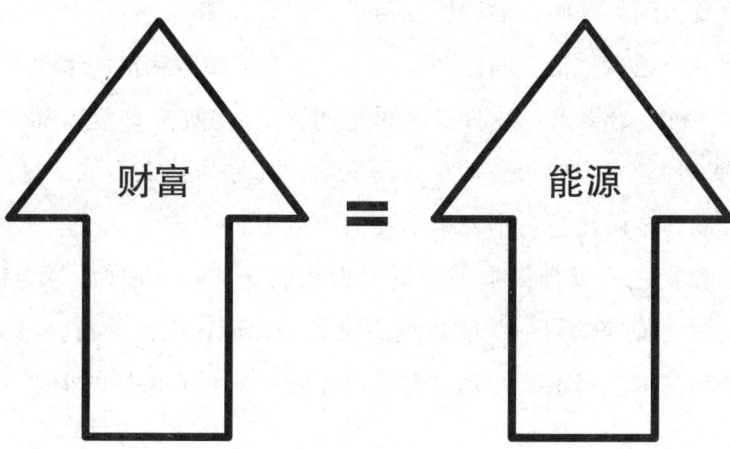

选择权在你手中。在"财富＝能源"这一方程式中，你可以选择上述两种情况的任何一种。

我之所以跟他人合伙投资石油开采项目，是因为我想站在富人这一列。今天，我仍然在石油和天然气方面进行投资，正如我在20世纪七八十年代做的投资一样。

虽然现在的税收减免力度不如过去那么大，但还是挺诱人的。现在的投资无法像过去那样可以得到4倍的免税额，但仍可以享受70%的免税额和15%资源耗竭补贴。也就是说，10万美元的投资中，其中有7万美元可以享受免税，而且我的投资收益又可以享受15%的税收优惠。如此一来，我仍可以从投资中赚取更多的收益而且缴纳更少的税款。你可以试着在存款、股票、债券及共同基金等投资中进行同样操作。懂得如何赚更多的钱且缴纳更少的税款，这就是财商。

我成功的诀窍是找到一家信誉好的石油公司。因为富爸爸多年前曾对我说过："石油投机商就像是站在地面上洞口旁边的骗子一样（随时可能要逃走）。"金矿矿主也是如此。

虽说我现在从"富爸爸"系列图书和"现金流游戏"中赚了不少钱，但我大部分的财富还是来自于投资的以下项目：中国的金矿、南非的银矿、房地产投资公司及美国的一些石油合作项目。

有一次一个记者采访我时问道："写一本关于如何致富的书是不是致富的最佳捷径？"我哈哈笑了，我只是简单地回答道："如果你觉得写一本国际畅销书和发明一种教育类棋盘游戏很容易的话，那你为什么不试试呢？"在我看来，发现石油和金矿比写一本畅销书要简单得多。

特朗普和我之所以合作本书，是因为我们有共同的使命。我们希望读者能够未雨绸缪，提前学习一些能够提高财商的知识，以便使自己越来越富有，而不是越来越贫困。更重要的是，财商可以帮你应对不可知的未来。

特朗普的视角

用教育取代恐惧

清崎和我想要告诉你的是,提前做准备并接受一定的财商教育,从而轻松跨越当下愈演愈烈的财务危机。通过财商,你可以找到解决眼下财务危机的办法,并让自己走上致富之路。

我突然想起一个有助于解决此问题的简单例子。

那天清崎来我办公室跟我商量合作写书事宜,恰好我办公室正中间放着一把红色的新餐椅。我问他是否喜欢那把椅子,并让他猜猜这椅子值多少钱。

他站在那把精致的餐椅旁边,打量了许久,最终说道:"我猜不到。"他的回答让我很开心。

迈克,是我在加利福尼亚一处高尔夫球场的经理,他打电话过来说球场的饭店需要150把餐椅,他给我的报价是每把餐椅1500美元。我觉得太贵了。于是我没有同意他的申请,而是打了几通电话。

"这椅子是我花90美元买来的。"我自豪地说道。"这椅子真好。来,坐上面感受一下。我相信它比1500美元一把的椅子还要好。你知道我通过打几个电话就省下多少钱吗?"

这件事关乎解决问题的领导力和办事能力问题。如果我的属下认为我花钱大手大脚,他们也会这样的。所以我这么做不仅仅是为了节约成本,同时为了给整个团队树立一个好榜样。你也知道,我不怕花钱。我虽然喜欢买好东西,但是我讨厌浪费钱。许多人之所以陷入财务困境无法自拔,是因为他们喜欢买便宜货。如果你通过买便宜货就能致富,又有谁愿意成为富有的"贱"人?

甚至在我遭遇财务危机的时候,我也从不购买廉价品。当公司陷入困境时,我依然按时发放员工工资。这也是我为什么要用最优惠的价格购买最好的椅子的原因。我不喜欢被人敲竹杠，尤其是在我可以用最少的钱买到最优的产品时。我希望我的员工也可以做到这样。

> 有时候一些重要的东西往往隐藏在我们看不到的地方。这就是洞察力的重要性。
> ——唐纳德·特朗普

我们都应该记住这一点：多一点点努力就可以避免日后找借口。如果我们都试着努力理智地思考周围正在发生的事情，就能产生一些明智的想法。最好用（财商）教育来解决我们目前面临的财务问题。就像理解可以化解仇恨一样，教育可以取代恐惧。

恐惧通常源自无知。正如罗伯特·弗罗斯特所说："没有什么可怕的，我只害怕那些因害怕而颤抖的人。"减少你的恐惧，勇往直前吧。

我很喜欢清崎画的关于"财富＝能源"的示意图。我在这里把能源引申为能量，于是我开始思考凭借单个人的微薄之力如何创造出财富。如果你能在某种动力的驱使下坚持不懈地前进，这本身就是一种巨大的能量。再加上明确目标的指引，成功的可能性会更大。我很喜欢亚历山大·贝尔的这句名言："把所有的思绪都集中在你手头的工作上，太阳光只有聚在一点才能燃烧。"如果你能控制自身的全部能量，就能很好地创造和控制属于你的财富。那么在"财富＝能量"这一等式中，两个箭头都会朝上。

有时候一些重要的东西往往隐藏在我们看不到的地方。这就是洞察力的重要性。领导者就是这样一些人，他们用洞察力赶走恐惧，也就是说他们对事物的发展有一定的可预见性。正是他们接受的教育让他们有了洞察一切的能力，并且驱散了他们对不可知的未来的恐惧，由此大大提高了他们成功的概率。

如果你把问题当作挑战，解决起来会容易得多。你也可以这样看待问题，毕竟问题是生活的一部分。积极地看待问题一定会赋予你更多的能量。我之所以对这一说法如此肯定，是因为我知道这是毋庸怀疑的事实及我的经验也可以证明它是对的。自信是走向勇气的重要一步，恐惧会随着它的出现而消失。

清崎说过"机遇与挑战并存"。说得很好，我同意他的观点。如果你开始正确看待问题，我敢保证你离解决问题不远了。我曾经多次面临巨大的财务问题，而且都是上亿美元的债务，但我也没因此而破产，反而摆脱财务危机后的我比以前更加成功。所以这些都是我的经验之谈。

特朗普大厦在很长一段时间内一度成为地图上的标志性建筑，现在人们几乎忘记它是哪一天出现在曼哈顿的天际线上的。当我决定买下蒂芙尼珠宝店旁边的大楼作为我的新大楼时，我需要考虑和克服许多问题。在建造特朗普大厦的那块土地上原本坐落着隶属于格涅斯科集团的邦维特·特勒百货公司，所以首先我需要买下这家百货公司及其附属建筑物，他们认为我的这一举动太疯狂了。购买过程很复杂，双方谈判了3年，也没取得任何实质性进展。期间，我一直没放弃。接着，我想买下蒂芙尼珠宝店的空中权。只有买下这些权利，我才可以建造更高的大楼。在我完成这些交易之后，我还需要买下紧邻蒂芙尼珠宝店的另一块十分关键的土地，因为根据纽约市规划条例的要求，所有开发商在开发项目的时候都要保证30英尺的楼间距。这就需要我们做进一步的调查和谈判。除此之外，为了找到各种方案中的最好的设计元素并将其融入到最终的设计稿中，我和设计师德·斯库特至少详细讨论了48套设计方案，最终定稿后交给纽约市政府的相关部门进行审批，以便进行相应的分区调整。

以上只是关于建造特朗普大厦的一部分传奇故事。每一步都充满了艰辛，但是我把每一个难关都看作是一次挑战，并且很享受每一次攻破难关后的乐趣。如果我不这样想，每一步都可能半途而废。你们也无法看到现在这座世界著名的建筑物了。你说我这样做值得吗？这是关于如何面对和解决问题的一大例证。

清崎和我知道有些问题过于复杂，甚至让人看不到希望，但是我们仍然要鼓励大家，把问题视作挑战和机遇，争取借此机会创造伟大业绩。要知道，在这个世界上，没有谁，也没有什么事情随随便便就能成功。我想你也不希望自己一无是处、一无所有吧。所以，赶紧提升你的财商吧。它比任何东西都重要。

清崎和特朗普在洛杉矶一同视察特朗普国际高尔夫球俱乐部项目

第5章
为什么我们想让你变得富有？

清崎的视角

1953年，通用汽车公司前总裁查尔斯·威尔逊出任美国国防部部长，他被问及是否会做出对通用公司不利的决定。他回答说可能会，但是他认为这种情况不可能发生，因为他一直认为对美国有利的事情一定也对通用汽车公司有利，反之亦然。于是别人在引用他的这句话时改为"对通用汽车公司有利的事一定对美国有利"。虽然查尔斯·威尔逊当初所表达的并非这个意思，他的意思是美国和通用汽车公司息息相关。这种状况时至今日仍是如此，只不过具体局势不太一样罢了。

如今通用汽车公司陷入困局，美国也一样。通用汽车公司的问题源于其生产的汽车质量未达到预期目标，而且一直存在管理方面的问题。美国的问题是，一直躺在过去的荣誉上睡大觉，对自身面临的问题一再拖延，迟迟不予解决。

通用汽车公司的管理到底有多差劲，我们可以从玛丽·巴菲特写的《巴菲特学》一书中可见一斑。书中这样写道：

相同的现象也出现在通用汽车公司的财务报表中。通用汽车公司的财务报表显示：自1985年到1994年，通用汽车公司每股收益为17.92美元，每股支付的股利为20.62美元。在此期间，通用汽车公司每股约花费102.34美元进行增资。你肯定会问：这段时期内每股收益的17.92美元与每股支付20.62美元的股利之间有2.7美元差价，这笔钱从哪里来？每股102.34美元用以增资的钱又从哪里来？

要知道，这个例子中并未将以下因素考虑在内：通用汽车公司失去的市场份额、那些不工作却还领取工资的"僵尸员工"数量，以及公司承担的医保和社保这些福利资金的紧张状况。美国目前的情况和这个濒临破产的最大汽车制造商一样。如果美国和通用汽车公司都采取同样的方式解决问题，我们能否承受这一代价？

看看通用汽车公司的这些数据，就算没有 MBA 学位，哪怕只是个六年级的小学生都能发现问题出在哪儿。我们可以自问：每股收益为 17.92 美元却每股发放 20.62 美元的股利，这样的公司如何运营下去？任何一个小孩都可以告诉你"你不能把 17.92 美元变成 20.62 美元"。还有一个问题就是，每股收益只有 17.92 美元的公司如何做到每股投入 102.34 美元用于增资？同样，12 岁的小孩子都能告诉你"这样做意味着你没能把钱管理好"。这样做根本讲不通。

虽然明知道通用公司这样做很不合理，却还是有数百万的人听从股票经纪人或者理财专家的建议，把自己的养老钱投资于通用公司这样的蓝筹股上。他们怎么会如此天真？我的回答是："因为他们的财商太低。"

沃伦·巴菲特对这一问题的回答是：

"成千上万的人从商学院毕业，但他们却被教育地懒于思考，这一点对我帮助很大。"

巴菲特的这句话或许可以解释为什么像通用汽车公司这样拥有数千高智商的员工却做出如此愚蠢的财务决策。

巴菲特还曾说过：

"如果必须懂微积分或代数才能成为优秀的投资者，那我可能得去卖报纸了。"

我相信他想要说的是：致富是一种常识，它不需要太高深的数学知识，简单的数学知识足够了。

由此我们不难得出这样一个疑问："为什么那么多受过良好教育的人坚持投资于一个玩弄数字游戏的公司而不投资于运用合乎逻辑数学思维的公司呢？"用巴菲特下面这句话来解答这一问题再合适不过了：

"华尔街是唯一一个开劳斯莱斯的人向坐地铁的人讨教问题的地方。"

富人越来越富

特朗普和我都十分关心这个问题。我们知道有些地方出问题了，就像大家都知道通用汽车公司出了问题一样。我们担心美国及其财富像通用汽车公司一样存在严重的管理混乱问题。

如果这种数字游戏继续玩下去，从中受益的只有富人，为此沉重代价买单的只有穷人和中产阶级。

如果你近期去过底特律，你就会发现那里就像殡仪馆一样——整个城市和商业都死气沉沉。因为经济不景气，房地产价格迅速下滑，许多家庭遭受了除经济之外的多重打击。如果人们所说的"对通用汽车公司有利的对美国也有利"是对的，现在的底特律会不会就是美国未来的缩影？

完美风暴

我们面临的财务危机越来越严重，以至于连美国政府都无法独自解决。也就是说，这一财务危机已经无法靠美联储简单地提高或降低一下利率来解决。虽然数以百万计的美国人及全世界都对美联储的智慧赞赏有加，但是问题不仅没有得到解决，反且已经蔓延到美国以外，演变为全球性问题。

让我们回顾一下其中的一些问题及它们之间是如何相互影响的。

1. 日益增长的贸易赤字。 据不完全统计，美国2006年的贸易赤字为4230亿美元。这意味着2006年美国的进口额比出口额多4230亿美元。以家庭为例来说，这意味着每月收入只有5000美元的家庭月消费额达6000美元。这样下去，只会使这个家庭的财务危机越来越严重，而且还会导致下一个问题的产生。

2. 日益增加的美国国债。 据美国财政部的统计，从1789年第一任美国总统华盛顿上任到2000年克林顿总统执政，历任42位总统共从其他国家或金融机构借债1.01万亿美元。从2000年到2005年，单布什政府就举债1.05万亿美元，超过之前所有执政政府的外债总额。

许多入不敷出的家庭都尝试用房屋抵押贷款的方式解决自身所面临的财务危机，或许你也在电视广告上看到过可以用房屋抵押贷款来偿还债务的信息。这样做只会让问题继续恶化。可现在的美国总统和美国政府正是用同样的方法来解决美国的财务危机的。不同的是，他们是以美国的未来做抵押。这个问题又会导致下一个问题的产生。

3. 美元走软。 1971年，尼克松总统设法解决美国的黄金外流问题。为什么美国会发生黄金外流呢？这就需要回到第一个问题那里——日益增长的贸易赤字。因为美国大量购买日本货和欧洲货，进口多出口少造成贸易逆差，差额却是以作为国际储备货币的黄金来结算的，而当时美元又是与黄金挂钩，所以导致美国国内的黄金大量外流。为了解决这一问题，尼克松总统简单地把美元从资产变成负债——借据。今天，美国贸易赤字创下历史最高纪录，对外举债数额十分庞大。

美元与黄金脱钩，美国政府开始大量印刷钞票（就像银行账户里根本没有钱的人却在刷信用卡或者填写空头支票，差别在于，普通人这样做会被投入监狱，而美国政府却不会）。

1971年，美国政府随心所欲地印制了大量美元，试图暂时解决自身所面临的财务问题，但是过度消费的问题并未得到解决，并且我们今天正在为当年埋下的隐患买单。

自1996年至2006年，跟黄金相比，这十年间美元的货币价值几乎下跌了一半。1996年，每盎司黄金的价格约为250美元。十年后，也就是到2006年，每盎司黄金的价格升至600美元。举例来说，如果你在1996年在银行存了1000美元，现在（2006年）这笔钱连当年（1996年）价值500美元的黄金都买不到。反过来说，如果1996年你用1000美元买了4盎司的黄金，现在（2006年）这些黄金已经价值2400美元。

1971年美元与黄金脱钩这一举措使得储蓄者变为输家。人们自以为放在银行很安全的钱瞬间变成废纸，因为他们放在银行的只不过是一纸货币，也就是政府给你打的借据，而不是兑换黄金的凭证。那些靠固定收入为生的人发现物价飞涨，因为他们手中的钱不值钱了。政府对这些人的解释是"通货膨胀"，却没有告诉他们问题的根本原因在于"货币贬值"。美元之所以会贬值，是因为我们的政府不停地印刷钞票，想借此解决日益严重的财务危机。到2020年，一个面包可能要卖到12美元。但是你的养老金呢？恐怕还是账面上的那点钱，它不会随物价的飞涨而改变。这个问题又引发下一个问题。

> 这一财务危机已经无法靠美联储简单地提高或降低一下利率来解决……但是问题不仅没有得到解决，反且已经蔓延到美国以外，演变为全球性问题。
>
> ——罗伯特·清崎

4. 贫穷的婴儿潮一代。我们前面提到过，未来几年将有7500万的婴儿潮一代陆续退休。他们当中很多人没有攒够足够的养老钱。存款不足一定程度上是由于格雷欣法则①引发的。格雷欣法则又称"劣币驱逐良币法则"。在整个人类历史上，罗马帝国时期就发生过这种情况。1964年，美国用假的银币取代了真的银币。真正的银币即刻隐藏起来。

不管是有意还是无意，人们或许知道自己手中的钱不再是货真价实的钱了，所以就想赶快把钱花掉。现在美国已经成为世界上最大的债务国，人们也知道自己手中的钱越来越不值钱，既然储蓄者就是输家（利息永远追不上物价的上涨速度），为何还要存钱呢？美国大多数的中产阶级把更多的钱用于买房和存入养老账户，而不是放入银行。美国人的存款率几乎是世界上最低

---

① 四百多年前，英国经济学家格雷欣发现了一有趣现象，两种实际价值不同而名义价值相同的货币同时流通时，实际价值较高的货币，即良币，必然退出流通——它们被收藏、熔化或被输出国外；实际价值较低的货币，即劣币，则充斥市场。人们称之为格雷欣法则，亦称之为劣币驱逐良币规律。——编者注

的。但是美国人的寿命越来越高,与此同时,赚钱机会和就业机会却越来越少。这个问题导致下一个问题的产生。

  5. 应得权益心态盛行。数百万人面临财务危机,他们希望政府帮其解决这一问题或者能对其予以照顾。如果政府都不能为他们日后的基本生活提供保障,还有谁可以做得到?面对日益飞涨的物价,谁都无能为力。

  我们不能再任由这一问题继续发展下去了。目前社保资金和医保资金分别亏空10万亿美元和62万亿美元,解决这一问题的唯一方法似乎还是继续保持既有方案——超前消费,透支明天,大量印刷钞票。但这样做无法解决问题,只会使问题走向恶性循环。我们必须找到造成此问题的根源,那就是财商教育的缺乏。这个问题又导致下一个问题的产生。

  6. 石油价格居高不下。石油价格居高不下不是由财商教育的缺乏而导致的,而是因为贪婪自私的人性及缺乏财务远见而导致的。虽然我们可以利用高新技术和可替代能源来取代石油,但是我们却没这么做。美国及全球都将因为贪婪和缺乏远见而遭受经济危机。

  高油价使得我们前面讲的几个问题产生多米诺骨牌效应。过去,美国凭借其一路高歌的经济增长而随心所欲地借债,以此解决自身面临的财务问题。只要美国的经济持续发展,其他国家就乐意借钱给我们,想借多少就能借到多少。但是随着能源价格的上涨,受其影响,经济开始停止增长,日趋萎缩。如果哪天美国的经济真的出现萎缩,那些债主们肯定会犹豫要不要继续放贷。一旦发生这种情况,更多的承诺和借债都无法解决我们面临的经济问题,届时纸牌屋可能会倒塌。

  7. 富人减税。我们都知道心理学中有一条人际关系法则——"黄金法则",即"像你希望别人如何对待你那样去对待别人"。可我所说的"黄金法则"不是这个,而是"拥有黄金的人制订游戏规则"。可悲的是,美国穷人和中产阶级的话语权已经越来越少了。事实是,富人制订规则——制订使他们自己越来越富的规则。

  2006年5月11日,美国广播公司(ABC)报道了一项减税方案。报道指出:华盛顿一税务政策中心发现,排名靠前的那0.1%的纳税大户(年收入超 180 万美元）可少缴 82000 万美元的税款，而中等收入群体（年收入在 27000~47000 美元之间）只少缴 20 美元的税款。

巫术经济学或涓滴效应[①]

有这样一种货币理论，它提倡税法在制订时应该偏向于富人，即如果富人有更多的钱，他们会用于投资创业，创造更多的就业机会。这样，穷人和中产阶级也将从中分得一杯羹。这一理论有时被称为"涓滴效应"或"巫术经济学"。之所以称为"巫术经济学"，是因为这一理论表面上听起来不错，其实只有少部分的金钱流入下层，大多数钱还是留在富人手中。

大多数情况下，固定资产价格之所以会上涨，是因为富人手中有更多的钱。富人通过投资固定资产赚到更多的钱，然后继续购买，使得固定资产价格继续上涨。如此循环下去，当固定资产（比如房地产及其他可增值保值的资产）的价格上涨到一定程度，就超出穷人和中产阶级的购买能力。看看眼下的房价，再问问那些无房一族"买房是不是轻而易举就能实现的梦想？"，你就会发现为什么富人越来越富了。光靠"涓滴效应"从富人手中渗透下来的那"几滴水"怎么可能买得起房子呢？

总结

在《我们该有的美国》一书中，特朗普谈到如果他当选美国总统了他会怎么做。读完这本书，我发现他的想法大胆且富有想象力。我觉得他会成为一名出色的总统。如果他决定竞选总统，我将大力支持。

其实，我并不是一个乐观主义者。我的穷爸爸在竞选夏威夷州副州长时落选。这一经历让我对政治失去信心。我的计划很简单，学会聪明理财，为自己的人生负责，而不是成为政府管理不善的受害者。

[①]涓滴效应是指在经济发展过程中并不给予贫困阶层、弱势群体或贫困地区特别的优待，而是由优先发展起来的群体或地区通过消费、就业等方面惠及贫困阶层或地区，带动其发展和富裕，或认为政府财政津贴可经过大企业再陆续流入小企业和消费者之手，从而更好地促进经济增长的理论。——编者注

我的穷爸爸相信他能改变政府。在他竞选失败后，我觉得与其改变政府，不如改变我们自己。与其想方设法让税法在制订时更加公平，不如加入富人的行列，并从税法中获益。如果你决定加入富人行列而不是跟有钱人对抗，请继续读下去，本书就是为你这样的人而写。如果你选择改变政府，那么这本书可能不适合你。

特朗普和我相信，改变游戏规则最好的办法是获得黄金。只有当你有钱了，你才能拥有更大的权力。如此一来，你就能更好地践行真正的"黄金法则"——像你希望别人如何对待你那样去对待别人。

特朗普的视角

你先要知道发生了什么事，然后从中学习经验教训，最后将之付诸实践。千万不要毫无准备地赤膊上阵，然后在付出血的代价之后得到惨痛的教训。学习本身就是一种投资。清崎和我正试着用更容易理解的方式教你认清这件事。

在一些条条框框的约束下做事肯定让你感觉不舒服，除非你能改变那些规则、法律及约束。学习了解这些规则和约束，不失为一种好办法。举例来说，有人跟我说他有很棒的设计方案——绝对能建造出全世界最好的大楼。接着我发现他对"分区管制"一无所知，更别提纽约的《土地分区管制法》了。这就好比你想要造一艘天下无敌的巨轮，可你却对造船一窍不通。如果你连造船的常识都不懂，又怎能让它扬帆起航呢？我相信这样的例子举不胜举，我搞不懂这些人到底是怎么想的。教育是为了帮助我们更好地思考问题，可我发现人们常不假思索就做决定，即使是那些接受良好教育的人也常常缺乏思考。

清崎和我跟大家谈论一下"孤岛心态"——照顾好你的小岛。911事件之后，纽约人被一种共同的纽带紧紧地联系在一起。曼哈顿突然变成"我们的岛"，不再是那座我们曾经居住过的著名大城市。这一理念也被许多未曾到过纽约的人所接受。911恐怖袭击事件并没有摧毁这座城市，反而让它变得比以前更好、更强大。从这个意义上来说，911事件是恐怖分子的一次败笔。

我想告诉大家，清崎确实很敢想敢干。他把全世界当作自己的岛。从销售图书这方面来看，他这样想可能是对的。他致力于在全球范围内推广财商教育。没错，这的确是全球性问题。但是我们可以从自身做起，着手解决问题。

清崎和我是很好的搭档。我发现他和我一样敢想敢干。千万不要被"特朗普建造摩天大楼而清崎只有联排公寓"这种类似的谣言所蒙蔽。他已经在全球战略性思维的指导下取得了巨大的成功。

你的动力是什么

让我们集中讨论一下更为重要的一些事。比如，对你来说，什么最重要？是你的家庭还是家人的幸福，抑或是你和家人的未来？如果答案是这些的话，你读本书就对了。这些也是对我和清崎来说最重要的事情。我们为此竭尽全力。因此，我们和你有许多共同点。

如果你和家人的幸福受到威胁，你会怎么做？你可以早做准备，以防不测。

我不想成为在财务方面散布恐怖消息的人，但是我想提醒你目前的情形看起来不容乐观。我们的财务保障并不安全。就像你白天可以逛名店，晚上回家还能上网，这既不代表一切正常，也不能说明你可以高枕无忧。别沉湎于舒适区舍不得离开，也别目光短浅，只看重眼前小利。

清崎已经强调了当今世界我们所有人都面临的一些实际问题。问题如下：

1. 日益增长的贸易赤字。
2. 日益增加的美国国债。
3. 美元走软。
4. 贫穷的婴儿潮一代。
5. 应得权益心态盛行。
6. 石油价格居高不下。
7. 富人减税。

上述任何一个问题都足以使任何一个国家的财务状况陷于瘫痪。从现在开始让自己和家人接受财商教育，这比以往任何时候都显得重要。只有这样，你才能让自己有一个美好的财务未来。通过教育，我们可以获得远见。通过远见，你可以获得洞察经济问题并将其转化为机遇的能力。前提是，你必须认真筛选你要接受什么样的教育。

我曾经听人说过这样一句话：在广告进入脑海之前，我早已看清了整个世界。在广告、媒体及政客控制某人的思想之前，他早已看透一切。如果让那些追逐名利的专家们帮自己搞定一切，这会让你变得越来越没远见，看什么都犹如雾里看花。不管传达的内容是好是坏，媒体都是一个强大的宣传工具。所以最关键的是要学会独立思考。

在这里，我和清崎不会替你思考。因为我们已经做了大量思考，而且取得成功了。我们相信我们所说的可能会帮你拨开云雾，甚至让你免于视听被干扰。

你的本能是什么

我敢肯定在夏威夷长大的清崎一定是一个游泳高手，因为我知道他会冲浪。从没想到我会跟一位来自夏威夷的会冲浪的家伙合作出书。我还记得他在《富爸爸财富大趋势》一书中提到这样一种论点："你不可能看看游泳的书就学会游泳。"然后他又接着说："你也不可能从一本教科书或者从商学院里面学会如何做生意。"换句话说，什么也比不上一线的实战经验。

这让我想到一切都与本能有关。清崎在美国商船学院实习的时候，曾经花了一年的时间坐船环游世界。这一经历让他学会如何感知天气即将骤变的迹象。一段时间后，就会自然而然地形成我们所谓的第六感——一种感知可能发生变化的本能感觉。我认为清崎已经把这一特异功能应用到经济预测方面了。他已经在前面的"完美风暴"模块中讲过这些预测。"完美风暴"总会让人有一种不安的联想。

我有关本能的经历始于棒球。棒球运动员需要具备第六感。否则，他们就没机会进入小联盟[1]。可能好多人不知道我曾经是一个很优秀的棒球选手,我在棒球方面的成绩好到可以申请大学奖学金。我不仅知道如何打比赛,还具备相应的运动技巧。

我把这些比赛常识应用到经商中。我时常观察行情,并静待它落到相应的点位时对自己说:"OK,满垒吗?很好。"因为这对我来说意味着大满贯。大满贯的感觉太棒了。

对于清崎来说,他可能会想"这是完美海浪吗?OK,出发!"但是谁也不知道冲浪的人当时会怎么想。事实上,有人曾告诉我根本不存在冲浪前的思考。

如果清崎未曾接受过军事培训及航海经历,我不知道自己会不会跟这样一个家伙合作。除此之外,他的远见和坚韧也是促成我们合作的两大重要因素。

财商

我和清崎都曾在各自的著作中用过"财商"这一术语。之前,清崎的妻子金·清崎也出版了她的第一本书《富爸爸女人一定要有钱》。出版前,她把初稿拿给我看,写得不错,我还为此写了一篇书评。她写此书是为了让所有女人提高财商,不要依靠男人过活。我觉得不管是男人还是女人,都应该看看她的这本书。

对财商我们有着不同的定义。财商作为一个正在被使用的新名词,也会不断被丰富和完善。对我来说,财商就是具备感知国内和国际经济形势的变化,并能着眼于当下和未来,再综合各种分析和预测做出明智的决策。想要做到这些并不容易,需要每天练习,日积月累。如果你想获得成功,每天都要做这些功课。

我属于那种不需要太多睡眠的人,每晚上只睡三四个小时,也许这就是我优于他人的一些优势。因为睡眠少而多出来的时间,我用来干什么呢?阅读。我一直坚持通过阅读了解世界大事及历史。

---

[1] 小联盟是指一些在参与城市、球队经费、比赛水准等方面比美国职棒大联盟较小规模的职业棒球联盟。

你可以计算一下，如果一个人一周有28个小时的闲暇时间用于阅读，他的阅读量是多么惊人。我希望你能算一下。我知道清崎喜欢好多人聚在一起研读一本书这种小组阅读的方式。这主意不错。但是我经常在黎明时分阅读，所以清崎的这种学习方式不太适合我。

以史为鉴

我想强调一下学习历史的重要性。知识就是力量。我们可以向历史学习，向创造世界历史的文明和古国学习。一些重大事件随着历史车轮的前进而消亡。你是否还记得奥斯曼帝国？你知道这一帝国统治了多久吗？你知道它又是如何消失及为何消失的吗？或许你应该找找答案。国际事件之间的联系及你对这些事件的理解至关重要。换句话说，这些你不知道的知识可能会在将来的某一天以某种方式对你产生影响。一旦这种事情真的发生了，你大呼惊讶的同时，又能责怪谁呢？

清崎和我都是历史爱好者。我们建立良好交往的一个原因是我们都以史为鉴。以史为鉴可以让我们避免犯同类的错误。古语说得好："那些没有从历史中吸取教训的人，注定要重蹈覆辙。"

如果今天突然变成回忆，你打算如何记住它？

我想在这里引用诗人拉尔夫·沃尔多·爱默生和科学家阿尔伯特·爱因斯坦的两句话。

与我们心灵深处的那些东西相比，身后眼前之事皆是微不足道。

——爱默生

接受新构想的心灵，绝不会再回到原来的状态。

——爱因斯坦

爱默生的话提醒我千万不要志得意满，因为我知道我还有很多东西需要学习，还有许多使命没有完成。爱因斯坦的话让我打开脑洞，大胆想象，这样我就可以在解释某些事情的时候旁征博引。两位名人的话已经说得很清楚了，无需我多言。我还是相信简单些会更好。但是，想要做到简单并不容易。"去粗取精"需要耗费大量的时间和脑力。这也是我们为什么要阅读伟大思想家和作家著作的原因，因为他们已经帮我们做了大量"去粗取精"的工作。

但是你现在的首要任务是：仔细想想，你为什么要做你今天正在做的事情。这是一种很好的有助于你独立思考的方式，而且也只有这样，你才能找到属于自己的答案，别人是不可能知道的。

清崎和我已经告诉你"为什么我们希望你成为有钱人"，但是我们想要你怎么样并不重要，重要的是你自己想要怎么样，你的家人想要你怎么样。你自己想成为有钱人吗？

第二部分
三种类型的投资者

人们的投资类型大致可以分为三种，分别为：

第一种人：什么投资都不做；
第二种人：不做赔钱的投资；
第三种人：为赚钱而投资。

那些什么投资都不做的人，他们把自己失业或退休后的生活希望寄托于家庭、就职的公司及政府身上。

那些不做亏损投资的人大多数投资于自认为安全的投资项目。这一人群所占比例较大。在金钱方面，他们大多持有跟储蓄者一样的心态。

那些为赚钱而投资的人希望学到更多投资经验、最大限度地掌控全局并获得最高的投资收益。

有趣的是，这三种投资类型的人都有致富的潜力，即使是那种指望他人照顾自己生活的人也可以。比如说，世界最大的非政府石油天然气生产商埃克森的 CEO 在其退休时拿到了近 5 亿美元的离职费。

特朗普和清崎属于最后一种投资类型——为赚钱而投资。如果你也想做这种类型的投资，那本书很适合你。

第6章
为赚钱而投资

清崎的视角

特朗普和我有着共同的心愿,真心希望你成为有钱人。那我们给出的解决方案又是什么呢?

那天在他办公室的短暂会面中,特朗普说:"我投资是为了赚钱。难道你不是这样吗?"他的这一陈述立刻定义了我们跟其他人在投资方面的差异。他和我是为赚钱而投资,而其他人只做不赔钱的投资。

我们交流过彼此对"存钱、还债、做长期投资(主要指共同基金)并且投资多元化"这一理财建议的意见。下午晚些时候,特朗普和我开始讨论如何才能不把储蓄作为理财的核心。事实上,我们俩都有上百万的债务——当然是良性债务。我们不做多元化投资,至少不像大多数人所做的投资那样多元。我们的一些投资一定程度上属于长期投资,但却没投资共同基金,至少我们不把共同基金当作首要的投资项目。为什么?因为我们为了赚钱而投资。

特朗普和我开始讨论我们的书如何与众不同,以及它们为何会比其他财经类图书更受欢迎。原因显而易见。"其他财经类图书的作者告诉读者要节衣缩食、量入为出。"我这样说道,"一位作者曾建议读者省下每天喝咖啡的钱,然后把这些钱投资于共同基金,这样日后就能变成有钱人了。我和你(特朗普)都没有量入为出,我们喜欢过有钱人的日子,只不过我们的方式是开源而非节流。当我们写书或者做培训时,我们鼓励大家成为有钱人,并且享受美好时光。"

等我说完,特朗普停顿了一会儿,然后笑着说道:"瞧,你说得对。我觉得没有谁愿意节衣缩食地过着拮据的生活,至少我周围的朋友都不愿意。我的朋友们都愿意享受人生，他们确实也是这样做的。我们为了赚钱而投资，也真的赚到钱了。一旦你赚到钱了，同样也可以享受人生。这也是为什么你和我的书会如此畅销，也是为什么我们的培训能吸引到众多学员的原因。人们喜欢成为人生赢家。"

"大多数理财专家建议人们稳健投资，然后节衣缩食。他们告诉投资者'投资有风险，尽量多储蓄，然后避免亏损'。这些专家们没把投资的重点放在'如何去赚钱'这一点上，一味地强调'别赔钱'。"我补充道。

"这两者（赚钱和别赔钱）有着天壤之别。"特朗普说道。

我点头表示同意。从《富爸爸穷爸爸》一书出版至今，包括记者在内，好多人都说我书中讲的事情风险太大。但是对我来说，其他人做的事情风险更大。在稳定的工作机会越来越少的时代，还指望能找一份稳定的工作，这样做看起来似乎有点愚蠢。大涨和大跌的股市卷走了那些对股市深信不疑的投资人价值数万亿美元的投资，在这种情况下还指望靠炒股获得稳固的财务保障，这样做看起来似乎更愚蠢。目前我们的学校几乎不教给学生任何有关金钱的知识，却指望接受好的教育后就能过上富足的生活，这样做似乎风险更大。

此时，我开始回顾我的人生，并把那些当我决定在金钱游戏中取胜而非失败的关键时刻予以定格。

"你看，我们不投资于大多数人所投资的领域和项目，他们认为自己的投资很安全，其实风险却很大。这是不是颇具讽刺意味？"特朗普说道。

我点点头。

"我还想补充一下。"特朗普说道，"你和我把赚钱当成游戏，我们从中体验到诸多乐趣，并且很享受这一过程。有时候我们也会失败，但是多数情况下我们都会赢。我们乐在其中。"

"确实很有趣。"我说道，"我喜欢玩这样的游戏。"

"但是大多数人没把赚钱当作游戏，"特朗普说道，"他们把赚钱看作是生死或输赢。"

"生存的压力，"我说道，"大多数人迫于生计，所以他们赔不起。正因为如此，他们认为投资无异于冒险。"

"他们真的是冒着很大的风险进行投资。"特朗普轻轻地拍了拍桌子,补充道,"这简直就是一场金融悲剧。"

"你是说他们赔钱了?"我问道。

"不,我是指他们失去了赚钱的乐趣。赚钱很有趣,人生也很有趣。人们却过得诚惶诚恐,这就是我说的悲剧。"

"这就是他们为什么谨慎行事、只投资保险的项目、坚持找稳定的工作,并且节衣缩食地生活。"我说道,"更糟糕的是,他们深陷债务之中,而且负债都是些不良贷款。他们也想从投资中获得乐趣,但却因为没能学会如何为赚钱而投资。他们也想过上好日子,但却因过度消费而背上沉重的债务。"

"如果这样的话,就一点乐趣也没有了。"特朗普说道,"我们喜欢金钱游戏,并开发了具有教育意义的游戏。游戏确实给人带来欢乐。如果你能从中获得乐趣,你将学到更多。即使有时候不免在游戏中失败,也要抱着必胜的信念。我从来没见过以'只存钱,不花钱'或'节衣缩食'为教育目的的游戏会受到大家的欢迎。你见过?也许会有这样的游戏,但我觉得这类游戏肯定没我们的游戏受欢迎。我们努力玩赚钱这场游戏,为赚钱而努力。我们从中获得乐趣,这就是人生的意义所在。"

跟特朗普的会面结束了。可我却还有很多事情没想明白。当我走进电梯,按下通往一楼大厅的按钮,我的大脑开始飞速运转。为什么会有很多人投资谨慎或者只投资那些不赔钱的项目?为什么有的人会为了赚钱而投资?当电梯到达大厅后,门开启的那一刻,又有一个问题涌入我的脑海:"为赚钱而投资的人跟赌徒有什么区别?从风险这一角度看,两者又有哪些区别?"

我站在第五大道的人行道上并招手叫了辆出租车,这时我发现我脑海中的这些问题应该是我们这本书必须

> 大多数人之所以投资于那些不赔钱的项目是因为他们认为投资有风险或者投资就像是一场赌博。好多人认为想要获得较高的投资回报就必须承担更大的风险。事实并非如此。
>
> ——罗伯特·清崎

要解答的问题。大多数人之所以投资那些不赔钱的项目是因为他们认为投资有风险或者投资就像是一场赌博。好多人认为想要获得较高的投资回报就必须承担更大的风险。事实并非如此。

金钱方面的"10/90法则"

坐在出租车上,我回想起富爸爸多年前教我的10/90法则。大多数人听说过20/80法则,我觉得10/90法则更适用于金钱方面。具体来讲,在金钱游戏中,10%的玩家赢得90%的金钱。举例来说,在高尔夫比赛中,所有选手中10%的选手赢得90%的奖金,90%的选手共享那剩余的10%的奖金。

10/90法则已经成为我生活中十分可靠的经验法则。虽说目前尚没有哪项科学研究能对此予以证实。我们都知道美国90%的财富掌握在10%的人手中。看看那些房地产投资商,就可以肯定地说,10%的房地产商拥有90%的房地产财富。

每当选择需要在哪些方面投入巨大精力时,我总是用10/90法则这一方法。举例来说,我之所以没把打高尔夫当作我谋生的职业是因为我不认为自己可能成为那10%的优秀选手。我觉得自己既没有这方面的天赋,也没有这方面的欲望。如果你听我唱过歌,就知道为什么我没把唱歌当作我的事业。当我决定写《富爸爸穷爸爸》这本书及发明教育玩具《富爸爸现金流》游戏的时候,我不但确定我能做好这些事情,而且我很想做到最好。即使我之前从没写过一本畅销书或者发明过什么好的教育玩具游戏,可我却非常渴望能做好、能成功。

我相信特朗普和我一起合著此书是因为我的《富爸爸穷爸爸》这本书及我的财商教育玩具《富爸爸现金流》游戏已经在国际上大获成功,而绝对不是因为我跟他一样因投资房地产而成为全球知名的房地产投资家,虽然我在世界各地也有几百万美元的资产和生意。在经商和房地产方面,我已经成功了,不失为这方面的赢家,但我却不是这些领域内那10%的顶尖人物,他却是。而作为作家,我能位居这10%之中。事实上,《富爸爸穷爸爸》被《纽约时报》评为畅销书中蝉联时间最长的三本书之一,并且在个人投资理财榜单中一直稳居第一名。这对一个高中时有过两次英语成绩不及格的家伙来说，确实算是不俗的成绩。

特朗普是如何成功的

我住在亚利桑那州的凤凰城，特朗普的一些举动曾经在这里引起不少争议。特朗普想在驼峰路第 24 街区至第 32 街区之间建造一座摩天大楼。要知道，这里是凤凰城的黄金地段。这个位置就好比《大富翁》游戏中的"百老汇"和"花园广场"。他想在驼峰路建造最高的大楼，但是那里却有高度限制。

好多年过去了，争议一直持续不断。争议的焦点在于：特朗普该不该在最好的地段盖最高的大楼？我妻子和我希望特朗普赢，因为我们在那附近有住宅和商业项目。如果特朗普赢了，我们也就赢了。

2005 年秋天，附近居民投票表决是否允许特朗普建造摩天大楼。计票结果显示：居民们同意特朗普盖摩天大楼，但不是他想要的高度。于是，特朗普取消了这一计划。

在纽约恰谈合作写书事宜的时候，我问他凤凰城这次投票的事。他看起来十分淡定。他只表明一种态度："如果不让我盖最高、最好的大楼，我宁愿不盖。"接着他给我看他正在迪拜建造的一个摩天大楼模型。他指着这个模型自豪地说道："我现在忙于打造如此壮观的宏伟建筑，哪有时间为凤凰城那点小事心烦意乱。"

随着出租车离我下榻的宾馆越来越近，我对我们所合作的这本书的框架和思路也越来越清晰。本书要跟"享受生活"及"打赢人生游戏"这些主题息息相关，而不是谈论什么"过那种避免损失的生活"。本书写的是如何让你过一种超乎想象的生活，而不是省下喝咖啡的钱，去过那种节衣缩食的生活。

在出租车即将到达宾馆时，我想起那年年初一个记者问我的问题："你今年的目标订好没？"

我的回答是"没有"。

"为什么？"记者问道。"你在自己的书中提到过制订目标是如何如何重要的啊。"

我回答说:"是的,制订目标确实很重要。问题是,就我目前的状态来说,我不知道我还能追求些什么。我已经赚了足够多的钱了,我的婚姻也很美满,我热爱我的工作,我身体很棒,而且我比自己想象中要成功得多。如今,我的生活已经超乎我想象。我写了最畅销的书,也被著名脱口秀节目主持奥普拉采访过,而且我还和特朗普合作出书,我也爱跟我一起共事的队友。我真的不知道自己还要追求什么。"

"那你打算怎么办?"记者问。

"我觉得我应该有更大的梦想。"我回复道。

出租车把我送到酒店,当我付完钱,我知道我们合作的这本书应该是关于"如何过上超乎想象的生活"这一主题的。前提是,你得敢于大胆想象。

特朗普的视角

赢家

我很早就知道10/90这一法则了,但是清崎的解释给了我们一个很好的提醒。如果我们不对此引起重视,很快这一比率将变为5/95甚至是1/99,也就是说1%的人将占有整个国家99%的财富。

赢家们是不会愿意看到这种情况发生,我希望你也是这赢家中的一员。

拥有梦想至关重要。英国诗人罗伯特·布朗宁说过:"你的目标必须超过你的能力。"这句至理名言激励我们前进。我想说的是:"如果你的现实始于你的梦想,你的梦想就会成为你的现实。"

为什么会这样?因为如果不这样想,我们只能维持基本的生存状态,我相信这不是大多数人的终极目标。你听哪个年轻人说过他日后想成为一事无成的人?人们常说"我想当总统"、"我想当宇航员"、"我想当消防员"、"我想当医生"。这些都是专业性要求非常高的职业,而且还带有一些英雄主义色彩。年轻人以此为梦想并为此努力。

赢家通常永葆一颗年轻之心，他们制订出远大目标，满怀激情，一步步向着规划好的目标前进。也许他们的野心太大，但总好过没有梦想。一旦有了远大目标的指引，他们要做的就是全神贯注且全力以赴。

执着是赢家的必备品质之一。有的人因为太早放弃而没坚持到最后，导致与梦想无缘。如果你正在阅读本书，我希望你不属于这一类型。我父亲过去给我讲过这样一个故事。一位年轻人非常喜欢汽水，于是他决定进军汽水行业。他自创了一款名为3UP的产品，结果没能成功。接着，他继续创业，并把新产品命名为4UP，还是失败了。他还是不死心，再次推出5UP，不幸的是，他又失败了。即使多次失败，他知道自己对汽水的热爱丝毫未减，于是他又尝试推出名为6UP的新产品，还是失败了。最终，他彻底放弃了。几年后，有人推出名为7UP的新汽水产品，一举成功。

小时候，我不明白为什么父亲老给我讲这个故事。他讲过好多遍。后来我才知道，他讲这个故事是为了让我明白坚持的力量。任何时候我都不会忘记这个故事，而且我永远不会轻言放弃。他的训诫发挥了应有的作用。关键时刻，你可以想想我说的这个故事，那么你将离成功更进一步。

成为赢家的另一重要因素是具备赢者风范。我告诉人们要把自己看作胜利者，积极心态可以赋予你力量。赢家需要这种力量，不管你是性格内向还是酷爱社交。当你面对困难时，力量将转化成积极面对问题和解决问题的优势。

我曾经一度背负巨额债务，但在压力面前，我变得更加顽强，绝不向困难低头。我没有消沉，而是集中精力解决问题。我确信自己一定能闯过难关，取得更大的成功。事实证明确实如此。当时曾有几大主要媒体说我快要破产了，对此我矢口否认。我的人生只与梦想有关，无关乎财富上的那些数字。我赢了。

你有成为人生赢家的足够决心

> 成为赢家的另一重要因素是具备赢者风范。
>
> ——唐纳德·特朗普

吗？如果答案是肯定的，那么你就具备了成为投资赢家的能力。出国需要护照或者签证，但是加入人生赢家的行列无需这些。我常听人们说"我有百折不挠的毅力"，但他们在实际行动时却不是那样，甚至表现得对投资一窍不通。正如清崎所说，他们将失去很多人生乐趣，并且同时错失了美好的财务未来。这种不幸本不应该发生的。

  不要让未知的恐惧阻碍你实现愿望和规划美好的财务未来。有些人希望你变得愚笨，这样他们就可以有机可乘。我发现这一情况在很多成功的运动员身上都发生过。不要让这种事发生在自己身上，学习如何与金钱打交道，并且让金钱为你工作。这就是投资成功的关键。

第7章
选择你的战场

清崎的视角

我在上军校的时候学习过"选择战场"的重要性,并且加入海军陆战队以后加深了这一认知。举例来说,作战一方只有在占据一个制高点(比如山头)之后,才对处于较低位置的一方保有绝对性优势。但是处于较低位置的一方则有权选择开战或者撤退。因此人们常说"有时候选择暂时离开,然后改天再战不失为上策"。商场如战场,所以请谨慎选择你的"战场"。

我在富爸爸系列的第二本书《富爸爸财务自由之路》中阐述了为什么有些人比别人觉得致富要容易。《富爸爸财务自由之路》是我专门为那些想要自己的生活发生重要转变的人而写。如果你不想审视自己的人生并使其发生一些变化,那么这本书可能不适合你。让我们再看一下下面这个现金流象限图。

E 代表雇员

S 代表小企业主、自雇主或自由职业者

B 代表大企业家(例如特朗普)

I 代表投资人

不仅各象限的名称不一样，各象限的人也存在很大差异。从心态方面来讲，位于E象限的人追求稳定。他们常说"我正在找一份稳定、有保障又提供退休福利的工作"。而那些做小生意的位于S象限的人常说"如果你想事情如你所愿，就要亲力亲为"。B象限的人通常寻找总裁、CEO或者其他有天赋的人帮他（她）经营生意。S象限和B象限的企业主最大的不同体现在员工数量上。《福布斯》杂志曾这样定义"大公司"：员工人数在500人以上才成为大公司。I代表投资者。你已经从本书的第二部分的开篇介绍中了解到一共有三种类型的投资者。

不同象限的人适用于不同的税法。从税法制订的目的来看，E象限的人处于最不利的地位。因为这一象限的人在避税方面几乎无计可施，因此你都不需要财会人员为你提供建议。享受税收优惠力度最大的象限是B象限和I象限。为什么这么说？政府对B象限的人提供税收优惠，是因为他们为社会提供就业机会。对I象限的人提供税收优惠，是因为他们把手中的钱重新投入到经济领域，尤其是投资于房地产和石油领域，这些行业的投资享受的税收优惠更大。因为任何国家都需要解决住房问题和能源问题。

你可以在哪个象限胜出

正如本章一开始所说，谨慎选择你的战场，这很重要。提到致富，选好适合自己的象限也同样重要。

现金流象限之所以很重要，是因为它可以帮你选择在哪个象限你成功的几率最大。也许你已经猜到了，特朗普和我选择在B象限和I象限里面奋斗。

多年前，当我还在读高中的时候，我的英语成绩很不好。当时富爸爸就指出我不可能在学业方面有所建树或者在职场有一番作为。他说："你太叛逆了，以至于你不可能服从他人的命令，尤其是那些你不尊重的人。你以后最好在商业领域大展拳脚，比如成为企业家或者投资家。"

虽然我不太喜欢他说的这些话，但是这些话让我知道哪些领域不适合我。同时他也提醒我必须学点专业知识和技能，以获得大多数同学不可能掌握的经验和知识。如果你想学习我在B象限和I象限的经验，我建议你读读《富爸爸投资指南》和《富爸爸成功创业的10堂必修课》。

也许你会说"我不想创业",因为这会使你既没有稳定的收入来源,又要承担一定的风险,心理承受的压力太大。不要担心,本书更多的是关于如何成为人生赢家这方面的,不是关于如何成为企业家和职业投资家的。虽说有三种类型的投资,而且我们希望大家成为"为赚钱而投资"这一类型。但要知道,不管你属于哪种类型,都可以成为富人。同样的,不管你在哪个象限,都有机会和潜力成为富人。比如说通用电气的创始人托马斯·爱迪生,他就属于B象限。而通用电气的前CEO杰克·韦尔奇则属于E象限。两个人来自于同一家公司,但却来自不同的象限。

> 大多数理财方面的作家们在其著作中给出的理财建议是"多存钱、少花钱、量入为出"。但是特朗普和我则要你"拓展财源,尽情享受生活,拿钱去投资"。
> ——罗伯特·清崎

我在这里谈及现金流象限,是为了帮你更清晰地知道自己在哪个象限获得成功的几率更大。虽然B象限和I象限的人在税法方面享受的优惠较大,但是当你考虑在哪个象限获得成功的几率更大时,税法这一因素已经显得不那么重要了。

我们目前的教育体制主要是为E象限和S象限输送人才而设计。这就是当人们常说"好好上学,毕业后找份好工作"时,就是说你的人生已经被规划为进入E象限。当人们说"好好学习,掌握一门专业技能,日后可以以此为生"时,意味着你是为走进S象限而生。(再说一次,如果你想学习更多有关B象限和I象限的知识和经验,我推荐你读读特朗普的一些著作,比如《交易的艺术》、《东山再起——投资界的不死鸟》、《如何致富》。)

同为培训讲师和作家的我们(特朗普和我)比其他学校的老师或作家都要赚得多,是因为那些老师们按照E象限的思维工作,作家们则按照S象限的价值观来写作。

大多数理财方面的作家们在其著作中给出的理财建议是"多存钱、少花钱、量入为出"。但是特朗普和我则要你"拓展财源，尽情享受生活，拿钱去投资"。再强调一次，不同的理财建议源自象限不同及各个象限不同的价值观。

所以，静下心来好好想想哪个象限最适合你。你可以坐下来闭上眼睛，仔细聆听自己内心的答案。这个静思的过程很重要，因为它可以让你真切地面对自己，得到最真实的答案。

特朗普很幸运，因为他从小就以位于B象限和I象限的父亲作为自己的榜样。我的穷爸爸来自E象限。当我宣布自己要进军商业的时候，这一想法跟来自E象限的穷爸爸的价值观发生冲突。因为他坚信稳定的工作和政府保障最重要。如此一来，我好比是加入敌军阵营的叛徒。我的穷爸爸认为富人都是贪婪的，而且他们剥削穷人。有些富人确实如此。但是，我没能接受他的价值观，我想成为企业家和投资家。虽然我十分敬爱和尊重我的穷爸爸，但是当涉及职业和金钱的时候，我们出现了分歧。

1973年我从越南回国，我必须决定自己要立足于哪个象限。我的穷爸爸希望我继续留在海军陆战队，因为他觉得这份工作比较有保障。当我告诉他我已经离职了，他建议我去某家航空公司当飞行员。我说我飞够了，再也不想开飞机了。这时他又建议我重返学校，以取得硕士和博士学位，这样就可以在政府部门谋得一官半职。因为他不了解我所说的现金流象限，所以他不明白我为什么拒绝从事他建议的那些工作，我只是不想进入他推荐的那些职业所在的象限而已。或者我还可以这样解释，因为不同象限的人所具有的价值观不一样。

后来穷爸爸发现我比较认同富爸爸所在的B象限和I象限的价值观，此后我们的父子关系开始变得紧张。穷爸爸看重保障，富爸爸看重自由。我们知道，保障和自由不是一回事。事实上，两者完全相反。这也是为什么有着极好保障的人只拥有最低限度的自由，他们的保障就像牢房一样坚固，而他们自己也好比住在牢房中。

当被问及"为什么你觉得金钱很重要"时，我通常回答说："因为金钱不但可以让我买到自由，还可以买到人生中的众多选择。"比如说，出门旅行的时候，我不喜欢在机场花费大量的时间用于排队候机。有更多的钱的话，我就可以选择租一架私人飞机，避免排队。如今，我更多的时候是乘坐自己的私人飞机出行，而不是搭乘商业飞机。当然，特朗普也有自己的私人飞机。这也证实了我的观点。一天晚上，我的小型私人飞机停在特朗普的私人飞机旁边。当我发现我的飞机都可以停在他的飞机下面时，我感觉太丢脸了。

这也是我为什么要求你安静地坐下来，好好想想哪个象限最适合自己。问问自己："我的价值观是怎样的？我需要有保障性的工作吗？我喜欢这样的工作吗？我的所有技巧能通过这个象限的考核吗？或者是我更向往自由？"同时，你也要问问自己："我父母及朋友们的价值观是怎么样的？"毕竟"物以类聚，人以群分"。

因此，我想说的是，如果你想选择成为富人，务必谨慎选择你的战场，或者说谨慎选择你的价值观和象限。

特朗普的视角

选择你的战场

清崎提出的现金流象限理论十分有效，所以当亚马逊网站让我列出推荐书单时，我把他的那本《富爸爸财务自由之路》列在其中。如果你现在愿意花点时间好好想想他说的那些话，那么未来你将节省好多时间。出发前，不管你是沿原路继续前进还是另辟蹊径，都有必要了解自身的情况和喜好。

有些人在看图表或公式时会变得目光呆滞，因为这意味着他们要花费好多时间和心思才能搞懂。但是当你知道一旦彻底搞懂这些东西之后会有助于提高自己的现金流时，你可能会开心不已，甚至兴奋起来。是否要学着搞懂它们，你自己决定吧。

当我开始进军房地产行业时，我可以在父亲的公司做事，而且很容易搞出一番名堂来。但是我不想这样。我想靠自己的努力闯出一片天地。如果在父亲的公司供职，我的人生可能会舒服惬意，但不会太精彩。我想过自己想要的生活。

就像清崎意识到他父亲的目标不是他的目标一样，我们必须用心思索自己到底要走向何方，以及注定要成为什么样的人。想象一下你今后的生活，如果已经有人为你安排好了一切，你只需按部就班地遵从，此时你会发现在这个过程中你将错过好多本可以由自己来主宰的命运转折点。这无异于自我毁灭。如果你的人生不是由自己来决定，那又有什么意思呢？既然已经来到这个世界走一遭，那不妨拼尽全力好好活一回。

从某种意义上来说，我觉得人生好比竞技场。我希望大家能权衡一下自己喜欢进入哪一种竞技场作战。因为你选择的这些目标和愿景关乎日后的成就及自我实现。有时候我们很难改变自己的圈子，但有时候跳出圈子也未尝不好。

朋友、同事或者家人对我们的影响很大，脱离他们并且做一些出乎意料的事似乎很难。当我们冲出自己所在的圈子后，可能会有一段相当孤寂的时期，但它最终会引导我们走进新圈子——这里有我们喜欢的人和喜欢的事。这很像是你要写一部剧本，故事的大结局你可以根据自己的喜好来定。

谁都可以体验选择带来的自由感。当我看到有些人以自己喜欢的特定方式生活，这让我想起饭店里的菜单，如果这一家饭店的菜品不合你的胃口，你可以去另一家餐馆就餐。

再回到刚才说的写剧本那个事情上来。我曾经听过这样一句话：我们每个人都在撰写自己的电影剧本，这部电影就是"人生"。如果让你写一段自己想要的生活场景的镜头剧本，你会怎么写呢？我想大家都不会写有关做苦工、无趣或者贫困的画面。因为写这样的场面不仅没乐趣可言，而且还让人讨厌，更没有人喜欢看。给自己一点自由，做成一些事或者变成自己想要成为的那种人。

也许你注意到了，我用的是"给自己"这个词。因为大多数情况下，只有自己才会给自己机会。太多人希望现状保持不变，而你也属于现状中的一部分。但是你有能力改变现状。首先，你肯花时间阅读本书，这说明你已经拥有超过凡人的毅力或者有勇气战胜那些阻碍你前进的事。大多数情况下，没有人愿意加入级别较低的圈子，即使这很容易做到。超越凡人，才能拥有非凡的人生。

> 给自己一点自由，做成一些事或者变成自己想要成为的那种人。
> ——唐纳德·特朗普

面对人生和商场，我们需要充满斗志。它们就像战场一样。一定要打好仗，尽快摆脱无谓的战斗和战场。别浪费你的时间和精力。

记住：撰写属于自己的剧本，然后自导自演，将它变为现实。这时你将发现这就是你想要的生活。这就是自由，这就是力量，这就是成功。

你的观点

回顾现金流象限，想想如何将其应用到你的生活之中。

1. 目前你主要从哪一个象限获得收入？

   _____

2. 假设你已经成为梦想中的成功人士，你觉得自己会是在哪个象限中登上自己人生巅峰的？

   _____

3. 比较以上两个答案，你进入正确的象限了吗？

   _____

如果你目前所处的象限是正确的，那么就请把自身已经具备的技能磨炼得更好，全力以赴吧！

如果你目前所处的象限不正确，那么好好规划一下，想方设法让自己移动至能让自己取得巨大成功的正确象限。这项练习只能靠自己来做。

你不必一夜之间就移动至正确的象限。但是，从现在开始，你必须着手做出改变。根据你制订的转变计划，你觉得必要的步骤有哪些？

1. _____

2. _____

3. _____

第8章
储蓄者和投资者的区别

清崎的视角

许多人投资共同基金,当我对他们说别当储蓄者,大多数人会反驳道:"我在投资啊。我有共同基金的投资组合,我还有401(k),我还有股票和债券。难道这些都不算投资?"

我后退一步,然后更加详细地解释一下自己的观点:"是的,储蓄也是一种投资形式。当你投资于共同基金、股票或债券的时候,这也算是投资,但只不过是站在储蓄者的角度并基于储蓄者的价值观所做的投资。"

让我们看看消极投资者的投资哲学。我不得不再重复一次大多数理财专家的建议:

- 努力工作
- 量入为出
- 储蓄
- 还债
- 做长期投资(主要是投资于共同基金)
- 多元化投资

用大多数理财专家的话来说,大致是这样:努力工作,确保你就职的公司为你提供401(k),而且尽量往这一退休账户中多存点钱,毕竟这部分钱是免税的。如果你购置了房产,尽快还清房贷。卡债也一样要尽快还清。有一个平衡的成长基金组合,包括一些小型基金、科技基金和外国股票基金。当你老了，转入债券基金以获得稳定收益。当然，多元化、多元化还是多元化。把所有鸡蛋都放到同一个篮子里肯定不是明智的做法。

虽然我的描述跟那些理财专家说的不完全一样，但也掩盖不了他们打着提供理财咨询的幌子劝你如此投资，然后抽取一定的销售佣金。我想你对此也一定再熟悉不过了。

特朗普和我并不是要求你们改变或者停止这一做法。毕竟这种投资建议对特定人群是适用的——那些信奉储蓄投资哲学或者持消极投资态度的人。

在当今的金融大环境下，我相信这种理财建议是所有理财建议中风险最大的一种。虽然对那些对理财一窍不通的人来说，这些建议听起来既安全又明智。

让我们回到刚才说的"储蓄者和投资者区别"这一话题上。用一个词就能说明两者的区别所在，这个词就是"杠杆"。什么是杠杆？杠杆就是以少换多的能力。

许多储蓄者不善于利用财务杠杆。一般人之所以不会运用这一杠杆，是因为他们没有学习过相关的财务课程或接受过专门的财务训练。下面我对此做进一步的解释。首先我们先看看这个来自储蓄者角度的标准理财建议，然后再对比现金流象限中E象限、S象限中的投资人与B象限和I象限中的投资人的不同之处。

努力工作

我们从"努力工作"这个建议开始。

说到"努力工作"，大多数人想到的是自己要努力工作。只有自己努力工作，你能运用的财务杠杆的力量几乎为零。特朗普和我对"努力工作"的看法是，不仅我们自己要努力工作，更多的是让那些为我们工作的人更加努力工作，这样我们才会变得更加富有。这就是财务杠杆。有时这一理论被称为"利用别人的时间"（OPT，即Other People's Time）。正如前面讲到的，B象限的人比E象限和S象限的人享受的税收优惠要多得多，因为B象限的人创造就业机会。换句话说，政府这么做是希望我们能创造更多的就业机会，而不是加入到就业大军中。如果所有人都开始找工作的话，我们的经济将崩溃。为了刺激经济的增长，我们需要企业家们创造更多的就业机会。

储蓄

虽然我在上一章里面提到过"储蓄"这个话题，但是我觉得关于这个话题还有一个观点需要阐述一下。

储蓄意味着只存钱不花钱，这对当前的经济发展很不利。目前的经济形势需要通过举债刺激经济的增长，而非把钱放进银行睡大觉。

下面我引用《富爸爸穷爸爸》这本书里面的两张图表来解释一下。

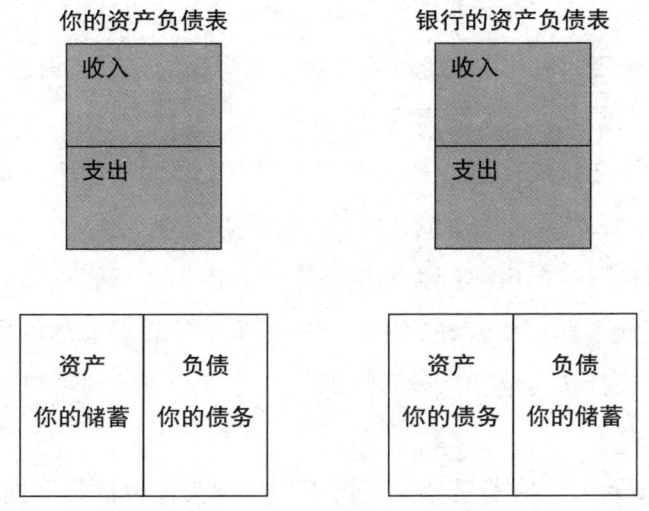

仔细看看上面的这两张资产负债表。对你来说所谓的"储蓄"在银行那里却是"负债"，同样对你来说所谓的"债务"对银行来说却是"资产"。

为了让当前的经济实现良性增长，这需要聪明的借债人，也就是那些能通过举债让自己变富的人，而非通过借钱让自己变穷的人。10/90法则在借钱这里同样适用：世界上大约有10%的人通过举债变得越来越富，90%的人通过举债变得越来越穷。

特朗普和我属于通过举债让自己变得越来越富的这种类型。我们的债主——银行很喜欢我们借钱。银行希望我们尽可能地从它们那里多借钱,这样它们才有收益。这就是利用别人的钱(OPM,即Other People's Money)。特朗普和我建议大家接受更多的财商教育,是因为我们希望大家在举债方面变成聪明人。这样的聪明人越多,我们国家的经济发展得就越好。如果储蓄者太多,经济将日趋萎缩。

如果你能搞明白哪些债务是好的,而且学会利用债务杠杆,那么你将比大多数储蓄者在投资方面具备更大优势。

还债

大多数储蓄者认为借债不好,尽快还完房贷才是上策。对大多数人来说,负债不是好事,尽早还债才是明智之举。如果你愿意花点时间学习理财知识,你就能更快地学会如何利用债务杠杆。但是我想提醒大家注意:在你借钱进行投资之前,请先投资自己的财商教育。

债务有好坏之分。要想让自己在财务方面变得聪明起来,首先要学会区分债务,知道什么时候可以举债,什么时候不可以。

特朗普和我喜欢做房地产方面的投资,只因为银行喜欢借钱给我们,希望我们用这笔钱去购置比较好的房地产——那些比较好管理的房产。为什么会这样?显然银行认为借款人投资于共同基金对银行来说风险太大,房地产相对来说比较安全。

20世纪70年代,穷爸爸感觉经济不振,因为他自己是个储蓄者。今天,数万人的美国人同样感觉经济不景气,原因也一样。

在当前的经济大环境下,储蓄者是输家,借债者才是赢家。在运用债务方面,你一定要小心谨慎。

做长期投资

做长期投资有多重含义,如下:

1.把这一理财建议视为推销手段。"把钱交给我代为做长期投资,这样我就能在很长一段时间内收取费用。"我把这种理财建议看作销售套路，因为理财专家要求你做长期投资，与航空公司推出的"飞行常客计划"如出一辙。他们是想借此方案留住你，让你变成他们忠诚的、长期付费客户。

2. 相当长一段时期内，他们（理财专家）可以从你那里收取费用。这就好比房地产中介在你通过他们买卖或者租赁房屋时收取的中介费一样。

3. 投资共同基金不仅需要支付一定的管理费，而且这种投资也无法取得其他投资那么好的收益。我不介意支付管理费，但是对于表现如此欠佳的投资支付这样的费用我就有意见了。

许多人长期投资共同基金，要知道这种投资没有任何财务杠杆可利用。就如前面所说，如果我想从银行借贷几百万美元用于投资共同基金，银行绝对不会借给我的，因为它们觉得不仅风险太大，而且缺乏可控性（这个主题下面将要提及）。

共同基金和对冲基金的一个明显区别就在于能否利用财务杠杆。投资对冲基金经常使用借来的钱。为什么要用借来的钱投资呢？因为对于聪明的投资人来说，用借来的钱投资，可以提高他们的投资回报率。换句话说，投资于对冲基金的资金中，你自己的资金占比越多，你的投资回报率越低。

投资共同基金需要合适的时机。我偶尔也会投资共同基金，但是对我来说，共同基金就像是快餐，偶尔吃吃还不错，长期吃可能就不行了。

多元化投资

世界公认的投资大师沃伦·巴菲特曾这样评论多元化投资："多元化投资是对无知的一种保护。如果你了解自己在做什么，你会发现分散投资并不明智。"

因此，问题是你想让自己被何种无知所保护？自己的无知还是理财专家的无知？

"多元化投资"有多重含义。一般来说，多元化投资意味着不要把所有鸡蛋都放在一个篮子里，这就是沃伦·巴菲特的投资哲学。但是他也说过："可以把所有的鸡蛋放在一个篮子里，但是你要盯紧篮子。"

就我个人来讲，我不喜欢做多元化投资，至少我不会按照理财规划师建议的那样进行多元化投资。我不会买一堆不同类型的资产，我宁肯集中投资。事实上，我是靠集中投资致富的，而非分散投资。

关于"集中"（focus）最好的一个定义是这样的，把这个单词的各个字母拆开来讲。

F = Follow（遵循）
O = One（一个）
C = Course（方向）
U = Until（直到）
S = Successful（成功）

我就是这样做的。多年前，我一直投资于房地产领域，直到在此领域取得成功。今天，我仍然做房地产投资。当我想学有关债券方面的投资时，我就投资债券，直到我成功为止。成功后，我发现我不喜欢债券了，于是我不再对此进行投资。我已经成功地创办了两家公司，并且使其发展为上市公司。我也从中赚取了数百万的利润，但是我不想再经历创业这种过程了。所以，今天我仍然投资房地产。

对我来说，多元化投资是一种防御姿态，因此我认为在进行多元化投资时，可主动利用的财务杠杆几率几乎为零。

对大多数人来说，多元化投资确实是很好的投资战略，因为这样可以保护他们免受自身财商知识欠缺及那些无能或无耻的投资顾问所带来的不良影响。

这些"努力工作"、"还债"、"做长期投资"等传统的理财规划建议对于每月拿出来一点钱交给理财顾问打理的消极投资者来说还是不错的；对那些没兴趣学习如何成为投资者的有钱人来说也是很好的建议，诸如电影明星、专业学者、退役运动员及继承一大笔遗产的小孩子，他们都属于这一群体。这类人投资的关键在于找到一个优秀的理财顾问。

但是，我们知道，这种投资方式所能利用的财务杠杆几乎为零，而财务杠杆却是获得巨额财富的关键。

杠杆才是关键

穴居人类已经懂得如何利用杠杆原理。最早运用杠杆原理的两种工具便是火和长矛。它们的发明使得我们的祖先可以对抗极其恶劣的生存环境。小孩子刚刚成年，父母就会教他们如何生火及如何利用长矛自保或狩猎。后来，长矛变短，进化为弓箭这类工具，这是更高级的"杠杆工具"。再说一次，杠杆就是以少换多的能力。弓箭就是极好的以少换多的例子，它比长矛更省力。

随着时间的推移，人类继续用智慧的大脑发明杠杆工具。学会骑马是一种非常强大的杠杆形式。马不仅可以用作交通工具和耕种，还是战场上非常得力的作战装备。

当火药被发明以后，那些拥有大炮的统治者征服了没有大炮的统治区域，诸如美国的印第安人、夏威夷人、新西兰的毛利人等土著居民和其他文明等都被火药制造的武器征服了。

在过去的一百年间，汽车和飞机取代了马匹。这两种新形的杠杆工具既用于和平领域又用于战争之中。今天，石油输出国便利用"石油"这一新型杠杆对世界产生影响。

> 回到"储蓄者和投资者区别"这个话题，有一个词可以概括出两者最大的区别，那就是"杠杆"。杠杆就是以少换多的能力。
>
> ——罗伯特·清崎

收音机、电视机、电话，以及我现在用于写作的电脑和互联网都是不同形式的杠杆工具。每一种杠杆新发明都让那些学习如何使用及在现实中应用这些杠杆工具的人的财富和力量倍增。

如果你想成为富人而且免于成为全球经济危机的受害者，开发属于自己的最大的杠杆工具——你的大脑——显得尤为重要。如果你想致富，并使自己的财富增值，那么你的大脑及财商则是最为重要的两种杠杆。

特朗普和我都有一个把我们带进金钱世界的"富爸爸"，拥有"富爸爸"便是我们的优势。但是，"富爸爸"只能把我们领进门，后面的事情还得靠我们自己。正所谓"师父领进门，修行靠个人"。我们必须不断地学习、实践、改正、成长。正如穴居人如何教他们的孩子学习使用火和长矛一样，我们的富爸爸教我们如何利用金钱和大脑致富。

也许你会说："我没有富爸爸，而且出身也贫穷，也没机会接受良好的教育。"或许这些不利因素使得你获得致富的机会甚至是致富后使财富增值的机会变得很渺茫。机会之所以变得如此渺茫，是因为你利用自身最大的资产——你的大脑——与自己对抗。你只会用你的大脑为自己找借口，却不会用它来赚钱。记住，你的大脑是你可以利用的最强大的杠杆工具。所有的杠杆工具都可以在好的方面或者坏的方面发挥作用，就像债务既可以使你飞黄腾达，也可以让你陷入贫困。

我既没接受过良好的教育，也没出生在富贵家庭。我唯一拥有的就是有一个教我"运用大脑赚钱而不是用它为自己找借口"的富爸爸。富爸爸讨厌借口。他常说："借口最不值钱。这就是为什么那些没成功的人会有那么多借口的原因。"他还说过："如果你不能控制你的大脑，那么你也无法控制你的人生。"今天，当我看到那些不开心、不健康或者不富裕的人时，我知道他（她）只是无法控制自己的大脑（这是上帝赐予每个人最强有力的工具）而已。

虽然特朗普和我现在很有钱，但是我们也都遭受过财务损失。如果我们总是怨天尤人或者给自己找各种借口，我们今天可能一贫如洗。

我们都生来富有

我们想告诉你的是：我们都生来富有。这也是我们的富爸爸告诉我们的。我们都被上天赋予了这个世界上最强大的杠杆工具——大脑。所以，请用你的大脑作为杠杆让自己致富，而不是用它来为自己找借口。

总结

穴居人和猿类最大的区别，富人和穷人、中产阶级之间的区别，储蓄者和投资者之间的区别，E 象限、S 象限和 B 象限、I 象限的区别，都在于能否运用杠杆工具。一个训练有素且自律性高的投资者会运用较少的资本和较低的风险获得较高的投资回报，原因在于他们能运用财务杠杆。要想运用财务杠杆，这需要你加强对自身的财商教育培训，而且聪明地运用自己的大脑。

特朗普的视角

储蓄者和投资者的区别是什么？多年前我的一位犹太裔朋友告诉我有关这个问题的答案：摩西投资，耶稣储蓄。我不知道朋友的这句话对我们这个问题有什么帮助，但是它可以引发我们更多的思考。

我把投资者看作是积极的储蓄者。投资是一种赚钱方式，但你不能立刻就能赚到钱。储蓄也一样，肯定要耗费相当长一段时间才能看到收益。拿钱进行投资和把钱存进银行相比，前者获得的收益相对要高。

许多人害怕风险或者不愿意花费时间学习如何投资。清崎对投资给出了很好的解释，当人们考虑如何管理金钱时，可以采用不同的方法。《富爸爸穷爸爸》一书的成功绝非偶然。这本书之所以在全球热卖，离不开清崎花大量时间解释这些与财商有关的事情。

投资者出入银行的时候都是一副昂首阔步的姿态，储蓄者走进银行的时候满面春风，出来的时候却一筹莫展。每当我想起投资者和储蓄者的区别时，我脑海中便会浮现这幅画面。储蓄者存进银行的钱的力量已经减弱了。

从某些方面来看，投资者大多具备远见卓识——他们超越现在，展望未来。正因为他们能敏锐地预测未来，所以他们出入银行的时候才不会那么担忧——因为他们确信投资中的风险对所有人都是有利的。他们知道所有人都将是赢家。

我一直觉得没必要说服别人相信我的想法如何如何的好，如果有必要，我一开始就不会跟他们提及这个想法。我只想让他们知道（而非说服他们）我的想法对大家都有利。如果双方连这点信任基础都没有，怎么可能继续下面的交易。即使一开始，我就能清晰地看到整个交易的结果，我在思维和行动层面都表现出一种"交易已成交"的状态。

金钱好比天赋，如果你只把它留给自己，那么它也就没什么用处。它必须被开发，然后再加以训练，最后得以正确运用。这需要时间、努力和耐心。许多人拥有天赋，但他们却不知道，因为他们没能把这一天赋开发出来。有的人天生拥有一副好头脑，但他没能对某个潜力巨大的构想进行深入思考或者压根就没考虑过，如此一来，这一奇思妙想终无机会面世。

投资需要责任，需要持续地跟进。储蓄却不需要。投资不适合所有人，但是它就像任何技能一样，一旦你开始运用并得知结果，你就会兴奋不已。当我听人问"投资有那么兴奋吗？"，这时我就会知道这个人肯定还没开始尝试投资。

可能大家都知道我喜欢冒险。但当涉及财务的时候，我不会追求刺激。最好你也别这样。但是，避开那些能从根本上改变你生活的方式，这不是最好的选择。

我们之前已经讲过有关"恐惧"及"如何降低恐惧"的话题。储蓄者和投资者的一个区别是：当储蓄者仍然生活在恐惧之中的时候，投资者已经征服恐惧并且从中获益。专注于你所面临的恐惧，然后把它们处理掉。

刚进军房地产业的时候，我刚搬到曼哈顿不久，当时整个房地产行业十分衰败，人们觉得整个城市都要破产了。这种担心引发了更大的恐惧，人们开始对这座城市失去信心。如果你是一个积极进取的房地产开发商，肯定认为这时候绝对不是进入房地产行业的最佳时期。

但是我觉得这却是极好的机会，因为在我看来曼哈顿是整个世界的中心，而且我想参与其中，不管当前的金融危机如何发展（在我看来，这种情况是暂时的）。恐惧没能阻止我前进的脚步，反而激发了我的雄心和勇气。这个时候，我开始考虑入手哈得逊河沿岸一大块土地——河边有100英亩的土地尚未被开发。金融危机未能打乱我的梦想计划，而且我也没有因为要等待好的时机或者经济有所好转而搁置我的梦想。

不管局势如何，我都下定决心成为一个房地产开发商。重点是，我投资了大量时间研究局势，并且完善了我的构想。虽然当时的情况那么险恶，我也没有搁置梦想，没有等待时局变好。

储蓄者喜欢静待时机，这意味着他们将错失良机。也许你现在手头资金不够，也许目前的投资环境没有理想中那么令人满意，但这不代表你无计可施，你可以依靠自己智慧的头脑改变现状，为更美好的未来铺平道路。事情不可能什么时候都尽如人意，我们能做的就是保持一个积极投资者的心态，提前做好准备，迎接每一个机遇的到来。要学会全面思考，为每一次投资创造机会，即在各种条件下寻找投资机会，这就是杠杆。

> 从某些方面来看，投资者大多具备远见卓识——他们超越现在，展望未来。
>
> ——唐纳德·特朗普

你的观点

回想一下你目前的生活，你如何从杠杆原理中获益？

利用他人的时间获益：
_____

利用他人的金钱获益：
_____

你如何在生活中提升杠杆原理的使用功效？
_____

你如何评价别人在他们生活中利用杠杆原理这一现象？
_____

你能按照他们的方式（利用杠杆原理）行事吗？
_____

继续阅读本书，研究作者如何利用杠杆投资的案例，这些案例将有助于你回答上述问题。

第9章
你必须投资这两样东西

清崎的视角

我的富爸爸常说:"你只能投资两样东西,一个是时间,另一个是金钱。"他还说:"就因为很多人舍不得花时间进行投资,所以他们赔了很多钱。"

我们也可以在这里粗略使用一下10/90法则,90%的投资者在投资方面投入很少的时间,投入大量的金钱,最终仅获得10%的利润;剩下的那10%的投资者在投资方面投入大量的时间,投入少量的金钱,却获得了90%的利润。等你读完本书,你就会知道特朗普和我为什么仅投资一小部分自己的钱,就能赚取高额回报。我们之所以能这样做,是因为我们在投资方面倾注了大量的时间,而非金钱。

看看下面这个关于三种投资类型的图表,你就会明白用于投资的时间和用于投资的金钱之间的关系。

完全不投资者	消极投资者	积极投资者
不投入任何时间	不投入任何时间	投入时间
不投入任何金钱	投入金钱	投入金钱
缺乏理财知识	缺乏理财知识	拥有大量理财知识

看看上面的图表,很容易明白为什么前两种投资者会说投资有风险。他们几乎没有任何理财知识,更别提什么理财经验,因此,他们只能成为那些保证可以实现安全稳健投资的理财顾问的侵袭目标。

特朗普在理财方面投入了大量的时间。他进入美国最好的商学院——沃顿商学院学习。1969年，当我从纽约商船学院毕业后，我也曾考虑过去沃顿商学院进修。我的一个名叫艾尔·诺维克的大学同学接到这所学校的录取通知，并邀请我跟他一起去那里学习。但因为越战愈演愈烈，我决定去飞行学院学习飞行。

我没有像特朗普那样接受过正规商学院的教育，但我知道，这肯定对我日后的商业行为构成一定的障碍，所以我在传统的学习殿堂之外花费了大量的时间和金钱来学习理财知识。我参加了很多研讨会，听录音磁带和CD，阅读大量的商业书籍，并且把我的所学教给别人。因为教授是学习的最佳方式之一。我还通过寻找良师的方式学习理财知识，我的富爸爸就是我的良师，我从他那里学到了很多。

我创办的两家公司成功上市，因为我找到了两位熟悉公司上市过程的良师。我在石油和天然气方面进行了大量投资，因为我在加利福尼亚的标准石油公司得到过相关方面的培训，并且还有一位在此方面有着丰富经验的良师告诉我可以借助企业联合组织获得石油和天然气方面的筹资。

我通过现实经验的积累及借助良师做自己的理财顾问等方式继续学习理财知识。

如果我早早就停止学习理财知识，也就不可能和特朗普合著此书了。我喜欢学习有关金钱、商业、财务及财富方面的知识。我会活到老学到老，在学习方面永远不会自满。我相信我能学到更多，而且我很喜欢这么做。

理财专家

许多投资者之所以认为投资有风险，是因为他们听从了那些仅有少量理财知识或理财经验的理财顾问的建议。

1. 你是否知道：成为一位有执照的按摩师要比成为一位理财顾问花费的时间多得多。

2. 你是否知道：仅有不到20%的股票经纪人或房地产经纪人会投资他们建议你投资的项目。

3. 你是否知道：大多数的财经记者几乎没接受过理财训练或没有真实世界的投资经验。

4. 你是否知道：大多数人投资时所得到的小道消息通常来自于穷人，而不是富人。

5. 又有多少政治家及立法者拥有现实生活中的投资经历？

6. 有多少商学院讲师拥有现实生活中的财务培训或经商经验？

别当傻瓜

沃伦·巴菲特曾经说过："在玩扑克牌的时候，如果你玩了半天还不知道谁是傻瓜，那么你就是真正的傻瓜。"

我的富爸爸常说："为什么 E 象限和 S 象限的人容易遭受损失，是因为他们采纳来自跟自己同一象限的人的理财建议。"正如我在前面提到的沃伦·巴菲特说的那样："华尔街是唯一一个开劳斯莱斯的人向坐地铁的人讨教的地方。"

慎重选择投资

正因为大脑是你最大的资产和最有价值的杠杆，所以你要仔细考虑要往里面装哪些东西。有时候根除我们大脑中已有的固定思维和想法要比学习新东西要难很多。

许多财经记者不同意我的说法，认为这跟他们的想法是矛盾的。他们会问："你的意思是说你可以空手套白狼（不用钱就能投资）？这样做会不会风险很大？"

"傻瓜！如果我在这个项目上没有任何资金投入，哪来的什么风险啊。"我本想这样回应他们。

几天前我在一档广播节目中谈论投资银币的话题。一位听众打进热线电话，问道："我投资共同基金就能获得 9% 的投资回报率，为什么还要投资银币呢？"

我本想对他说"在过去不到一年的时间内，银币的回报率几乎是 100%"，但是我没这样说，我只是告诉他："我很高兴看到你对9%的投资回报率都如此满意。"

许多人认为投资有风险，是因为他们缺乏理财知识和相关经验。投资确实有风险。当你把钱交给那些几乎没有任何理财知识和相关经验的理财顾问时，风险会更大。

我最讨厌房地产中介对买家说："这处房产会增值的。"换句话说，他们的意思是说："现在就买下它吧，虽说现在它会让你损失点钱，但以后你会从中赚到钱的。房地产总有一天会升值的。"我希望买家会这样反问："如果我日后赚不到钱，你能向我提供什么退款保证？"这样的反问肯定会让中介的营销策略大打折扣。

谈到投资，你必须问自己以下这些问题：

1. 你如何最大限度地避税？
2. 你如何降低风险、提高投资回报率？
3. 你如何发现好的投资项目？
4. 你如何区分一个投资项目的好坏？
5. 你如何少用自己的钱去投资，而是多利用别人的钱去投资？
6. 如何不拿钱去冒险投资就能获得投资经验？
7. 如何处理损失？
8. 如何找到好的投资顾问？

我希望这些问题可以很轻松地找到答案。其实这些问题没有标准答案。正是这些问题使得我一直不断地研究、学习和探求。我会一再地拿这些问题拷问自己，每次我总能得到更好一些的答案，但是到现在为止我还没有找到让我感到满意、安全且更妥当的答案。真正的学生明白他们永远也不会找到正确答案——因为总会有更好的答案出现。因为我们知道自己在投资领域会越来越精进。

也许我永远也找不到上述这些问题的答案——但是，正是这场探索答案之旅让我变成了有钱人。也正是这场探索之旅让我不断前行，越来越富有，即便我已经有足够的钱可以安度晚年了，我也不愿退休。你看，让我富裕起来的不是对金钱的追求，而是对知识的渴求。正是在"学习更多、做更多、完成更多、帮助那些想要学习的人"这一愿望的激励下，我不断前行。在这个过程中，金钱只是一项评判我的工作做得如何的分数。同时，金钱是对取得的每一次成功的庆祝，就像缺钱的时候会提醒我们要学习更多的理财知识一样。正如旅行者关注高速路上的里程标记牌一样，我把金钱看作是衡量旅程和旅行距离的标识牌。

表面上看泰格·伍兹是为了赚钱才打高尔夫球的，因为他已经从中赚到好多钱。但是，如果你问他是不是这样？他会说他只是擅长打球而已，金钱只不过是衡量他球技的标准。我想滚石乐队也不是为了钱而到处巡演，他们只是喜欢表演而已。如果不让他们表演，可能他们的人生早就结束了。许多退役的足球明星宁愿不要出场费而参加比赛，他们是想看看自己是否依然足够年轻、健康。

最近我读到一本很不错的著作，是史蒂芬·普雷斯菲尔德写的《艺术之战》一书。我极力推荐那些想知道"为什么人生是一场旅行，而不是终点"的人看看这本书。普雷斯菲尔德在书中写道："许多人认为业余爱好者不是为钱而参赛，仅仅是出于热爱而参赛。但在现实生活中，业余爱好者之所以是业余爱好者，就是因为他们对比赛爱得还不够深沉。"普雷斯菲尔德想要说明的是"你必须克服阻力，才能得到你想要的人生"。他还在书中讨论了我们面对的阻力类型，并揭示了我们自我施加阻力的频率。

普雷斯菲尔德建议：

1. 热爱你所做的事情；

> 普雷斯菲尔德在《艺术之战》中写道："许多人认为业余爱好者不是为钱而参赛，仅仅是出于热爱而参赛。在现实生活中，业余爱好者之所以是业余爱好者，就是因为他们对比赛爱得还不够深沉。"
> ——罗伯特·清崎

2. 保持耐心；
3. 面临恐惧也要采取行动。

我觉得我之所以能赢得金钱游戏的胜利，是因为我喜欢这场游戏。年轻的时候，我免费为富爸爸打工，是因为我想学习关于这场金钱游戏的规则。现在，每当我路过高尔夫球场或者篮球场时，看到那些年轻或者不太年轻的人们免费打比赛，甚至还要支付一定的场地费，我知道那是因为他们非常喜欢那项运动。

我研究和实践金钱游戏，是因为我喜欢这个游戏，而且我希望在游戏中获胜。我已经阅读和研究过这场金钱游戏的历史，我深知自己不可能了解游戏的全部内容，我只想研究游戏规则和游戏对手。我研究我的对手，是因为我尊敬他们。在跟特朗普会面前，我就已经读过他的著作，了解他的成功和失败。我还研究过苹果公司的创始人史蒂夫·乔布斯，以及维珍集团的创始人理查德·布兰森。如你所说，我研究的对象都是那些颇具叛逆精神的商业领袖，而非那些墨守成规的人士。对我来说，墨守成规太无聊了。

不管你喜欢与否，我们都身处金钱游戏之中。不管你是穷人还是富人，也不管你是生活在美国、亚洲、欧洲、南美洲，还是加拿大，抑或是其他什么地方，我们都不可避免地成为这场游戏的参与者。这场游戏的赢家则属于那些最热爱这场游戏的玩家。如果你不太喜欢这场游戏，一定会被淘汰出局。或许对你来说，还有其他更有意义、更令人兴趣的事情可做。

特朗普和我在这场金钱游戏中赢多输少，仅仅是因为我们热爱这场游戏而已。如果你不喜欢这场游戏，也不想研究和学习游戏规则，特朗普和我建议你寻找那些专注于如何从这场游戏中胜出的人，一旦找到，立马把你的钱交给他们代为打理。

最后的想法

下面的表格说明：消极投资者和积极投资者在好多方面存在差异。积极投资者不仅在投资方面投入大量的时间，他们还在不同的投资项目上使用不同的投资工具。我把"企业"列在第一项，是因为打造一家拥有500名以上雇员的企业需要更多的财务技能、知识和经验。

紧接着是"房地产"这一项，那是因为投资房地产比投资股票、债券或共同基金所需的财务技能、知识和经验要多得多。还有最重要的一点，投资房地产和投资股票、债券、共同基金最大的不同是前者可以利用财务杠杆。房地产投资还需要一些管理技能、经验和专业知识。正因为房地产投资需要利用财务杠杆和多方面的管理知识，使得好多投资纸资产的投资者尝试转向房地产领域时遭遇失败。

消极投资者	积极投资者
投入金钱	投入时间
投资领域：	投资领域：
工作	企业
储蓄	房地产
还债	更先进的工具
共同基金	
多元化投资	
资金不足	资金充足
恐惧	乐趣

更先进的投资工具包括使用财务杠杆的对冲基金、有限合伙企业、私募股权基金等。

当你观看下面的这个现金流游戏板时，你会发现每个人所使用的投资工具也有所不同。

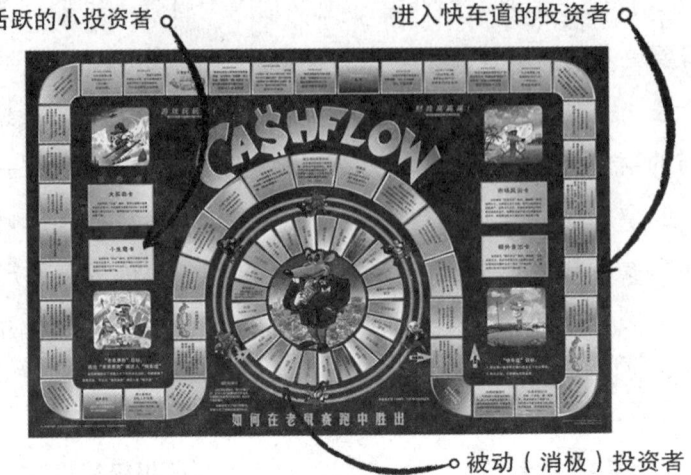

活跃的小投资者　　进入快车道的投资者

被动（消极）投资者

正如你所知道的那样，上图中列出了三个级别的投资者。第一级别的是位于"老鼠赛跑圈"内的被动（消极）投资者。他们大多投资于股票、债券和共同基金这些纸资产。为什么？因为纸资产投资需要较少的理财知识。

第二级别的投资者是小规模的积极投资者。他们通常投资于小项目，比如说小生意或者房地产领域。

"快车道"是专门为富人和接受过良好财商教育的投资者所设。1933年，约瑟夫·肯尼迪，也就是前美国总统约翰·肯尼迪的父亲，创设了用于保护业余投资者免遭富人和专业投资者攻击的"快车道"。

特朗普和我是在"快车道"上的投资者。为什么？原因在于这里很有趣，而且投资回报颇高。"快车道"这里的风险会不会也更大？答案是"NO"，前提是你必须有强大的财商知识和经验。如果你只想在"快车道"上投资你的钱，而舍不得花时间学习财商，那么风险必然很大。

我发明现金流游戏的目的是为了教人们认识三种不同级别的投资者，鼓励人们跳出"老鼠赛跑圈"，并从金钱游戏中获得更多的乐趣。

游戏是不错的教学工具吗

1969年，美国学术界一项关于"不同类型学习的效果"的教育系统研究完成了。下图就是研究成果的"学习金字塔"模型。这一模型显示效率最低的学习方式为读书和听讲座,学习效率最高的方式则为实践。模拟和实习演练则是第二有效的学习方式。

学习金字塔		
两周后我们还能记住多少		参与程度
说过和做过的还能记住 90%	实战	主动
	模拟	
	做一次令人印象深刻的报告	
说过的还能记住 70%	发表一次演讲	
	参与讨论	
听过和看过的还能记住 50%	现场观摩	被动
	观看演示	
	看展览、观看演示	
	看视频	
看过的还能记住 30%	看图片	
听过的还能记住 20%	听演讲	
读过的还能记住 10%	阅读	

资料来源:改编自戴尔的学习金字塔(1969)

有意思的是,目前的教育系统仍然是采用阅读和讲课的形式来教学的。要知道,从1969年开始就有"学习金字塔"问世了啊。

特朗普和我相信游戏的力量。在我的《富爸爸现金流》游戏中,玩家通常刚开始时都是找一份可以领取固定薪水的工作,还有一个需要供养的家庭。玩家们通过金钱游戏学习投资技能,他们还将学到每一项投资决定如何影响他们的财务状态。通过模拟投资来降低玩家对投资的恐惧和紧张心理。

特朗普也有自己的棋牌游戏——特朗普游戏。这是一款教人们学习房地产投资技巧的游戏。游戏玩家可以从中学到极具价值的经验和技巧,而且还可以将学习到的这些技巧应用到现实生活或商业中。

两款游戏都对玩家产生一定的激励作用,并使他们认识到理智投资的重要性。同时,这两款游戏还会让玩家在游戏中体验到兴奋和乐趣。

特朗普的视角

我是在看完清崎所写的本章内容后，才开始写自己这部分内容的。这样做很不错，因为我也有跟他一样的答案：时间和金钱。他提出的这个观点很棒，而且对此进行了彻底阐述。我真不知道自己还要写些什么。

我对词源学不是很感兴趣，但是最近的一项研究表明英语中使用频率最多的是"时间"这个词。"金钱"可能位居常用词汇的前 100 名之内，但是它的这一排名离位居第一的"时间"很远。这使我想到有人曾这样比喻人生：每个人刚出生时都会附赠一张信用卡，卡的有效期随着个人的成长不断缩减。这张人生信用卡上的有效期成为人们都很关注的问题，至于这张卡的透支额度好像并不那么重要。

时间的特性一直是物理学家和科学家最感兴趣的方面。时间用数字来测量，所以我们运用数学来计算时间和金钱之间的关系。如果你的时间用完了，就算拥有全世界的钱也无法改变这一事实。

每当谈及我的儿子巴伦出生的那一刻，我的妻子梅拉尼娅和巴伦觉得那就是对完美时机的最好展示。当时，我刚刚返回纽约，我刚到医院，巴伦就出生了。巴伦表现出非常温和的气质，我觉得这来自他母亲的遗传，但是我仍对巴伦的出生时间感到惊叹。有些事情是我们无法控制的，但是有时候它们好像是完全按我们预期的那样发生的。

我对任何事情从来都不敢持绝对肯定的态度，因为我不可能无所不知。我有直觉，也有信仰，但是总会有令人惊奇的事发生。因此，我很谦卑，甚至超出人们的想象。值得一提的是，我已经因谦卑而得到奖赏。有时候它很奏效。

琳达·凯普兰·萨勒是美国迅速崛起的广告公司 KTG 集团（The Kaplan Thaler Group）的首席执行官，她曾来我主持的《学徒》节目中担任与汽车广告有关的某项任务的评委。之前，梅拉尼娅曾经为美国家庭人寿保险公司拍过一个广受欢迎的商业广告，她告诉我琳达及其团队是多么专业和体贴地对待她和现场的每一位工作人员。而且，这个广告很成功。我至今仍清楚地记得琳达作为专业的广告人士在《学徒》节目开场时闪亮登场时的情景。所以，我并不惊讶她和罗宾·科瓦尔合著的《善意的力量》一书能获得读者的一致好评。这本书强有力地证明了"礼貌、设身处地为他人着想、巧用善意"就能收获意想不到的成功；同时也印证了我们前面所说的投入时间的确是明智之举，不论是在投资方面还是在生活或工作中。清崎提到过在投资时间和金钱方面应该慎重，琳达的这本书应该说值得你投入时间和金钱。

如何把这一点应用到投资和理财中呢？事实上，它适用于所有事情。你如何管理自己的时间是一项重大课题，因为失去的时间再也无法找回来。有时候，钱丢了，可能会失而复得，但是时间却不会。正如希腊的历史学家普卢塔克所说："时间是所有顾问中最聪明的一个。"总而言之，珍惜时间，学着如何分配时间及将其投入到哪些方面。

下面的练习将有助于印证我的观点。

如果你把时间视为金钱，你会不会更加珍惜？比如说，如果浪费15分钟的时间意味着你将损失500美元，你会不会慎重考虑这15分钟该如何度过？我认为你会的。但是怎样就算浪费时间呢？如果你从事娱乐业，看一场电影应该不算是浪费时间；如果你在酒店行业工作，查验一家新餐厅也不算浪费时间。对所有人来说，答案不可能一样。我想我们都知道自己怎么做就算是浪费时间。

你的任务是仔细看看你把时间都花在哪些方面了，并评估一下你在这些方面又投入了多少金钱。要知道，世界上所有的钱也不可能买回来失去的时间，继续前进吧。

清崎提出的另一个非常棒的观点是：不管我们是谁，住在哪里，也不管做什么，我们都不可避免地受到金钱的影响。时间和金钱是我们大家都有的东西。许多人需要用钱去买食物，以维持基本的生活需要。不管我们相信与否，时间和金钱都互相依存。

金钱会对你的生活造成一定的影响。我的观点是，如果某些东西会对你的生活产生影响，你最好最大程度地了解清楚这个东西。那么，你能付出一定的时间投资于你的财商教育吗?

你的观点

审视一下你是如何花费时间的:

一天有 24 小时,那一周就有 168 个小时。

工作时间:	_____
交通出行时间:	_____
准备时间:	_____
就餐时间:	_____
睡眠时间:	_____
和家人相处的时间:	_____
娱乐时间:	_____
运动时间:	_____
教育时间:	_____
休闲时间:	_____
总计	168 小时

每周你能拿出 4~10 个小时用于学习理财知识吗?其实时间是有的。问题是,就看你愿意不愿意这么做。

请给自己一个承诺:我会花更多的时间用于财商教育方面,一定说到做到!阅读本书就是一个很好的开始。想想看,除此之外,你还能做什么?

第10章
赢家控制局面

清崎的视角

一旦你理解了"杠杆"这一"以少换多"的神奇力量,你可能发现到处都有"杠杆"效应。举例来说,我坐的椅子就是一种形式的"杠杆"。因为如果让我坐在地上打字,估计我很难做到。跟他人合作也是一种"杠杆"形式。在富爸爸公司,我的妻子金及其他管理团队的才能跟我的才能汇集到一起,产生了"1+1>2"的效应,这就是"杠杆"的力量。利用战略合作伙伴创造"杠杆",这通常被称为"利用别人的资源",即 OPR(Other People's Resources)。我们利用战略合作伙伴分销我们的图书,这样一来,我们就不必在富爸爸公司内部配备这方面的人员。重要的是,富人比穷人运用的"杠杆"要多得多。如果你想成为富人,那么你需要"杠杆"。如果你想巨富,那么你需要更多的"杠杆"。

在现金流象限中,E象限和S象限的人几乎无"杠杆"可用,而且这两个象限中的人必须靠自己努力工作。B象限和I象限的人却不必这样,他们有"杠杆"(利用别人的时间和金钱)可用。

"杠杆"有很多种形式。你的创意也算是一种"杠杆"。那些成功人士无不深思熟虑,他们不会这样想:我做不到、风险太大了、我支付不起。

> "杠杆"有很多种形式。你的创意也算是一种"杠杆"。那些成功人士无不深思熟虑,他们不会这样想:我做不到、风险太大了、我支付不起。相反,他们会自问:怎样才能做到?我该如何降低风险?我怎样才能买得起?
>
> ——罗伯特·清崎

相反，他们会自问：怎样才能做到？我该如何降低风险？我怎样才能买得起？

那些为赚钱而投资的人对自己所接受的理财建议十分谨慎，就像奥林匹克运动员们谨慎选择食物一样。有时候，在往大脑里装新思想之前需要先扫除里面的旧思想。我这一生的大部分时间，都在与富爸爸和穷爸爸教我的有关金钱的不同思想做斗争。

掌控的力量

为赚钱而投资的人，这类投资者不仅需要"杠杆"，还需要"掌控力"。人们之所以认为投资有风险，是因为他们对投资缺乏掌控力。

我喜欢经商和房地产投资，是因为我能掌控它们。我不喜欢股票、债券及共同基金这类纸资产，是因为我对这类投资缺乏控制。好多认为投资有风险的人却投资纸资产，并且对这些投资毫无控制力。你也是这样做的吗？

看过我在美国公共电视台主持节目的人一定熟悉我拿汽车做的那个比喻，我常在节目中用汽车模型来说明掌控的重要性。我经常提到与汽车有关的以下方面：

1. 方向盘；
2. 刹车；
3. 油门；
4. 变速箱；
5. 驾驶执照；
6. 车险。

拿汽车来比喻投资时，我会问现场观众他们是否在开车时缺少以上6个要素中的一个或几个。比如，如果你坐的那辆车缺少方向盘的话，你能开走吗？

答案显然是"不可以"。为什么？我们都知道，开车的时候如果没有方向盘来控制方向，这肯定是很危险的。

许多人认为投资有风险，就是因为他们对投资缺乏掌控性。当你投资股票、债券、共同基金时,你对这些投资毫无控制力。

大多数投资者未经培训就试着投资,就像是司机没经过驾驶培训没取得驾驶执照就开车上路。

更糟糕的是,那些投资顾问或理财规划师及股票经纪人等同样对建议你进行的那些投资缺乏控制力。所以他们才会建议你"多元化投资"。在你对投资项目缺乏控制的时候,多元化投资确实很有必要。沃伦·巴菲特不进行多元化投资,是因为他只投资自己能控制的项目。他要么买下整个公司,要么掌控公司的股权。

特朗普和我喜欢投资商业和房地产的原因也是因为我们对这类投资有掌控力。那么,我们怎样才能掌控投资?下面这个图表可以告诉你答案。

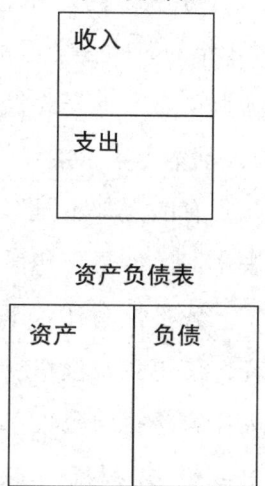

作为企业家和房地产投资商,特朗普和我需要掌控以下6个要素:

1. 收入;

2. 支出;

3. 资产;

4. 负债;

5. 管理；
6. 保险。

我们所讲的财商教育，就囊括了如何控制这6大要素的知识内容。《富爸爸穷爸爸》这本书也是关于如何掌控这6大要素的。比如，谈及"保险"的时候，我建议采用"公司实体"这一形式来保护个人资产免受税务和诉讼的侵害。

正是对这6个要素的掌控力把富人和穷人区分开。

另一个关于掌控力的例子就是"增加销量且同时降低成本的综合能力"。大多数人非常擅长"降低成本"，但是很少有人擅长"增加销量"。这就是为什么当我1974年从越南战场回来以后，富爸爸建议我去找一份与销售有关的工作。他说："如果你想成为一个企业家，你必须知道如何把产品销售出去。"这也是我为什么会在施乐花了4年的时间去学习销售技巧的原因。

当人们问我如果他们想成为企业家首先要做的事情是什么时，我会建议他们去学习如何销售。大多数人基本上不采纳我的建议。正如特朗普所说"有些人天生就是做销售员的料儿，有的人却不是"。即便你没有做销售的天赋，但是你可以通过后天的努力去学习，如果你想学的话。我天生就不是做销售员的料儿，但是我的确去学了。我不是写作水平最高的作家，但是我却是畅销书作家。因为有销售的研究，使得我对投资所得及图书的销量有了更多的掌控力。这世界上有太多的大作家想把自己的伟大思想传递给世人，问题是他们不懂得如何推销自己的书或想法。人们为缺乏销售力所付出的代价比其付出的金钱这一代价还要高。

如果你不懂得销售，那么你将无法控制你的工资收入、你的生意所得及你的财产收入。特朗普在自己建造的每一座大楼上都竖起"特朗普"这一品牌，不仅增加了销售业绩，还提高了自身的价值。这不仅是销售力，也是掌控力。

教别人致富

为了让更多的人学习财商教育中涉及的那6大控制要素，我专门研发了一款名为"教他人致富"的产品。这款产品专门为现金流俱乐部打造,主要教授富爸爸体系中颇具教育性和哲学性的内容。它主要由两个练习册和三个光盘组成。光盘是为那些喜欢录像教学的人准备的。学习小组组长可以播放光盘,并带领小组成员讨论练习册讲到的内容。除了光盘和练习册,学员还可以通过玩《富爸爸现金流》游戏来增强对内容的理解。这属于"学习金字塔"理论中提到的模拟教学。通过小组讨论学习及游戏教学,可以增加你对学习材料的理解。更重要的是,它可以帮你在进行真实投资之前做好准备,要知道,真实的投资世界需要你花费更多的时间学习与投资有关的知识和经验。在你拿真金白银投资之前,可以先在学习如何投资方面投入你的时间。

你可以通过接受财商教育来对你的投资项目进行掌控。一旦你能有所掌控了,投资的风险将大大降低,投资回报也将大大增加。

失控

许多人总感觉自己对什么事情都无能为力,有时候甚至连工作都无法控制。我见过很多丢掉工作的人,并不是因为他们的工作能力有多差,而是他们所就职的公司被收购,因而被裁员。随着工作机会陆续转移到海外,越来越多的人在就业和工作方面产生一种无力感。当你对工作和薪水都失去控制的时候,就像你对投资的那些纸资产也无法掌控一样,又何谈自信心呢?

如果我们的教育系统想做好自身的本职工作,它就该教大家了解"学习如何控制"和"学习如何在失控状态下生活"这两者的区别。

总之,造成人们认为投资有风险的原因主要有以下3个:

1. 人们几乎没有任何理财知识;
2. 他们投资于自己无法控制的领域,诸如股票、债券和共同基金等;
3. 他们采纳的投资建议来自于那些同样对投资项目缺乏控制力的伪专家。

明白这些原因以后,接着你要做的就是"控制"。一旦你明白了你想如何利用杠杆,接下来的任务就是保证自己能掌控局面。

特朗普的视角

赢家控制局面

我喜欢投资房地产和商业,是因为我喜欢掌控。控制力与教育密切相关。我们在财商方面接受的教育越多,对投资的掌控力就越强。

作为商人,我需要在好多方面保持关注,我通过对所有方面保持积极的关注来实现控制。我雇用能胜任工作岗位的人为我工作,并相信他们会在各自的职位上做到最好,前提是我必须时刻跟他们保持联系,而且随时听他们向我汇报工作。我不进行微观管理,但是我知道最终需要负责任的人是我,所以我必须进行阶段性地控制。

特朗普集团是纽约最大的私人企业之一。对此,我感到自豪。同时,我对我们所做的工作也很满意。请注意,我说的是"我们"。因为我知道在特朗普集团内有好多人都在为它努力工作。为保证我们始终是赢家,我亲自设定工作标准。

人生充满各种风险。正如我们预期的那样,我们不可能对所有事情都有所掌控。但是我们可以通过接受教育、做出稳健的选择和保持积极的心态,以此降低风险、提高杠杆率。好多人在所谓的"胜算"完全背离时依然取得了巨大的成功。他们之所以能够取得成功,是因为他们希望掌控自己的命运,拒绝放弃。

要想控制大局,最好的方法是时刻有全局观念。当人们谈及"大局"时,我经常联想到的是"织锦"这一工艺。曾经有人告诉我,如果你看看那些美妙绝伦且价格昂贵的织锦的背面,你会发现有好多绳结。其实,在人们还没有看到成品正面美丽图案的时候,这是最为常见的一幕。有时候,命运也是如此。所以在你编织精彩人生时,别因为看到密密麻麻的"绳结"就轻易放弃。

在我听说这个精彩比喻不久后，有人说他在某件事情上遇到了解不开的死疙瘩。我突然想到这个家伙只是没有看到自己所编织的那整幅壮丽的人生织锦而已——他没能通观全局。当我告诉他这个故事以后，他变得豁然开朗。有时候，我们需要反过来看看。这将有助于你掌控局面，让你更深刻地看待问题、解决问题。你必须具备掌控周遭事物的能力，至少不让自己陷入某个死胡同之中。

让我们想想"控制"的同义词，比如"命令"、"统治"、"支配"、"权威"、"决定"。可能你无法控制一切，但是你可以从"控制自己"开始。智慧才是真正的杠杆。我们每个人都拥有一个大脑，好好开发并使用它吧。说我是"控制狂"也可以，但是我不接受任何借口。赢家通过肩负责任实现对人生的掌控。

你的观点

回顾你现在的人生，你能否选择该如何度过以后的每一天？或者你打算按照别人的安排度日？你是打算自己决定如何投资，还是把钱交由别人代为打理？

你能掌控什么事情？
_____
_____

你不能掌控什么事情？
_____
_____

积极主动地学习有关提高财商和投资方面的知识和经验，不久你就会发现自己在掌控人生方面变得更加从容、自信。

如果你现在仍在打工，而且感觉一切都不在自己的掌控之中，不妨考虑一下你可以在业余时间做点什么兼职工作（比如兼职创业）来改变现状。你肯定会惊讶：因为那样你将更大程度地掌控自己的人生，所以你的自信心将在短期内爆棚。

第11章
开发左右脑，增强创造力

清崎的视角

简单来说，左脑（大脑的左半球）通常负责线性思维或逻辑思维。那些擅长阅读和数学的人通常是左脑比较发达。右脑（大脑的右半球）在空间想象方面更具优势。那些对艺术、音乐和颜色比较敏感的人通常右脑比较发达。实际上，我们经常左右脑并用，以此得到最佳的思考结果。

多年来，我一直致力于"教育和学习"这方面的研究。你知道吗，在我们刚出生的时候，大脑尚未进行左右脑的功能区划分。直到四五岁的时候，我们的大脑才会被分为两个半球——左半球和右半球。我们目前的教育系统更多的是开发左脑而非右脑。

灵光乍现

当温斯顿·丘吉尔还是个孩子的时候，一天他脑海中突然闪现一个让他目瞪口呆的情景。他静静地坐了一会儿，接着尝试解释自己刚刚经历的那一幕。研究人员猜测这一灵光闪现通常发生在右脑，然后经过连接左右脑的胼胝体传送到左脑。因为属于语言功能的演讲是由左脑负责的，所以从理论上讲，这一灵光闪现在右脑产生然后迅速传送到左脑，最终使得丘吉尔说出那些类似天才才知道的东西。这或许是上帝或者造物主向我们传递新信息的一种方式。这是否是支撑"头脑风暴"的理论基础？

通常我们认为左脑比较发达的人比较聪明，而右脑比较发达的人有点疯癫。擅长左脑思维的人通常会比擅长右脑思维的人更受重视，从两者所从事的工作领域获得的薪金就能说明。这就是为什么在美国会计师、律师、医生、

> 你需要同时开动左右脑，才能取得成功。
>
> 想要掌控全局和富有创造性，这需要一定的财商知识和经验。
>
> ——罗伯特·清崎

牙医及 MBA 这类群体位居高薪职业之列。

如果说之前整个社会更倾向于认为左脑思维者比右脑思维者更具经济价值，可能现在这一趋势将要有所改变。丹尼尔·平克在其所著的《全新思维》一书中对左脑主导型和右脑主导型这一优势互转做了详尽说明。他在书中这样写道：

未来属于那些具有不同思维的各种人群，诸如具备创造力和移情心理的人群，因为他们能敏感地嗅到大众的喜好并创造出更具价值的产品。这些人将获得优厚的报酬，并与大家分享喜悦。

创造力让你致富

了解左右脑的功能分区非常重要，因为创造力是我们致富的力量之源。

我发现一件很有意思的事，那就是大多数人经常投资的诸如股票、基金、债券等项目不需要什么创造性。事实上，作为普通投资者，如果你想通过这些投资项目获得创意，很可能被投进监狱。联邦政府通过证券交易监督委员会（简称证监会）这类监管机构防止投资者对这类投资项目玩花样儿。美国证监会主要负责监督银行家、股票经纪人及理财规划师在销售这些投资项目时是否遵守相关规定。整体来看，股票、债券及共同基金这些纸资产投资项目适合那些左脑发达的投资者。

房地产和商业这类投资则比较适合右脑发达型的投资者。事实上，你越富有创造性，你成为富人的可能性就越大。下面让我给你举一些有关创造性的例子吧。

1. **收益率**。如果我想存钱购买银行的理财产品或者投资债券，通常是由银行来设定利率。但是，房地产投资则不同。很多时候我可以自己决定可以获得多高的收益率。

2. **投资收益**。我可以通过自己认为合适的房地产或者商业投资来增减我的投资收益。但是股票、债券还有共同基金这些投资，只能由别人来决定投资收益的多少。

3. **税费**。如果我想出售纸资产，我几乎无法控制所缴纳的税费。但是，房地产和商业这类投资项目，我可以在缴纳税费时拥有控制权，甚至我还能决定缴纳多少钱。税法是为了支持个人将投资所得进行再投资而制定的。

4. **改变土地或房屋的使用权**。举例来说，如果我以一个农民的身份购买10亩地，可能只愿意每亩地出价1000美元。如果我以房地产开发商的身份买下这10亩地，只是改变了这块土地的用途，我可能会以每亩地10000美元的价格拿下。

5. **内部消息**。我可以根据获取的内部消息买卖房产，进行企业出售或收购。但是如果我按照这种方式操作股票、债券等，就会涉及违法。

6. **使房地产增值**。我可以通过一些类似粉刷墙壁、豪华装修等手段使那些看起来不怎么样的房屋增值。

这方面的例子还有很多。当你能掌控你的商业或房地产这些投资项目时，你从中赚取多少利润及如何操作，都将取决于你的创造力。

经营企业时，我有权根据管理团队的好坏对其进行雇用或解聘。如果我的股票或共同基金的管理团队出现失误，我所能做的只能是将其出售或者寻找更好的管理团队。

1. 经营企业时，我可以改变企业的经营模式。
2. 经营企业时，我们可以打造新品牌。

事实上，你需要同时开动左右脑，才能取得成功。

想要掌控全局和富有创造性，这需要一定的财商知识和经验。正因为特朗普创意十足且极具控制力，所以他才能获得成功。一旦拥有控制权，你就可以尽情地发挥创意。

特朗普的视角

灵感

清崎关于掌控力和创造力的评论让我想起一些与他所讲的灵感有关的事。虽说是瞬间闪现的，但我觉得仍值得一提。在本书的前面章节中，清崎曾描述了他来特朗普大厦拜访我时的情景，所以我想在此说说他的办公室是如何布置的：他的办公室称得上是对掌控力和创造力的完美诠释。当然，我说的可不是他那个靠近游泳池而且还有一个藏书丰富的私人图书馆的家庭办公室，而是位于亚利桑那州斯科茨代尔市的商业办公室。

每当我想起富爸爸公司的办公室设计，我就明白为什么清崎的书及他举办的诸多活动能大获成功。因为他兼具创意和掌控力。他在斯科茨代尔的办公室功能性十分强大，配有一间影音工作室。跟富爸爸公司开创的巨大经营范围相比，这间工作室显得十分迷你。我立刻意识到其实清崎及其团队知道自己正在做什么。总之，如果当你知道自己应该做什么的时候，是没必要占用很大的空间的。

同样，当人们访问我在特朗普集团的办公室时，他们也经常惊讶它竟然如此之小。办公室虽小，可我们却在这里产生了许多创意。我们不需要太多可有可无的工作人员，也不需要人浮于事，更不需要闲置空间。所有人都知道自己的工作内容是什么，而且也照实做了。我知道提起我的名字，人们不由地会想到"奢华"二字，那是因为我们一开始就知道如何努力工作才能坐享奢华。一旦事情大到难以控制，我们很难创造性地解决它。

清崎还提到创意会使你致富。没错！我还想为此给出另一个理由：极具创造性的人不需要别人的激励。他们进行自我激励,乐于倾听并综合运用左右脑,最大限度地开发自身的潜能。他们尽可能地借助大脑的智慧寻找灵感,而非等待灵感。

几年前一则文章中提到医学院招生时会优先考虑那些主修过音乐课程的学生。原因是音乐兼具数学能力和创造性,说明这些人的左右脑同时得到开发。而且这一特长需要极大的自律性和长时间的练习,这些品质对医学院的学生而言是最佳的特性结合。

创意与直觉息息相关。我有时候也很相信直觉。直觉这事说起来很奇妙,但是富有创造力的人们可以抓住它们,并把它们从抽象变为具体。当我集中精力进行某个项目的时候,我也会准备随时接收那些有可能随时闪现的思维火花。有时候我也说不清楚究竟是哪里不对劲,但是我知道肯定是哪里有问题。举例来说,当我建造特朗普大厦时,有人告诉我大厅的墙上应该挂一些画作。我喜欢画,但是对我来说在大厅的墙上挂画已经过时了。我需要一些独具创意的东西。我需要极具戏剧性的中庭空间①,我还想要一个巨大的瀑布。最终,我花费了近 200 万美元打造出一面将近 80 英尺高的瀑布墙。这瀑布气势磅礴,而且跟整个空间完美地融合在一起。

创新思维可以产生极好的结果。在我买下位于美国南部佛罗里达州棕榈滩的海湖庄园之前,它原本是一处私人住宅。这座庄园犹如威尼斯宫殿一般,它原来的女主人是美国社会名流通用食品公司的女继承人玛荷丽·梅莉薇德·波斯特。这处面向大西洋和沃斯湖的庄园堪称是一个伟大杰作。它占地 20 英亩,一共有 118 个房间。我对这处庄园进行重新装修,使其恢复

> 创造力和掌控力可以齐头并进。
>
> ——唐纳德·特朗普

到原来的富丽堂皇,后来我发现这里很适合作为接待重要公众人物的俱乐部。现在,海湖庄园成了棕榈岛上一处名胜。有房子的人应该知道我这个拥有 118

---

① 中庭空间,是建筑空间的一种形式,是指建筑内部的庭院空间,其最大的特点是形成具有位于建筑内部的"室外空间"。——编者注

个房间的庄园每年的维护开支有多大。这也是我为什么要把这里变成一个会员俱乐部的原因,因为它可以帮我抵消一部分财务支出。但是我仍把它视为我的第二个家,而这也成为它获得巨大成功的另一个原因。这里有完善的配套措施,因为对我来说,细节很重要。

创造力和掌控力可以齐头并进。为了达到最佳效果,我们应该同时发挥出两者的最大效用。所以,开始倾听你的左右脑,综合两方面的优势,你将取得意想不到的成功。

你的观点

你有创造力吗?前面我们讲到过"如何解决问题"这一主题。当你面对某一问题时,你应该发挥自身的创造性——解决方案来自创意。

你是否有过一些伟大构想?当然有过。

你是否利用这些伟大构想赚钱?

如果是,祝贺你!请继续!

如果没有,想想在你完全掌握这一构想的时候,如何才能将它"杠杆化"?

你是否富有创造性地解决某个问题或迎接某些挑战?

第12章
胸怀大志，开疆拓土

清崎的视角

"胸怀大志"是特朗普在一次演讲中用到的题目，因此"胸怀大志"也成了他标志性的座右铭。他确实知行合一。如果你对他的"胸怀大志"这一能力有所怀疑，不妨去纽约看一看、数一数以他的名字命名的摩天大楼数量。

我有幸多次聆听他发表关于"胸怀大志"这一主题的演说。每次他都会抛出一些新东西，并拓展我的思考境界。如果哪天你有机会可以现场聆听他有关"胸怀大志"这一主题的演讲，务必抓住机会。如果你可以不止一次听讲，请继续把握机会。

虽然富爸爸没有跟我讲过有关"胸怀大志"的话题，但是他教过我同样的理念。富爸爸经常用到的词语是"杠杆"和"拓展"。当他教他的儿子和我思考这两个词语的区别时，他以麦当劳的特许经营权作为教学案例。他说："当雷·克劳克从麦当劳兄弟手中买下麦当劳时，他就开始使用'杠杆'；当他让麦当劳以特许加盟的方式经营时，他就扩大了自己的'杠杆'。"

当雷·克劳克买下汉堡店的时候，他也就让自己的力量"杠杆化"了，因为他的汉堡生意不管他在或不在，都可以赚钱。这就是大多数 S 象限的小企业主的终点——他们没能继续扩大规模，只保留很小的经营店面。当雷·克劳克为自己的小店开发了一套"特许加盟系统"时，他就把自己的汉堡包事业从 S 象限做到了 B 象限。

也许你已经注意到我用的是"特许加盟系统"这个词，其中最为关键的是"系统"这个字眼。《富爸爸成功创业的10堂必修课》这本书是专门写给企业家看的，我主要谈到了 B–I 三角形理论。富爸爸就是利用这个 B–I 三角形图表教我集中思考经营企业必知的八大要素。

数据显示90%的新创企业在最初的五年内关门大吉。留下来的那10%的幸存企业之中，又有90%在创业的十年内倒闭。又一次印证了10/90法则的广泛适用性。

那些企业失败的原因在于B-I三角形中提到的这八大要素中的一两项甚至更多项成为制约企业发展的短板。每当我看到那些经营不善的企业，我总会用B-I三角形理论分析一番。

注意观察图表，"产品"这一项位于内侧小三角形最顶端，只占据一小部分区域，而"使命"则位居外侧大三角形的底部，占据基础且重要的位置。因为"产品"是八大要素中最不重要的一项，而"使命"则恰好相反。我经常遇到很多想成为企业家的人对我说："我有一个不错的新产品创意。"

我经常这样反问他们，以示回应："那么，你未来企业的使命是什么？"

对方的回答常常是："赚钱呗。"大多数情况下，他们的企业存活下来的几率十分渺茫。

"使命"是构成企业的最重要的要素。它是企业的灵魂所在，也是企业的核心价值观。一个缺乏灵魂和核心价值观的企业，其发展道路将是何等坎坷和艰难。

这个世界上有太多的创意产品最终被市场所淘汰，原因在于企业在其发展过程中缺乏"使命"这一强大后盾做支撑。

研究成功企业的时候，你很容易发现此企业内部正在运转着一个完整且充满活力的 B-I 三角形系统。一个卓有成效的企业必须具备强大的使命感、杰出的领导力、团结协作的管理团队、现金流和财务状况极佳、清晰且高效的营销及市场信息沟通、系统运转高效、法律文件清晰且严谨，当然也不能缺少优质的产品。

> "使命"是构成企业的最重要的一大要素。它是企业的灵魂所在，也是企业的核心价值观。一个缺乏灵魂和核心价值观的企业，其发展道路将是何等坎坷和艰难。
>
> ——罗伯特·清崎

我们大多数人都可以做出比麦当劳好吃的汉堡包，但是却很少有人能建立一个比麦当劳更大的商业帝国。为什么？我们不得不再回到"系统"这个话题上。S 象限的企业主和 B 象限的企业主最大的不同之处在于"系统"。简单地说，S 象限的企业主自己就是系统，而且他（她）这个系统无法扩展。

大多数企业靠人员来维持运转，而麦当劳则靠系统来维持。麦当劳有着极佳的设计体系。不论走进全球任何一家麦当劳，你会发现几乎是一个模式。重要的是，这些连锁店的店长许多是只有高中文凭的人。这就足以说明麦当劳的系统何等优秀、何等健全。

我见识过很多头重脚轻的企业，它们拥有高学历、高薪资的员工，这些人努力工作，但是却什么都做不好。大多数情况下，这类企业把重点放在人才方面，而忽略伟大体系的创建。不管团队中有多优秀的人才，也不管企业向他们支付多高的薪水，缺乏完善体系的支撑，这一团队终究会走向失败。

企业家和 CEO 有什么区别？简单地讲，企业家就像是加工制造赛车的人，而 CEO 就是赛车手。如果你的造车水平太差，不管赛车手多优秀，也不可能赢得比赛。既是企业家又是 CEO 的人很少见，特朗普便是其中之一。比尔·盖茨、迈克·戴尔还有史蒂夫·乔布斯他们都是这种复合型人才。他们既可以造出性能优越的赛车，又能很好地驾驭它。

总结

我见过许多在 S 象限发家致富的人。这些小企业主既懂得如何创业又懂得如何经营企业。也有许多 E 象限和 S 象限人借助 B 象限的人让自己成为富人。比如泰格·伍兹就是来自 S 象限的专业人士，但是他的大部分财富来自于为 B 象限的大企业做代言。影视明星同样如此。他们身居 S 象限，但是却依附于 B 象限的大企业，诸如索尼或者华纳兄弟。

特朗普经常说"胸怀大志"，他以此为信念打造了诸多摩天大楼和优秀的电视节目。我的富爸爸告诫我要"开疆拓土"，他的意思是要像麦当劳的特许加盟系统一样不断扩大规模。两人的做法都是"胸怀大志"和"开疆拓土"的表现。

现在你是否开始了解 10/90 法则如何在金钱世界发挥作用了？10% 的人创造 90% 的财富，这些人所做的事情是只赚取 10% 的财富的那 90% 的人永远都不会做的。

特朗普的视角

宏观思考

清崎对"胸怀大志"和"开疆拓土"进行了完美且充分的阐述，我想对此进行进一步的阐释。我们不仅要胸怀大志，还要宏观思考。对企业家来说，宏观思考意味着要提前预知哪些梦想可以实现，并让梦想成真。企业家们将自己的远见卓识看作"判断力强"和"必然发生的事"，其他人则认为这是"创新"。

不久前，我从媒体上得知人们认为我做了一项重大创新发明。对此，我感到十分惊讶，因为我从不认为那是创新，那只不过是把两种因素融合，以此产生更大的效果而已。几年前，当我在中央公园西路1号开始修建第一座特朗普国际酒店大厦，那里原来是西湾大楼旧址，因经营不善而被拍卖。我想如果把这里整合为兼具公寓和酒店二合一功能的大厦，或许是个好主意。没想到这一举措竟然取得了巨大成功，而且这一创新经验还被我和其他人多次沿用。

> 宏观思考意味着要提前预知哪些梦想可以实现，并让梦想成真。
>
> ——唐纳德·特朗普

好多时候，创新来源于将不同的元素以非常规思维进行整合。这一极具创造性的发明只是将某些常见元素进行一定形式的组合，而非创造出一个新事物。

我通过阅读得知，美国年轻的作曲家乔纳森·道因其创作而备受关注。大都会歌剧院的著名指挥家詹姆斯·莱文发现了乔纳森的一些作品并且打算今年对这些作品进行首次公演。乔纳森十分喜欢文艺复兴早期的音乐，他将这一音乐艺术与分形几何学进行融合，从而使得古老的音乐艺术焕发出新的生机。他的这一灵感来源于各种文化的交融与碰撞。这和我当初把一整栋大楼里面分成酒店和公寓两部分进行运营的想法如出一辙。似乎把古典音乐和房地产开发进行对比有点牵强附会，但是如果你仔细想想看，就会发现两者存在的共同点远比你想象中的要多得多。

曾经有人说我的人生犹如歌剧一般。我觉得这一比喻不同寻常，于是我决定更加深入地了解歌剧。和其他艺术一样，最初的歌剧起源于希腊，后来在佛罗伦萨蔚然成风，第一场真正意义上的歌剧是在威尼斯首映。因为没有使用对讲机，所以有时候我在办公室讲话的时候嗓门比较大。从这个角度上来看，或许我能跟歌剧沾上点儿边。因为我对希腊语有一定的研究，所以据我判断：17世纪时，当希腊的影响与意大利的音乐相互碰撞时，这种艺术形式——歌剧——应运而生。有些事情需要历经上百年的发展。我也处于不断发展变化之中，虽然我现在还无法欣赏完整场歌剧，但是我很高兴别人认为我的人生像歌剧一般富有戏剧性。虽然歌剧跟我喜欢的棒球无法相提并论,但是我认为有些东西你不必热情拥抱,保持敬意即可。

贝多芬是另一位伟大的创作家。当他在自己的作品《第九交响曲》中加入人声时引发众多争议。现在我们熟知这一交响曲中第四乐章部分的"欢乐颂"主题合唱,我无法想象如果这部交响曲没有这部分人声合唱将会怎么样。贝多芬的这一举措在当时被认为是伟大创举,引起轰动。他的这一巅峰创作并非偶然,要知道早在1811年的时候,这首交响曲的草稿就已经写完,直到1824年才被搬上舞台进行首演。这些构思历经13年的沉淀才最终问世。我想说,贝多芬不愧真正的伟大作曲家。

宏观思考是创新的另外一种途径。有时候我会问自己:我还应该考虑哪些方面,才会使我的整个思考过程更加全面?我脑中一直构思的这个项目或者方案还需要补充哪些东西才会使其更加完善?很多时候,我都告诫自己:目前的方案并不是最佳方案,因为总有更多的想法不断地浮现并涌入脑海之中。我不禁自问:我遗漏了哪些因素?还有其他可能吗?有时候经过这样一番头脑风暴,创新性思维终会诞生。这一过程并不神秘,只是需要你全神贯注地思考。

罗伯特·清崎和他的夫人金·清崎曾亲自到我位于加州的高尔夫球场找我。

我跟他们分享了另一个与椅子有关的故事。我的高尔夫俱乐部里面设有一个绝美的宴会厅,在那里可以俯瞰太平洋和加州首屈一指的高尔夫球场。但是美中不足的是,因为空间的局限性,这个宴会厅可容纳的人数不足300,因此我们无法承办一些大型活动(如婚礼)。于是负责宴会厅的管理团队建议扩建宴会厅。他们带着扩建方案来找我。要知道这一扩建方案不仅花费数百万美元的财力,还需要很长的工期。我们不仅要走扩建的申请程序,还要在施工期间关停宴会厅业务,并损失数百万的营业收入。

当我们站在宴会厅环顾四周时,我发现一位女士在起身站立时遇到一点麻烦。因为椅子太大,所以她无法轻松移开椅子以让自己起身。事实上,这个宴会厅配备的都是那种巨大座椅。当时,我突发奇想:我们需要更换座椅——换成更小一些的新椅子。

这一想法不仅让我节约了几百万美元,甚至帮我赚了一大笔钱。我们用卖掉旧椅子的一小部分钱购置了一批新型金色竹椅。现在这个宴会厅可以轻松地坐下 440 多人。这样一来,在我们承接的大型活动数量增加的同时,收入也随之提高。我们完全不需要斥资扩建,更不用停业施工。原本这个要花费我数百万美元的工程却变成一件获利颇丰的事。

远见卓识的第一个表现是:预见某些事情,并知道它的与众不同之处。

正如我前面所说,尽可能地从你所能获取的资源中学习经验教训。宏观思考,广泛学习。这样做,你既不用付出高昂的代价,又可以获得一些大回报。

你的观点

创意思考,然后把这一创意杠杆化。

你对目前的生活圈感到满意和舒适吗?不妨试着走出现在的舒适圈,开始一些新的探险、交些新朋友或换个新环境。一旦你将自己置身于新事物中,你的新思维也将随之而来。你会发现新问题,并为之找到新的解决方案。你还会知道如何在更多领域内应用这些新方案,以此服务于更多的人群。

这些都源自于扩展你的生活圈和视野。

宏观思考并扩大生活视野吧!

把恐惧和风险暂且搁置一边,你能想象自己的生活将会变成什么样子吗?

_____
_____
_____
_____

在哪个领域你能更加宏观地思考?对这一宏观思考领域进行命名,并记录下来吧。

_____

_____

_____

在哪个领域你能进行扩张式的思考?对这一扩张性思考领域进行命名,并记录下来吧。

_____

_____

_____

_____

在宏观思考和扩张式思考方面,你打算怎么做?

_____

_____

_____

第13章
致富是可以预见的，且无风险

清崎的视角

在开始新的内容之前，先让我们迅速回顾一下前面的内容。

1. 超越自我；
2. 杠杆；
3. 掌控力；
4. 创造性；
5. 扩展式思维。

今天好多人陷入财务困境或无法在财务方面领先于他人，是因为他们无法超越自我。那些受过高等教育的人，终其一生努力工作，最终也没能用到多少"杠杆"。除了自身的力量，他们从不借助任何外在力量。

这些人对自己的工作、自己能赚多少钱及自己的投资仅有一点点掌控力，甚至是毫无掌控力可言。许多人在工作或者投资中从不发挥创造性。在专业领域和投资领域，他们只是听命于他人。谈到"扩展"，他们所能做的就是：换一份工作或者找一份兼职，抑或是期待加薪或升职。

人们之所以陷入这一循环，是因为学校就是这样教他们的。在他们看来，如果换一种方式行事，将会面临巨大的风险。他们担心失去自己仅有的这一点点掌控力。他们不敢要求加薪或者升职，担心会因此丢掉工作，宁愿领取微薄的薪水度日。他们宁愿因循守旧，也不愿意背上兴风作浪的罪名或尝试有可能失败的新鲜事物。当他们想要投资时，只是简单地把钱交给那些他们希望是真正的理财专家的人，从未想过自己学一点有关投资理财的知识。许多人陷入财务困境，是因为他们无法跳出对自我的怀疑、恐惧及对金钱和商业知识的有限了解。他们生活在对风险的恐惧之中，认为风险无处不在。

许多投资顾问、财经记者及理财推销员利用大众对风险的恐惧为切入点，向这些人兜售风险极高的投资项目。通常这类投资者认为"储蓄"是安全系数最高的投资方式，他们还认为长期持有共同基金没有任何风险。

> 许多人陷入财务困境，是因为他们无法跳出对自我的怀疑、恐惧及对金钱和商业知识的有限了解。
> ——罗伯特·清崎

更糟糕的是，这些人及他们的理财专家认为唐纳德·特朗普、沃伦·巴菲特及我所进行的投资是极具风险的。事实证明，唐纳德·特朗普和沃伦·巴菲特从投资中获益丰厚，因为他们早已预料到自己最终收获的是投资收益，而非他人眼中看到的风险。

致富是可以预见的

富爸爸除了用麦当劳的例子做实证，他还用苹果园果农的例子来说明可预期性。果农最初只种植了一亩地的苹果树。"种植这最初的一亩地的果树十分艰难。"富爸爸说道，"果农没有更多的钱用于扩大种植规模，而且苹果树从最初种植到开花结果需要一定的周期。几年后，果树开始结果实了，果农卖掉苹果，然后用卖苹果赚到的钱又买下两亩地，继续种植果树。又过了几年，他便拥有了100亩果园。最初种植果树的时候确实很难，但是果农知道只有坚持不懈，才能成为有钱人。"虽然这个故事很简单，但却教会我很多东西。

"可一旦发生病虫害或者遭遇干旱怎么办呢？"也许会有人这样问道。这个问题提得好。要知道，成功的商人不会指望任何事情都进展得顺顺利利的。比如对小超市商家来说，顾客或员工有可能发生盗窃行为。成功的商人会对这些有可能造成损失的因素进行预测，并建立有效的监控系统，最大程度地降低此类损失。

现在我又听到一些玩世不恭的人说道:"如果你种植的果树太多且苹果产量巨大,会造成供过于求,从而导致苹果价格下跌。"确实如此。降低物价确实是注重竞争的市场经济的目标。如果市场经济不注重竞争,我们怎么可能以最低的成本享受较高的生活质量?

我想说明的是,一旦你理解了可预期性,你就会发现它无处不在。每当你经过麦当劳,你都会发现它;每当你看见李维斯牛仔裤,你也能发现它。当你去加油站为汽车加油时,你也能看到它在运转。甚至当你玩《大富翁》游戏时,也能看到它。让我们回顾一下这个游戏:盖一栋房子能让你赚好多钱,如果再增加两栋房子,你将赚更多的钱;如果你将4栋房子换成一个红房子(旅馆),你会赚更多。一旦你理解了可预期性,你会发现它无处不在。不论你在哪里看到可预期性,你都会明白为什么有些人或有些商业不必承担巨大的风险就能赚取高额利润。

现在你或许能明白为什么我在听到人们问"投资风险大吗"这个问题时会感到沮丧,或者当我听到理财规划师对他的客户说"只有储蓄和投资共同基金是安全的",我也会沮丧万分。对我来说,这只能说明他们缺乏基本的投资理财培训,而且他们的财商很低。

唐纳德·特朗普不是靠建造一栋大楼就赚取亿万美元的。他可是建造了很多栋大楼或者在一栋大楼里打造几百套公寓房然后予以出售。特朗普的致富公式就是我刚才描述的公式。他利用杠杆,取得掌控,然后发挥创意,扩展构思,最终预见收益。虽说这些投资不乏风险,但他对这些项目持有十足的信心和把握,因为一切都在他的掌控之中。

我在投资的时候也遵循同样的过程。比如,当我买下一栋大楼时,对获得以下4种收入十分有信心。

1. 租金收入;
2. 折旧收入(又名虚拟现金流);
3. 分期付款(我的房客付清房贷);
4. 房产增值(对抗美元贬值)。

我把"房产增值"放在最后，是因为这是所有收入中最不重要的一项。但是，对大多数投资者来说，房产增值却是他们唯一追求的目标。举例来说，当他们以每股 5 美元买进某只股票，一旦这只股票升值到每股 12 美元，他们就会卖掉，他们只是在股票升值或者产生资本利得时出售。房地产投资者也是如此。

我把"房产增值"放在最后，还因为这一项收入要缴纳税费。美国的《1031 同类资产交换法案》（俗称递延税优惠法案）使得房地产这一投资类型可以享受一定的税收优惠——递延资本利得税款。如果规划得好，甚至可以永久递延。对我而言，跟股票、债券、共同基金这些纸资产及储蓄这些投资类型相比，房地产所具有的这种避税的能力使其成为我的投资首选。如果你想知道更多有关房地产投资的信息，可以阅读我写的《富爸爸房地产投资指南》一书。

我想再次强调，房地产投资案例中少缴纳的税款是完全可预测的。

1996 年，我宣布退休，开始研发《富爸爸现金流》游戏并撰写《富爸爸穷爸爸》。当时我也没想到富爸爸公司会取得如此大的成功。拥有恰当的团队是最好的杠杆形式。同年，我还开办了一家金矿开采公司及一家银矿开采公司。这两家矿产开采公司后来成功上市，在加拿大证券交易所挂牌交易，帮我赚取数百万美元的利润。

许多人说涉足矿产开采行业的风险太大。虽说风险确实存在,但对我来说,这些风险微乎其微。我可以降低风险，因为我知道金价和银价会上涨。我是怎么能预见这一点？要知道，那些政客们在管理我们的国家时既不会停止经费支出，也不会停止借债，更不会停止印刷钞票。从这个意义上来讲，并不是黄金和白银有可预期性，而是那些政治领导人在财务方面的无能让我对金银有了一定的预见性。那些政客们无法解决问题，只会拖延问题，并且让问题日趋严重。他们的行为是可预期的，不论是共和党还是民主党执政，结果都一样。

总结

财商的提高将把你带到这样一个高度：看见并预知那些致富的可能性。一旦你有了这方面的知识和经验，并理解了杠杆、掌控力、创造性、扩展式思维和可预见性，生活将完全改观。至少，对我来说是这样的。

小时候，富爸爸要求我一遍又一遍地玩《大富翁》游戏。随着我玩的次数越来越多，我慢慢学会并理解了游戏中蕴含的杠杆、掌控力、创造性、扩展式思维及可预见性这些特质的力量。突然有一天，至少在我玩了一千次《大富翁》游戏以后，我猛然瞥见了自己的未来——一个拥有巨大财富的未来。当时我只有15岁。一旦我看到了另一个与众不同的世界，我的人生观也随之改变，我不再相信"人生充满风险"、"需要稳定有保障的工作"、"企业或政府会照顾我退休后的生活"这些过时的人生观。正因为我看到了另一个与众不同的世界，所以我不再把人生看作是一次历险，而是把它看作是一次令人兴奋的旅行。正因为如此，我的人生也发生了翻天覆地的变化。

特朗普的视角

大多数情况下，富人变得越来越富，那是因为当你用钱去赚钱时会更加容易。虽然在这个过程中，你可能会犯错或赔钱，但是如果你既有钱又认真对待投资，你就能从投资中赚钱。

其实投资并不是什么冒险行为。只要你能提前做好准备，就能在投资过程中将风险降低。但是"排除风险和恐惧因素"这件事最好不要留给投资顾问去做，你自己应该做足这方面的功课，这样就不必等待他们给你提供所谓的"好建议"。如果你想做到万无一失，就自己动手打理。

有一些优秀的理财顾问，他们不仅帮自己赚了不少钱，还帮别人赚了不少钱，那是因为他们在进行投资时十分清楚自己在做什么。正是因为他们对投资项目做了充分的准备，所以在投资时凭借自身对未来趋势的科学预测予以精准出击，并表现得出类拔萃。通常他们经手的投资项目风险较低，那是因为他们具备大量的专业知识和丰富的投资经验。

这也是为什么本章的标题命名为"致富是可以预见的"的原因。致富的关键因素在于：你是否打算让你的钱为你工作。只有懂得如何让钱为自己工作的人，才有机会加入到超级富豪的行列之中。

当我建造一栋大厦时，我一定会首先考虑风险因素。因为这些因素是决定我是否有利可图的关键所在。我不想冒巨大的风险行事，尤其是在我可以凭借智慧提前预见某些可能发生的风险时。在我最初尝试"酒店－公寓混合使用"这一构想时，我已经预测到这种混合运营模式将会为公寓业主打造一片舒适便利区域，而且他们也能从酒店的成功运营之中分得一杯羹。这一构想对我这个生意人都极具吸引力，对公寓业主和投资商来说同样如此。采用混合运营模式，使得我和他们所面临的风险大大降低，这使得这一投资的未来预期更加清晰。但是我不得不承认，这一构想最终如此成功让我感到意外和震惊。

我父亲总是强调有些事情通常是可以提前预期的，也就是我们常说的"一分耕耘一分收获"。他总是花大量时间做前期的准备性工作，在他看来，"磨刀不误砍柴工"，一开始做足功夫，能节约后续的时间和财力，起到事半功倍的效果。所以我从小就从父亲那里学会：在开始行动之前，事先进行评估和预测分析。这个过程要耗费巨大的精力查阅资料，然后进行综合分析判断，制定出最优方案，最大限度地规避风险，并推测出最有可能产生的结果。

我拥有的杠杆优势是我所掌握的建筑知识及在房地产开发方面所具有的良好直觉。多年来我一直深入关注和研究房地产行业。几年前，当我决定花费好几年的时间和几百万美元重建位于纽约中央公园的沃尔曼溜冰场时，我开始估算这一工程所需的时间和资金。结果，我仅用了几个月的时间外加75万美元（没超出预算）就完成了重建工程。对我来说，这项工程是可预期的，并不存在多少风险。要知道，如果这项工作遥遥无期，这对我的身体状况也将构成一定的风险。

是否能取得重大成功也是可以预期的，尤其是对那些偶尔承担风险的人来说。如果当初不是制作人马克·伯内特的劝说，我不可能打造《学徒》这档节目。拥有自己的真人秀节目，这对我来说是一个全新的领域。但是当时真人秀节目的成功率让我有点担心，毕竟95%的真人秀节目都以失败而告终。在《学徒》节目播出之前，我已经很成功了，但是随着这档节目大获成功，我变得更加成功了。我不仅喜欢做这件事，而且还能从中获得好处，简直是"鱼和熊掌兼得"的美差。同样的道理也适用于金钱。

清崎对"杠杆、掌控力、创造性、扩展式思维、可预见性"做出的评论完全正确。对所有这些层面保持多维思考和关注，既让人兴奋又可以有所收获。如果有人认为这样做太冒险了，那就随他去吧。反正对我来说，这是一项十分刺激的重大挑战。只要你想改变世界，你就能改变，如果你这样做了，可能会对这个世界做出一定的贡献。是否这样做，值得你深思。

不能利用我们的所学向前迈进，这是我们所面临的最大风险。你可以进行多维扩展。我想用美国前总统亚伯拉罕·林肯的一句话来进行总结："如果一个人今天没有比昨天变得更聪明，那我是不会看好他的。"

> 不能利用我们的所学向前迈进，这是我们所面临的最大风险。
> ——唐纳德·特朗普

我希望大家能把林肯的这句话当作激励，并把它应用到日常生活中的每件事上。如果你这么做了，我相信：用不了多久，你就会跟成功不期而遇。

你的观点

致富是可以预见的。

想想前文爱因斯坦是如何对"神经病"进行定义的："每次都做同样的事，却期待不一样的结果。"如果你想成为富人，甚至是大富翁，你需要改变现在的思维方式和行为方式。做一下自我保证（这件事只有你自己是相关人员）：

我要改变自己目前正在做的三件事。列出具体的行动步骤和时间表，以让自己担起责任重担。

1. _____
2. _____
3. _____

案例1：我打算这周某个晚上戒掉电视，改为参加某个研讨会。

案例2：我打算这周不做沙发土豆（吃着零食看电视），改为拜访某位商业经纪人，以便了解自己对哪些商业领域感兴趣。

第三部分
关键时刻：超越胜利和失败

看看下面这几个关键词：

1. 杠杆；
2. 掌控力；
3. 创造性；
4. 扩展式思维；
5. 可预见性。

以上5项是通往财务自由之路的基本准则。如果你研读过著名企业家或投资家的经典案例，你就会发现类似的模式或程序，甚至沃伦·巴菲特在决定是否收购某家公司时都采用同样的思考过程。具体到巴菲特的案例，我们应该用"分析"取代"创造性"。巴菲特的天赋是擅长分析企业，并根据这家企业当下的价值预测出它未来的价值。这也是他为什么买下某家企业后很少出售的原因。唐纳德·特朗普也极具创造性，他能把一片废墟或一栋破旧不堪的老楼打造成黄金摩天大楼。也就是说，他能看到别人看不见的商机。

今天，许多投资者购买资产只为了将其出售，他们想通过低买高卖这种方式赚取差额利润。他们只着眼于资本利得。在股市，这类投资者被称为"短线交易者"；在房地产领域，这类人被称为"炒房客"。

真正的投资者是购买资产，并将其传承给子孙后代。虽然特朗普和清崎偶尔也会像其他投资者一样，买了再卖，但是他们在处理此类投资时都会遵循上面的那5项基本原则。正是这5项基本原则让10%的投资者赚取了90%的利润。

这些基本准则看起来简单，但是操作起来并不容易。许多人之所以不遵照这些基本原则行事，是因为他们压根就不知道有这些基本准则，甚至不明白为什么有些人只是发了点小财而有些人却发了大财。

也有一些人知道这些基本准则并尝试应用这些准则做事，结果却失败了。可能我们都见过一些曾经成功时功成名就、失败时却一败涂地的人，他们到死可能也搞不清楚这几项准则的具体含义。

> 每个人一生中都会面临这样一些重要时刻。只有在这些至关重要的生命转折点，我们才会发现真正的自己：是英雄，还是懦夫？做一个诚实的人，还是骗子？勇往直前，还是临阵脱逃？
> ——罗伯特·清崎

在本书的这一部分，你将领悟到为什么特朗普和清崎如此热爱金钱游戏及他们为什么能从这场游戏中胜出。这些启发和领悟非常重要，因为我们前面说过，这些准则知易行难。

这部分不是教你如何赚钱的，而是告诉你为什么他们能赚到钱。读完这部分内容，你将清楚地知道为什么10%的富人占据了世界上90%的财富。因为失败的人多过成功的人，所以我想再次强调一下：程序看似简单，操作起来着实不易。

这一部分是关乎一个人做出历史性改变的关键时刻。每个人一生中都会面临这样一些重要时刻。只有在这些至关重要的生命转折点，我们才会发现真正的自己：是英雄，还是懦夫？做一个诚实的人，还是骗子？勇往直前，还是临阵脱逃？

我相信大多数人或许听说过下面这个"3Ds"：

1.Desire（欲望）；
2.Drive（驱动力）；
3.Discipline（自律性）。

所有人都有欲望，比如"我想成为富人"。但是多数人只有欲望，却缺乏实现这一欲望所需要的驱动力和自律性。

我们或许还听说过"3As"：

1.Ambition（雄心）；
2.Ability（能力）；
3.Attitude（态度）。

我们都认识一些有雄心壮志的人，但是他们从不在提升自己综合能力方面下工夫，因此他们的态度有待端正和提高。

我们或许还听说过下面这个"3Es"：

1.Education（教育）；
2.Experience（经验）；
3.Execution（执行）。

我们周围不乏那些高分低能的人。由于他们缺乏真实世界所需的实践经验，所以无法执行和应用书本上的理论知识。也就是说，他们只会纸上谈兵，无法在现实社会中一展身手。

大多数人或许还听说过下面这个"4Hs"：

1.Honor（光荣）；
2.Humility（谦卑）；
3.Humor（幽默）；
4.Happiness（快乐）。

有些人成功了，但是他们获取的成功却不那么光彩；还有些人成功了，但是他们成功之后却缺乏应有的谦卑。那些没有幽默感的人，失去了自嘲的能力。有些人虽然功成名就，可他们却并不感觉开心和快乐。

当你读到描述特朗普和清崎的关键时刻时,你或许会在心里默记他们身上表现出多少与 3Ds、3As、3Es、4Hs 相关的特质。正是这些关键性时刻铸就了他们今日的成功,并激励他们继续前行。你也将发现,这些决定他们人生的关键时刻和经验始终是围绕着"为什么"展开的,而非"如何"。

在阅读有关他们的关键时刻时,不妨也思考一下自己的人生。你经历过哪些关键时刻?这些关键时刻助你成功了吗?你是否打过退堂鼓?请诚实面对自己。因为诚实能让你认清事实,认清事实才能让你抓住改变际遇的机会。这样,你就能更加清楚地审视自己的人生,拥有另一个关键性时刻——一个完全由自己把握人生命运的时刻。

第14章
你从你父亲那里学到哪些？

清崎的回答

我父亲是个了不起的人物，我从小就崇拜并尊敬他。那时我以他为荣，希望我长大后他也能以我为傲。

入学的第一天，老师们通常会照着新生名单点名，每个老师点到我的名字时都会暂停一下，并且问道："拉夫·清崎是你父亲？"

当时我父亲时任夏威夷州的教育部长。以日本人的平均身高来看，身高一米八几的他算得上是伟岸身躯了，所以他鹤立鸡群的方式不止一种。他是公认的才华横溢且颇有见地的思想家。当年他以全班第一名的成绩毕业，并被称为"夏威夷历史上伟大的教育家"。过世前，他获得"夏威夷历史上最著名的两大教育家之一"这一荣誉。我清晰地记得当时他满怀激动的泪水，拿给我看那篇载有报道他获此殊荣的报纸。正如报道中所说的那样，"他把自己的一生都献给了夏威夷的教育事业和夏威夷的孩子们"。

出生于从医世家的他本来最初是打算学医的。在毛伊岛上高中时，他发现自己的同学陆续退学。作为班长，他跑到校长那里询问那些人不来上学的原因。起初，他得到的是各种用于搪塞他的理由或借口，最终他才得知事情的真相。原来这些退学孩子的家长们都在一家甘蔗种植园打工，种植园硬性规定：不论孩子们在学校的成绩如何，每年必须有20%的孩子强制退学，以补充种植园劳动力不足的问题。我父亲发现不论是老师还是校长，抑或是教育系统内的其他相关人员都对这种做法表示赞同。也就是从那时起，我父亲决定放弃学医转而读大学然后毕业后当老师，他想为教育改革贡献自己的一份力量。此外，他还想让他那些上不起私立学校只能完全依赖公立学校接受教育的孩子们能享受到更优质的教育服务。他一生都在为改变这一现状而奋斗。

然而，美国的教育体制每况愈下。美国拥有世界上最糟糕的教育体系，虽然它在教育方面投入的教育经费比任何国家都要多。

尽管父亲竭尽全力改变夏威夷州的教育状况，但是夏威夷州的教育质量在全美国的排名中依然靠后。2006年5月《檀香山杂志》在其封面上刊登了有关夏威夷公立学校的等级评定方面的报道。报道中这样写道：经美国教育协会评定，夏威夷的教育状况排名在美国50个州中位居第43位。也就是说，是倒数第7名。其中，教学标准和教学责任方面的评定等级为D，校风校纪的评定等级为F，教师教学质量评定等级为D，教学资源方面评定等级为C。

造成夏威夷州教育状况如此堪忧的原因并非教育经费投入不足。2001年，政府用于教育方面的预算支出为13亿美元，2006年为21亿美元。《檀香山杂志》中这样写道：

尽管立法者在过去的5年内增加了更多的教育经费投入，但是纳税人却看不到自己想要的结果。为何政府管理的教育体系无法取得丝毫改革成效，原因在于当下这一教育体制抗拒改革的力量仍然十分强大。

父亲发现自己单凭教育主管人员的身份无法改变夏威夷州的教育现状，于是他决定竞选副州长。因为他需要争取到更大的执政权力。他以共和党员的身份在一个十分亲劳工的民主党州参加竞选，结果竞选失败后他受到多方势力的排挤和压迫。他不仅终身不许在夏威夷州工作（因为他在竞选时跟夏威夷当局唱反调），而且之前由他这些年一手提拔培养起来的亲信们也担心失去自己的工作而离他远去。相比终身失业的痛苦，亲朋好友们的怯懦和背叛最终摧毁了他的意志。父亲在政治上遭遇重大挫折时刚刚50岁，从此他再也没能东山再起。

1974年，我从越南回国，发现父亲呆呆地坐在家里，才50岁的他俨然一副绝望、颓废的样子。他在提前退休后，拿出全部积蓄，想通过收购某冰激凌公司的全国加盟连锁权赚点钱，结果投资全部搭进去了。如果没有政府提供的社安金小额支票及社保和医保，他可能成为一无所有的赤贫者。

那时父亲的境遇则成为我的一个关键性时刻。看着那个我曾经仰望和崇拜的男人整天坐在沙发上靠看电视来打发时间，这让我十分震惊。他这个受过良好教育、正值年富力强的男人却藏着一颗破碎的心。随着时间的推移，他越来越憎恨自己，更憎恨那些背叛他的朋友们。

坐在电视机前的他当时给了我前文中提到的那些建议：回学校继续求学，拿到硕士和博士学位，毕业后到政府部门任职。我知道他的这些建议是发自内心的，因为他就是这样一路走来的。无论结局如何，他还是信奉教育的力量。毕竟他把自己的一生都献给了教育事业。

那一刻，我意识到教育已经失去了它最重要的东西。我们当下的传统教育并没有教我们如何为进入现实社会做好准备。它只是按照"把学生培育成打工者"这一模式来施教。就在那时，我知道我必须跟随富爸爸（好朋友的爸爸，而非我亲生父亲）的脚步。因为他并没有因为学校教育体制中对财商教育的缺失而摧毁他的创业精神，或者让他放弃教我和他的儿子有关金钱的知识，以便我们为走进真实的世界提前做好准备。他也因此成为夏威夷最富有的人之一。

对我来说，1974年是我人生中至关重要的一年。首先，我知道我不能跟随父亲的脚步前行了。几年后，我发现也就在这一年《雇员退休收入保障法案》颁布实施，这一法案的颁布最终变成我们现在的401（k）计划。借助父亲的双眼，我发现另一个世界。我知道我这一代人，也就是婴儿潮这一代，将要面对和父亲一样的财务困境。我们这一代人受过良好的教育，努力工作，诚实做人，可即便这样，我们仍不知道如何自食其力，需要政府或家庭的帮助才能解决生计问题。在接下来的几年中，全球将有上千万和我父亲一样的人，这些人终其一生的辛劳，最后不得不面对这个物资和金钱都匮乏的世界，整天惶惶不可终日。

出于对父亲的尊敬，我的《富爸爸穷爸爸》一书在其去世5年后才得以出版。许多人认为我这本书对父亲有点大不敬，但我相信父亲有足够宽阔的胸怀来面对我在书中所揭示的现实真相。他的伟岸，不仅仅体现在身高这一方面。

我写这本书意味着我从父亲手中接过接力棒，继续为改变当前这早该废止且与社会严重脱节、无法为年轻一代步入社会做好准备的陈腐教育体制奉献自己的一份力量。多年来，我一直发问"为什么学校不教我们有关如何与金钱打交道的知识呢"？不管我们贫穷还是富有，聪明与否，我们每时每刻都需要跟钱打交道。

　　《时代周刊》在其封面上以极其震撼和醒目的标题报道"美国正在沦为一个辍学率居高不下的国家"。文章中指出教育部门如何在学生辍学人数这一数字上造假，这与安然公司的财务造假如出一辙。文章明确指出，今天的辍学问题要比以往更加严峻，因为以往工厂为辍学生提供的高薪工作机会已经消失殆尽。现在，这些辍学生只能选择去快餐店当店员或者收银员之类的底薪工作，因为美国现在已经从生产型国家转变为消费型国家。未来，我们将为"陈旧过时、与社会严重脱节且拒绝改变的落后教育体制"所引发的诸多问题付出巨大代价。

　　以上是我从父亲的亲身经历中吸取的经验教训。我将继续完成父亲未完成的事业。不同的是，我从系统外部着手解决问题。我不会直接抨击当前的教育体制，而是以富人的身份，不是以我父亲那样有稳定收入的打工者的身份，警醒大家对当前教育体制能有一个清醒的认识。

清崎一家合影：前排中间为清崎，他是家中4个孩子中的老大。

特朗普的回答

父亲对我的影响

父亲留给我最大的遗产是他的这句话："给得越多，期许更多。"我以这句话鞭策自己，因为我必须这样做。

今天是5月份中阳光明媚的一天，我乘坐自己的私人直升机前往位于格林纳丁斯群岛中的卡努安岛，那里离法属西印度群岛的圣巴茨不远。我在那里有个休闲度假中心，度假中心设有高尔夫球场和别墅住宅区。那里是一个天堂般的梦幻旅行目的地。我要前往那里视察工作，而我最喜欢利用飞行途中这一段安静时刻思考事情。在我出发前，清崎打电话给我，问了我这样一个问题："特朗普，如果你即将失去一切，你会怎么办？"

他在前面提到过亨利·福特会在失去一切后的5年内东山再起，毕加索则会继续画画……我确实经历过一次逆境，那次经历差点把我彻底摧毁，似乎再也无法翻身。但是，从那以后，我变得比以往任何时候都更加成功。所以我敢肯定地说：不管未来如何，我还将砥砺前行，不忘初心。

接着我想到我的父亲——弗雷德·特朗普，他在年轻时候便经历过一次毁灭性打击。爷爷去世的时候，他才11岁，留给他的是一所房子还有奶奶及两个嗷嗷待哺的弟妹。这一刻成为父亲人生中的关键时刻。他开始到处打工补贴家用：擦鞋、给市场送水果、在工地上拖运木材。高中毕业后，他从没想过考大学这事。他跑去纽约皇后区的一家家装公司给一位木匠当帮徒。一年后，他建造了属于自己的第一间房子，并把他的公司起名为"伊丽莎白·特朗普母子"。由于他当时太小，所以公司的各种法律文件和支票只能由奶奶代签。

父亲的事业十分成功，使他得以供弟弟（也就是我的叔叔）去麻省理工学院上学，并在那里获得博士学位。接着，他迎娶了我的母亲，组建家庭。长话短说，总之父亲从11岁开始就靠自己的双手自食其力，白手起家。在这方面，他是我们学习的楷模。在他看来什么事情都不是理所当然的，不论是逆境还是顺境，他都严格要求自己。

父亲从不怨天尤人，他也没时间抱怨，只会埋头努力工作。这一点也值得我学习。每当我遇到困难挫折时，我都会想想父亲经历过的那些严峻考验，然后继续努力，直到走出困境。根据以往的经验，我想告诉你的是：坚韧不拔这一品格十分重要。我相信亨利·福利和毕加索都知道这一点。这一品质适用于你所从事或者渴望从事的任何行业。

清崎经常提起他的两个爸爸——穷爸爸和富爸爸。谈到导师，他有两个可以学习的榜样。他从那个教育程度不高的富爸爸那里学到了很多东西，这些都是靠他自己领悟的，这也是我父亲的做法。这一点值得我们所有人学习。虽然我也看重教育的价值，但是有时候学校对学生的勤教傻练只不过让他们在常识方面优于常人而已。我父亲天资聪明，再加上自身所具有的良好的职业精神，使他宛如一台高效工作的发电机。

父亲不仅给了我巨大的鼓舞和支持，还以身作则地成为我学习的楷模。他从没告诉我们成功来自于勤奋工作加自律，但我们从他日复一日的工作中就能看到。即便如此，他也不会对工作产生厌恶，因为他喜欢自己的工作。他热爱自己的事业，他的热情是发自内心且真诚的。他的这种工作形象在我心中留下了难忘的印象，我很感激。

时至今日，我仍然陆续收到多封来信，信中都是关于他们深受父亲宽宏大量和高贵工作品质影响的内容。最近我收到的一封信中提到父亲常常在工地到处巡视，看到钉子就会捡起来。因为他平生最讨厌浪费，而且会不厌其烦地捡，并以此作为工作认真、敬业的一部分。父亲做事非常严谨，他经常告诫我："尽量搞懂你正在做的每一件事。"

我仔细倾听并践行他的忠告。当人们问我为什么你能取得如此大的成功时，我首先想到的就是父亲对我的教养及他对我产生的影响。是的，我是在沃顿商学院读书，但是在此之前，父亲才是我人生的第一位老师。父亲在没有家庭资助和未接受良好教育的情况下都能取得如此巨大的成功，我的起点比他要高很多，我没有理由不超越他。我和父亲拥有同样的成绩标准和工作理念,但是我们所面对的环境不同。我的工作量只能比现在多,不可能少,因为我找不到偷懒的借口。如果我是你们眼中的拼命三郎,这背后肯定有相当充分的理由。用理由代替借口,一切都将变得豁然开朗。

你的回答

你从父亲那里学到了哪些帮助你取得如此成功的经验?(如果你父亲没能在你的人生中起到积极的正面作用,可以换成另一位对你产生重大影响的男性来进行描述。)

_____
_____
_____
_____
_____
_____
_____
_____
_____
_____

第15章
你从你母亲那里学到哪些?

清崎的回答

母亲是我一生中见过的最有爱心的人。当我还是小孩子的时候,我经常因为她抱别的小朋友而吃醋。每当这时,我会对母亲说:"妈妈,请你别再抱别的小朋友了。"今天,我多么希望她能陪伴在我的身边,使我可以再一次扑倒在她的怀里。

母亲去世的时候还很年轻,年仅48岁。她罹患先天性心脏病,除此之外,她小时候还得过风湿热,这使得她更加虚弱。也许她也因此更热爱生活。她珍惜活着的每一天,身为护士的她,或许知道自己不可能长寿。

我的妻子——金·清崎,跟我的母亲很像。当然她们在外表上不是很像,我指的是她们的内心。在我第一次见到金的时候,是她那惊人的美貌吸引了我。她一直不肯跟我约会,直到半年后我们才第一次约会。我知道她就是我梦寐以求的女人,因为她发自内心的温暖和我母亲一样。从1984年我们认识的那一天起,我们几乎每天都在一起,从来没有分开过。

母亲去世的时候,我正在海军陆战队。当时我正在位于佛罗里达州的彭萨科拉的海军飞行学院读书。父亲打电话过来告诉我母亲去世了。在母亲的葬礼上,我经历了难以想象的悲痛。我那有着伟岸身躯的父亲哭得差点昏厥过去,全靠我们兄妹三人搀扶着。

几年后,我还在越南。当时我正把海军陆战队的一位将军空运到一个偏远的村庄。在那里,美军正计划进行最后的努力,以此形成对北越的防御。敌军越过非军事区将要发动大举进攻,我们当时的任务是阻止敌军继续向南挺进。当时我们已经知道战争结束了,我们已经输了。

我的队友进入村庄找吃的，并打算买点纪念品。我则把直升机停靠在草地边上，留下来看守飞机。突然，一群越南小孩子出现了，他们开始在飞机周围进进出出地玩耍。于是我站起来并示意他们离开。显然他们听不懂我在讲什么，继续在飞机周围玩耍，这或许是9~12岁男孩子大多都会做的事情。

由于担心这些孩子可能是越共，毕竟这里好多人都是，我开始采用死拉活拽等方式使他们远离飞机。当时我真的担心他们中会有人在飞机上放置手榴弹或者其他爆炸物。恐惧让我更加愤怒，我使出全身力气拖拽走他们。有一个小男孩不太听话，任凭我怎么拖拽也不肯离开飞机。每当我刚把他拖到机舱外面，他又拼命钻进去，把玩机枪和其他武器。

最后，盛怒之下，我一把揪住这个男孩的头发把他扔出机舱。为了表示对我的反抗，他不断地踢我，咬我的胳膊。在此情形下，我失去控制，本能地以我在海军陆战队接受过的训练反击他。我掏出手枪，拨动转轮，对准他的太阳穴，开始对他怒吼。突然，我们四目相望，他放声大哭，应该是被我的举动吓坏了。他知道我已经气得火冒三丈，随时可能杀了他。在我看来，我有充分的理由杀死他，因为他是我的敌人。

当我站在那儿拿枪指着孩子的头，我通过他的双眼看到了他的心灵。职业杀手中有这么一句谚语："如果你想杀死某个人，千万别看他的双眼。"看着对面这个满眼都是泪水的孩子，我突然哭了起来。我停了下来，没有扣动扳机。就在我停顿的时候，我仿佛听到母亲的恳求。即使她已经在几年前就去世了，但是我依然记得那就是她的声音，字字清晰："别开枪，"她说，"我一辈子都恳求你要仁慈一些。别开枪。我带你来到这个世界上，目的不是为了让你带走另一位母亲的孩子的生命。"

于是，我收好手枪，凝视着孩子的眼睛，告诉他我不想杀死他。接着，我拿起男孩带过来的足球，跟他的朋友们示意，我们可以一起踢球。

那天晚上，当我和将军一起飞离时，我们遭到敌人猛烈炮火的袭击。虽然我无法证明，但我敢肯定就是这群孩子暴露了我们的行踪。他们是敌不是友。那天晚上，我独自坐在飞行甲板上回想白天发生的事情。"我真的听到母亲的声音了吗？"我一次又一次地问自己。最终，我明白答案是什么并不重要，重要的是我听从了她的呼声，得到了她从远方发来的信息。

她的信息是这样的：你是个好孩子，但是你脾气太坏；表面上你很爱笑，其实你骨子里充满斗志；你脾气差而且缺乏耐性。

我读高中的时候，父母加入和平队①，并在此机构服务两年。所以当我跟他们说我要参加海军陆战队时，遭到他们的反对。他们其实一直是反对越战的。

在越南小村庄村外草坪上的那一晚，是我人生中的重要转折点。那是我的关键性时刻。当我在飞机中弹后飞回航空母舰的时候，我知道我的海军飞行生涯结束了。美国印第安酋长约瑟夫说过："我将永远不再战斗。"我不是不再战斗，而是不再使用武器或者暴力战斗。相反，我将用父亲给我的智慧和母亲给我的慈悲继续战斗。

> 我不是不再战斗，而是不再使用武器或者暴力战斗。相反，我将用父亲给我的智慧和母亲给我的慈悲继续战斗。
>
> ——罗伯特·清崎

在事业发展方面，我和特朗普都选择让强大且成功的女性做我们的贤内助。

我感谢我的合作伙伴金·清崎对我们的使命所付出的献身精神。我知道富女人和富爸爸这两个品牌的未来将交到金这样一位既能干又慈悲的女人手中。

---

①和平队成立于1961年，是肯尼迪在总统竞选中提出的。按照肯尼迪的构想，和平队的主要使命就是以志愿者的方式，向第三世界国家提供教师、医生、护士、各种技术人员等"中等人力资源"，通过帮助第三世界国家的社会发展，向广大第三世界国家展现美国文化的精华，改变美国在第三世界国家中的不良形象，增强美国对新兴的第三世界国家的吸引力，并以此向这些国家传播美国文化及价值观念。——编者注

特朗普的回答

所有忠告之母

我母亲是苏格兰后裔,我一直努力遵照她给我的一些睿智建议行事。

"相信上帝,忠于自己。"

这句话的应用范围很广,我认为它在带给我们一种强烈的自我认识感的同时,也让我们能保持"全局思维"。这句话短小精悍,容易记忆。我第一次提到"宏观思考"时,首先想到的是我的母亲。人们常说"简洁是智慧的灵魂",同时它也是便于记忆的关键。

我母亲非常喜欢奢华的场面,她喜欢看欧洲皇室的队列和典礼。或许我身上散发的炫耀卖弄部分遗传自我的母亲。尽管她是苏格兰人,但是她却有着很强的时间观念和金钱观念。她总是有时间为慈善事业和贫困事业捐款。尽管她兴趣广泛,但却均衡发展。我想我也是这样。

很多时候,我也是一个默默的慈善家。如果你是名人而且大张旗鼓地宣扬自己的捐款,我可以肯定地告诉你:你将收到大量的求助,求助范围从热气球实验到大学教育学费再到夏令营,无所不包。而且这些求助将会以上万笔的速度增加。总之,低调的好处有很多。

我哥哥42岁的时候去世,使得我们这个家庭缺失了一员。这件事对我造成了极大的影响和打击。我也亲眼目睹父母那些年所忍受的巨大悲痛。不管多大年纪,对所有父母来说,失去孩子都是一件难以忘却的记忆。丧子之痛所带来的打击影响着他们余生的

> 相信上帝,忠于自己。
> ——玛丽·特朗普

每一天。我因此体会到生命的可贵，而且决定做最好的自己，为自己也为所有爱我的人。那天，是我一生中的关键时刻。

这就是我成为现在这样一个我的理由之一。之所以很少提及这个理由，是因为这个原因所导致的结果可能并不起眼，但是兄长去世带给我的动力却十分强大。在父母经历此次丧子之痛后，我跟他们更加亲近了，因为我觉得今后我应该对他们的幸福安康负责。对我来说很难从这件事中走出来，但我知道对他们来说更难。

母亲是个十分虔诚的人，她在生活中实践着自己的信仰。从小到大，她一直都是我学习的典范。她外表温柔但内心坚强，而且还十分谦虚。她愿意毫无回报地付出自己所拥有的一切。每当我给予父母很高的评价时，你可以看到他们值得我这么歌颂。

母亲给我的建议简单却睿智。她的这一建议直指核心，让我保持专注和平衡。"相信上帝，忠于自己。"没有比这更好的座右铭了。

特朗普及其父母。母亲玛丽，父亲弗雷德·特朗普。
1964年摄于纽约军事学院

你的回答

你从母亲那里学到了哪些帮助你取得如此成功的经验？（如果你母亲没能在你的人生中起到积极的正面作用，可以换成另一位对你产生重大影响的女性来进行描述。）

_____
_____
_____
_____
_____
_____
_____
_____
_____
_____

第16章
你从学校学到哪些?

清崎的回答

俗话说"鞋匠的孩子没鞋穿"。在我看来,这句俗语应该改为"教育主管的孩子没脑子"。尽管我父亲是夏威夷州教育部门的主管,我却因成绩不及格而被学校要求退学,并且不止一次这样,而是两次。我在读高中二年级和四年级的时候分别有一次英语写作不及格。有我这样一个是班上笨蛋的儿子,想必肯定让身为教育部门主管人员的父亲很难堪。

尽管英文写作的分数很低,我还是毕业了,而且同时申请到两所大学的录取通知书:一所是美国海军军官学院,另一所是美国商船学院。虽然英文写作分数低,但是我的SAT成绩很好,而且我踢足球这一特长给我的录取加了分。我最终选择位于纽约金斯伯因特的美国商船学院就读。因为我想毕业后做商船海员,这个行业的薪水比海军军官学院毕业生的薪水要高很多。1965年,当我做出这一决定时,当时海军少尉的月薪为200美元,而美国商船学院毕业生的月薪则为2000美元。当我从商船学院毕业后,海军少尉的月薪仍为200美元,而商船学院的毕业生,如果他们所在的商船进入战区,年薪可高达10万美元。老实说,虽然美国海军军官学院的名气比较大,但是商船学院却是当时美国为数不多的毕业生获得高薪工作的高校之一。年薪10万在1969年相当于一笔丰厚的收入,尤其是对那些22岁左右的毕业生来说。

不过,我没有选择这样的工作,而是毕业前夕就去了位于加利福尼亚州的标准石油公司。尽管我在标准石油公司7个月才赚到4700美元这一比较低的工资,但是选择标准石油公司的原因是我对石油感兴趣,而且我们的油轮还会开往夏威夷和塔希提①。

　　1966年，学校把全部大二的学生送到船上进行为期一年的实习。在那一年中，我以学生军官的身份登上过货船、油轮及客轮。周游世界的这一年是让我大开眼界的一年。那一年，我成长了很多，对人生和真实世界有了更多的感悟和体验，这些是我的父母极力阻止我接触的东西。

　　我在大学四年间，有两次关键性时刻。第一次是大一时英语不及格。由于高中时那两次英语不及格的经历，让我意识到大学英语水平很可能成为我学生生涯的终结点。我做梦都梦到由于考试不及格被送往越南战场。因为那时候考试不及格的学生通常面临这样的命运。没想到，后来的英语课十分有趣。我遇到一位好老师——诺顿博士，他毕业于西点军校，二战期间曾驾驶过B-17轰炸机。他不仅没对我糟糕的拼写和激进的思想予以惩罚，而是鼓励我大胆去写。最后，他的这门课我拿了个B。比学习评定等级更重要的是，诺顿博士重塑了我作为学生的自信。在那样一所班上有一半学生考试不及格而被提前退学的大学里，是他给我的那些鼓励和信心让我度过了那段艰难的求学生涯。今天，我的书被翻译成超过46种语言，销量达2600多万册，我的作家身份比海军军官的身份更有名。如果不是诺顿博士，我可能永远也无法从商船学院毕业，更不可能写出一本书来。

　　我人生中的另一个关键时刻是：当我发现石油的力量及其对世界经济的影响的那一刻。1966年，我以实习军官的身份登上标准石油公司的油轮，从此我发现了"能源就是力量"。今天，我在石油方面的投资高达数百万美元。我以创业家的身份创立了两家石油开采公司。一家在成立之初就失败了，另一家在上市后倒闭。从这些失败中，我总结了很多经验和教训。

　　1972年，我在越南战场担任飞行员，我发现我们不是为了反对某种社会制度而战，而是为了争夺石油资源及大型石油公司。今天，我们仍然为此目的开战，只不过是在不同的国家而已。

　　20世纪80年代，我成为一家名为"全球能源网国际公司"（简称GENI）

---

①塔希提是法属波利尼西亚向风群岛中的最大岛屿，位于南太平洋。这里四季温暖如春，物产丰富。——编者注

组织的创始董事。GENI 是一家非营利组织，其宗旨是为了向全世界传播巴克敏斯特·富勒博士的理念。巴克敏斯特·富勒博士被认为是我们那一代最伟大的天才之一。他认为我们可以借助科技实现能源的自给，也就是利用科学技术创造出无污染的可再生能源。问题是，石油公司宁可看到油价上涨，毕竟这些大型石油公司势力很大。

我十分支持富勒博士的构想，因为一旦 GENI 的理念成为现实，全球的财富将会大大增加，贫穷将会减少，人口增长率也会降低，世界将会更加和平。

> 诺顿博士不仅没对我糟糕的拼写和激进的思想予以惩罚，而是鼓励我大胆去写。最后，他的这门课我拿了个 B。比学习评定等级更重要的是，诺顿博士重塑了我作为学生的自信。……是他给我的那些鼓励和信心让我度过了那段艰难的求学生涯。
> 　　　　　　　——罗伯特·清崎

1994 年，我从 GENI 辞职。如今，这一组织仍然活跃于世界舞台上。如果你想获得更多有关 GENI 这一组织的信息，可登录其官网查看。GENI 这一组织的大胆理念值得我们深思，这意味着一个全新的世界将呈现在我们面前。如果我们都能看到合作产生的巨大效益，就不会再为了争夺资源挑起战争。

或许我的话听起来像是伪君子或者两面派，虽然我仍然是个资本家，我依然会从石油生意中赚取利润，但我也会支持无污染的可再生能源最终取代石油，以此提高人类生活水平、减少贫穷和战争。约翰·列侬的《想象》这首歌中有这样一句歌词："你也许会说我只是在幻想，但不只是我这样。"

特朗普的回答

我的大学时代

我知道这听起来有点惊讶,但我以前确实是个好学生。那时我学习认真、专注,从不缺课。当清崎和我讨论彼此的大学生活及它们如何帮助我们致富时,我不禁想起大学时自己利用闲暇时间学习房地产和丧失抵押品赎回权这些知识。我所做的总是比别人期待我做的要多得多。

我认为这可能就是我取得今天如此成就的关键,不仅仅是金钱方面的成功,其他方面也是如此。如果做事的时候你觉得基本合格或者差不多就行,那么你的收获也就这样了。但是最终结果不会超出你的预想,更不会有什么惊喜或者超常发挥。你必须做那些别人不想做的事情,比别人多付出,才会拥有他人不可比拟的优势。

高尔夫球传奇人物格雷·普雷尔说过:"我越努力,我的运气就越好。"他的这句话让我很受用。我们对自己最大的伤害是"总是期望事情做起来简单容易"。我知道房地产投资不是一件简单的事情,所以我提前备课。不论你对什么东西感兴趣,请务必也这样做。

我们班上不乏一些成绩优秀的同学,但是他们在现实社会中的表现却远没有在校期间那么优秀。我觉得造成这一结果的原因是,他们上学时把更多的精力用于学术性方面的研究,从而忽略了对外面真实世界的关注。一旦毕业,面对陌生的社会时,他们一脸茫然。上学那会,就因为我对外面世界的危险和困难已经有所耳闻,并且时刻关注与房地产有关或无关的国内和国际新闻,所以当我走出校门迈入商业世界时我才能顺风顺水。

这就是优势。对体育运动来说,拥有优势很重要,对人生更是如此。有时我们被要求在某些专业方面具备高精尖的能力,这是好的,但同时我们也应对专业以外的其他领域有所涉足。人们有时候因为过度接受某方面的专业训练，以至于对现实世界的其他方面一无所知。这时，学习能力和生存能力的对抗将再次上演。

既会学习又会生存，同时拥有这两种能力是可能的，而且我们必须尽可能让自己同时具备这两种能力。我的优势是从小就跟父亲一起工作或旁观他工作，见识了房地产工作的艰辛和困苦，我知道房产地行业赚钱不易。我学会收房租的时候记得要站在门的一侧，以避免被屋内人射击。我那时就知道以后我将面对的世界有多残酷。我父亲深谙生存之道，而且极具生意头脑，再加上我在沃顿商学院读过书，所以我可以把书本理论和现实实践这两大优势完美地融合在一起。

> 除了你自己，没有谁可以为你提供经济方面的安全感。
> ——唐纳德·特朗普

也许并非所有人都像我这么幸运。那也没关系，你只需尽力充分利用你所拥有的及你所处的位置，但要期待做更多的事。你愿意做多少事情可能决定你今后所要到达的高度。我愿意多花一些时间学习各科课程，而不期待额外的荣誉或赞扬。我自愿这样做，我相信这是我取得成功的一个重大原因。

你的回答

你从母校那里学到了哪些帮助你取得如此成功的经验？有没有那么一位对你产生积极且重要影响的老师呢？

_____

_____

你从学校学到了哪些有用的东西，并把它们应用于你的生活中？

结果如何？

第17章
看军校如何帮你定义人生

清崎的回答

我进入军校学习有三个原因。

十岁的时候，我当时读5年级，老师要求我们学习有关伟大探险家——哥伦布、赫尔南多·科特斯、麦哲伦及达·伽马——的历史知识。正是阅读这些探险故事，激发我产生了出海探索世界的最初梦想。

13岁的时候，在一次手工课上，其他同学的作业都是帮妈妈雕刻调制沙拉酱用的碗，而我则央求老师允许我建造一艘木船作为我的手工课作业。上交完我的手工计划后，接下来的几个月，我开开心心地建造了一艘8英尺长的可与艾尔托罗号战舰相媲美的帆船。要知道，那门手工课是我为数不多的得A的课程之一。

我这一生中最开心的日子莫过于我驾驶着自己的船航行于希洛湾之上。这艘船是以我家乡的小镇名字命名的。我一边驾着船一边梦想着远方的港口和异国情调的女人，我的心也随着海水一起荡漾。

高中时，辅导老师问我："你长大后想做什么？"我说："我想坐船环游世界，去塔希提这些极具异国情调的地方旅游，喝啤酒，追求漂亮女人。"

我的回答竟然没惹她生气，还对我说道："我知道一所学校，它非常适合你。"接着她拿出一本美国商船学院的宣传册，继续说道："看看吧，申请这所学校可没那么容易。如果你真的想以后出海航行，我会帮你进这所学校的。"

1965年，在取得美国参议员丹尼尔·井上健的国会任命后，我离开了希洛这个宁静的小镇，动身前往纽约，开始我的海军军官教育生涯。1968年，在我海上实习的期间，我有时候会去塔希提岛的帕帕耶提畅饮啤酒，并且和我见过的漂亮美女出去狂欢。那位美女是电视台的气象主播，而且还是塔希提岛的选美比赛的参赛者。在那里，我的美梦都成真了。

我上军校的第二个理由是父亲没钱供我上普通大学。他曾对我说："今天你毕业了，以后你就要自食其力了。"我也真的这么做了。去军校意味着我不仅能拿到全额奖学金，而且住宿费、伙食费及服装费用都可以由学校提供，差旅费也可以报销，而且每个月还可以得到一小部分津贴。

第三个就读军校的原因，也许是最重要的原因，是由于我的自律性差。高中那会，我经常逃课玩冲浪。即使被主管教育工作的父亲抓住，也不可能乖乖地回去上课，除非浪太大。

我知道自己需要严格的纪律来约束。如果我在夏威夷找所大学读书的话，我很可能毕不了业。

在军校，我学会了遵守纪律，虽然这个过程很艰苦。我经常遭受很多惩罚，而且都很严重。功课也比我预期的多得多。如果不是有严格的军队纪律对我加以管束，我可能永远也无法毕业。

同时，我也学会了服从和发号施令。换句话说，我在领导力方面得到了严格训练。看看现金流象限，你会发现领导力对 B 象限的人来说至关重要。经过前三年严格的军规训练及领导力的训练，我在大四的时候被晋升为营级军官。我的工作是向学弟学妹们传授领导力方面的知识。他们和我刚入学那会儿一样，都是一些自以为能打败制度的小混混。

最大的教训

四年的军校生涯结束后，我自愿加入海军陆战队，因为越战仍在持续。在海军飞行学院，其中有两堂生死攸关的课，让我受益良多。

1. 飞行训练中最令人兴奋的部分是学习如何跟另一架飞机战斗，也就是所谓的"空战"。当时我们驾驶的飞机是 T-28 型特洛伊战机，这是二战期间发明的单引擎飞机。这一型号的飞机不仅体积大、速度快，而且杀伤力极大。很多学生死于飞行训练中，因为这种飞机被设计得十分灵活机动，稍有不慎就会丧命。

有一天，我独自驾驶着飞机，并高度戒备，因为教练随时可能对我发起突然袭击。突然，我从头盔的耳机中听到几声"砰砰砰"的尖叫声。原来是教练提醒我战斗开始了。我立即按照飞行课程中所学的知识应对，一边把燃料浓度加高以保护引擎，一边向右提升飞行高度并让飞机在空中翻滚，试图以此甩开攻击者。

结果，我不仅没有甩掉对方，反而再次听到教练发出的"砰砰砰"声，接着他对我说"抓到你了，傻瓜"。我根本甩不掉他。我试图通过爬升、翻转、俯冲等手段让飞机失速，可是即便这些飞行技巧都用过了，也都无济于事。头盔面罩上到处都是汗水，导致我什么也看不见。整整十分钟，教练一直跟在我后面，我的任何躲闪飞行动作都无法摆脱他的追击。

回到地面，汇报工作开始了。当教练用手比划我的飞行动作时，我感觉都要吐了。我之所以会有不舒服的反应，不仅仅是因为我们刚完成一段激烈的飞行训练，还因为这次飞行训练让我意识到我的飞行技术有多差，我该学习的东西还有很多。

那天教练对我说的一些话至今让我记忆犹新。教练这样说道："做这一行最大的风险就是没有第二名可言。两个人中只有一个人可以活着回家。"那是我人生中一个关键性时刻。那天之后，我每天都练习、练习、再练习。

后来在越南战场，我多次听到同样的话。不过这次，战争是真实的。"砰砰砰"的子弹声也是真实的，不再是教练自己通过无线电尖叫着发出的"砰砰砰"的声音。

我今天在事业上取得成功不是因为我聪明或者从不失败，而是因为在我的世界里没有"第二名"这个概念。我想特朗普可能也有同样的做人准则。

2. 另一个关键性时刻与风险有关。

当我听人们说"投资有风险"的时候，我知道这说明他还没做好投资准备，还不能胜任此项投资任务。

那天在空中跟教练完成空战演练之后，我意识到战斗是对意志和训练的终极考验。战斗中没有第二名，胜利者只属于做了更多准备的那个人。我由此引申为:"战斗并不可怕,打无准备之仗才可怕。"

在经商和投资领域,我对练习和准备十分狂热。为了降低风险,我不断地学习、实践并提高技能。我是为了赢而投资,要知道奖赏只属于那些风险最低和信心最大的玩家。

如果我不得不承担风险,那么我会选择承担较小的风险。在我拿真金白银投资房地产的时候,我会先参加一场专门为房地产投资者举办的研讨会。在研讨会上,我仔细研究了上百项房地产交易。我每到夏威夷的一个地方,房产经纪人都告诉我说:"你想找的那种房产根本不存在。"经过几个月的搜寻,我最终在毛伊岛找到一处金额较小的好交易。那是一处靠海的一居室单间公寓,仅售18000美元。这是我的第一笔房地产投资。从那以后,我看过几千个适宜投资的房产,但是我只购买了其中的几个。

在我经营的尼龙褡裢钱包生意失败以后,我又返回到"学习——实践——再学习——再实践"这一循环中。我意识到,"其实创业没什么风险,毫无准备就盲目创业才有风险"。

在我的世界里,没有"第二"这一说,再加上我意识到"最大的风险源自毫无准备",这是在我追求个人财富的过程中最重要的两点指导原则。

好多人只知道在投资时投入大笔金钱,却不懂得投资点时间用于学习如何投资。特朗普和我在投资金钱之前会先投资大量时间准备。我们是做有准备的投资。

> 我意识到战斗是对意志和训练的终极考验。战斗中没有第二名,胜利者只属于做了更多准备的那个人。
>
> 我由此引申为:"战斗并不可怕,打无准备之仗才可怕。"
>
> 把这一思想应用到创业上便是:"其实创业没什么风险,毫无准备就盲目创业才有风险。"
>
> ——罗伯特·清崎

军校VS商学院

还记得我们前面讲过的 B-I 三角形理论吗？对比下面这两幅 B-I 三角形示意图，你很容易发现为什么军校及其军事训练对创业和投资来说是十分有必要的准备。简单来说，商学院集中训练 B-I 三角形中的内部因素，而军校则集中于训练 B-I 三角形中的外部因素。

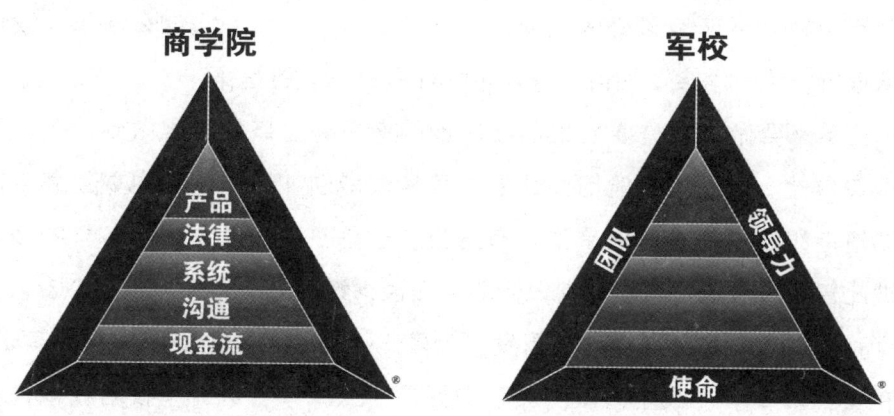

从图中你可以看出，4年的军校生涯及6年的军队服役为我在现实世界进行创业和投资打下了良好的基础。这种特殊的教育和经历十分宝贵，因为在此过程中我学会了以下几点：1. 自律；2. 专注；3. 为一个比自身利益更大的使命服务；4. 接受命令，服从命令并发号施令；5. 控制我的恐惧和情绪；6. 研究并敬重我的敌人；7. 信任我的同伴，愿意为他们付出我的生命，就像他们也会这样对我一样；8. 战前做好充分准备。

特朗普的回答

虽然我被送往军校与我小时候略带攻击性的性格有关，但是我从军校里学到的东西似乎与纪律和帮我发泄精力没多大关系，反倒让我从军校中学会了一些谈判技巧。这看起来是另一门重要的商业课程。

我遇到了一位海军陆战队中士。我发现我在体格上无法跟他较量，更不可能打赢他，所以我只能改变策略：不能武力解决问题。于是我开始动脑子想办法。

我必须想办法绕开他，可我又拒绝认输。于是，我试着让他站在我这边。机会终于来了：我的棒球不错，而且是球队的队长，他则是球队的教练。我知道我可以通过展示我最好的一面，让他脸上有光。我确实这么做了。我们的球队很棒，我也学会了如何更好地带领球队打球。这是第一步。

接下来要做的就是要表现出我对他的尊重，这点并不难做到，因为我确实很尊敬他。但是我不能因此让他对我构成威胁。我认为他也尊重我，而且也知道老跟我过不去对他来说没有好处。于是，我们通过展示各自的强项而让彼此建立起信任。这是一堂很棒的商业谈判课，最终我们实现了双赢。

时至今日，我跟这位名叫西奥多·多比亚斯的海军陆战队中士还有来往。能在纽约军事学院跟他相识，对我来说是一大幸事。进入军校对我来说也是十分幸运的，虽然最初我并不那么兴奋。后来我发现我十分享受军校带给我的挑战和纪律。在军校期间，也让我改掉了缺乏时间观念的坏习惯。大家都知道我现在讨厌迟到，也不喜欢别人迟到。

父亲一直教导我们要尊重他人，这一点在军校也被多次强调。我对多比亚斯先生的敬意让我受益良多，同时我也学会了尊敬时间，这也让我受益匪浅。在做生意方面，父亲对手下有着严格的管理和督导，我已经做好跟他一起共事的准备了。

从军校学到的另一个重要教训是：不要为自己找借口。要学会少发牢骚，保持均衡状态，并坚持不懈。在我日后的人生中，每当我遇到压力或困难，我拒绝向苦难低头。我知道，战胜困难最好的方法就是勇往直前，坚持不懈，努力寻找解决问题的办法。这是值得我们学习的经验教训。

在军校就读期间，父亲每周都会给我一条激励我上进的名人名言。许多名言我现在都还记得，它们直到今天都在激励着我。

> 没有学会服从的人，无法成为一个好指挥官。
> ——亚里士多德

> 永远不要告诉人们如何做事情。告诉他们该做什么，他们会用自身的聪明才智带给你惊喜。
> ——巴顿将军

> 无法遂行的事情，就不要下令他人去做。
> ——索福克勒斯

> 不停地重复去做同一件工作，这个工作就会变成我们本身。到那时，卓越就不是一种行为，而是一种习惯。
> ——亚里士多德

父亲从历史长河中为我筛选出一些富有智慧的箴言，以此向我灌输领导力方面的价值观。这些价值观潜移默化地影响着我，并在特定情况下指导我思考和解决问题。这就是我为什么至今仍热衷于名言的原因。它们会在我困惑或不知所措时让我产生醍醐灌顶的感觉。所以当你听到我引用或者提及历史上那么多伟大的思想家的时候，不用惊讶，因为我从年轻时在军校的时候就开始涉猎这些了，这一良好习惯延续至今。

我在军校期间的另一个关键性时刻跟历史有关。那时我有一个同学，他经常研究二战时期的历史。他是个历史迷，而且学习十分认真刻苦。一天，我问他："你花这么多时间研究二战，一定是这方面的专家了。"他的回答让我至今难忘："不，我越研究越发现自己在那方面无知。"接着他解释说，为了彻底弄懂二战的一些历史，他不得不反过头来研究一战，然后他发现这是一段很长的历史过程。接着他说道："研究历史让我变得谦卑，因为我知道我不可能搞懂过去所发生的一切。"从他这么博学多才的人口中说出这样的话，让我印象深刻。

结果，我也开始利用业余时间学习历史，尽可能地多涉猎一些历史方面的常识。从那时候，我养成这样一个习惯，我会一直问自己："今天我又学到了哪些我以前不知道的东西？"这是让我保持好奇和警戒的最好方式。亚里士多德是对的，因为他曾说过："卓越不是一种行为，而是一种习惯。"

几年后，我进入沃顿商学院读书，我发现自己在军校期间养成的一些好习惯让我获益良多。正如我前面所提到的，我在沃顿商学院学习期间，经常利用业余时间学习房地产投资、丧失抵押品赎回权，以及其他所有我可能接触到的必修课之外的一切领域。我不想得过且过，我想要做更多。毕业后，面对真实的世界，我才发现我本以为"已经做得够多了"这一想法有多幼稚，因为我们做得还远远不够。

用父亲告诉我的希腊哲学家柏拉图的一句话来作为我在军校期间学到的决定性教诲吧。

征服自己需要更大的勇气，其胜利也是所有胜利中最光荣的胜利。

——柏拉图

在军校期间，我懂得了整体与部分的关系。军校为我提供了能兼顾整体与局部的机会。这一能力让我在商场中发挥出巨大优势，必要的时候，我会看轻自己，相信专业人士的意见和建议。有时候，站在问题之外看问题，会让你对问题有更清晰的认识和了解。正所谓"当局者迷，旁观者清"。这也是值得我们汲取的经验教训。有人说我在谈判的时候好比变色龙一般，既能与外界浑然一体，又能不失去自我。这一能力得益于我在军校的历练。

大部分人认为我很坚强，事实的确如此。这也是我从军校习得的一大优势。我不喜欢抱怨，而且十分顽强，不会轻易动摇自己的决心。如果我提前做足功课，如果我努力工作或勤奋做事，这样我就有足够的实力来支持或保护自己。我要让别人知道我是一个强大的对手。

正如前面所说，我被送去军校是因为我小时候略带攻击性。在军校就读期间，我学会了如何扬长避短地利用自己的攻击性。我不仅成长为一个领导者，同时还是一个有着共同使命的团队中的一员。

1972年，清崎在加利福尼亚彭德尔顿营留影，准备奔赴越南战场

1963年，特朗普率领纽约军事学院师生在第五大道参加哥伦布日游行

你的回答

你从军校学到了哪些对你的人生产生关键性影响的东西?

或许你没上过军校,但是你肯定参加过军训,想想你从这些军事训练中学到哪些有关自律和领导力方面的经验。这些经历让你获得什么收获?这些有关自律和领导力方面的经历对你的人生产生哪些影响?

_____
_____
_____

你人生中的哪一阶段让你从自律(或者是时间管理、财务管理)或者领导力中获益匪浅?

_____
_____

第18章
你从运动中学到哪些？

清崎的回答

我从小就参加少年棒球联盟和波普·华纳球联。12岁那年，我开始打高尔夫球。15岁，我放弃高尔夫改为玩冲浪。高中时期，我开始接触足球。

读军校期间，我担任舰艇队队长，同时还踢足球。

在飞行学院，我开始接触橄榄球。这是我的菜，是唯一一个让我怀有激情和热情的运动项目。我曾满世界地打橄榄球比赛，直到我体力不支无法参赛，但此时我会到世界各地观看顶级橄榄球赛事，我曾经到南美洲、澳大利亚、新西兰、苏格兰、爱尔兰和英格兰观赏国际比赛。

我从每一种运动中都学到一些有用的东西，其中一些对我的人生产生了重要影响。

1. 从少年棒球联盟中，我学会如何在节节败退时依然努力拼搏。我们球队可以说是电影《少棒闯天下》的早期原型。整个赛季，我们几乎没有赢过。但是我们依然斗志昂扬，从每场比赛中吸取教训，保持精进。最终，在季末的时候，我们打败了联盟中一支优秀球队。我们获胜的原因在于对方狂妄自大、过度轻敌，而我们球队的实力早已有所提升。

2. 通过玩高尔夫球，我学会如何控制自己的情绪、思维及身体。高尔夫运动看似简单，但玩起来却并不容易。我多次在经营管理中运用我在打高尔夫球中所使用的自控力技巧。

3. 我喜欢冲浪。通过这项运动，我可以精准地估算海浪周期。今天，作为一名投资家，我运用自己作为冲浪选手所具有的精准直觉选择入市时机，以及据此选择更为重要的退出时机。

4.读军校期间,我开始玩划艇,这是一项我至今还认为最为痛苦和折磨人的运动项目。因为军校的压力太大,我需要借助一项痛苦的运动来转移我所面对的军事训练及学习压力。通过划艇这项运动,我懂得了团队密切合作的重要性。划艇是一项极具精确同步性的运动。这项运动最大的挑战性在于,比赛刚开始的几分钟内,队员的精力就被消磨殆尽。想要赢得比赛,就需要每个队员拼尽全力,哪怕是筋疲力尽,也要跟其他队友在动作上保持高度的一致性。如果有一个队员想要放弃,那么他的船桨就会跟另一个人的船桨撞到一起,由此导致比赛失败。

5.足球运动让我明白,每一个球员不仅要清楚教练分配给自己的防守任务,更重要的是要严格执行任务。我还学会如何与不喜欢的队友相处,因为我只需对他们的能力保持敬意,而无需在意他们的性格和人品。

6.橄榄球跟篮球很像,运动中会有很多肢体接触。场上需要队员满场跑动。虽然橄榄球是美式足球的前身,但橄榄球对球员的身高要求不太严格。高个子球员可以与身高较矮的球员同场竞技。据统计,美式足球球员基本上每场比赛踢球所用的时间约为十分钟,剩下的时间都是用于推挤或其他与踢球无关的运动。橄榄球比赛则不同,因为比赛几乎不被叫暂停,所以大部分时间球员都在跑动。不管有多累,选手都要尽力保持奔跑状态,以保证比赛局势和团队的战斗力。

7.我还是跆拳道黑带。通过这一运动,我了解到我们体内流动的"气"这一能量的重要性。

体育运动中教会我很多东西,其中让我获益颇多的当属高中时的足球运动生涯。那时,学校有一支很棒的球队,因为优秀球员云集,所以大部分时间我都是坐在替补席上观赛。

每次比赛结束后,我们都是穿着整齐一新的队服离开赛场,十分尴尬。于是,我和替补席上的队友故意跌倒在泥坑里,以便弄脏那一尘不染的队服。赛季过半时,我们不再假装摔倒,而是用泥巴涂抹全身。

赛季日益接近尾声，我依然坐在替补席上，我觉得教练故意不让我上场，可能是他不太喜欢我吧。我很伤心，打算退出比赛。

一天晚上，经过一番刻苦训练，助理教练朝我走过来，拍拍我的肩对我说："我想跟你谈谈。"

这位助理教练名叫赫尔曼·克拉克，个头很高，曾是前美式橄榄球联盟的球员，出于对美式足球的热爱，他自愿拿出自己的宝贵时间对我们进行辅导。他平静、温和地对我说道："你知道主教练为什么不让你上场吗？"

"不知道，"我答道，"为什么呢？所有事我都照做，每次训练也从不缺勤，而且跑步也比别人多跑几圈，我觉得我和杰西一样优秀。"杰西是我这个位置的先发球员。

"是的，确实如此，"克拉克说道，"而且你天资聪明，奔跑速度也比杰西快。"

"既然这样，那为什么他可以上场？"我问道，"我却不可以呢？"

"因为杰西比你更用心。他比你更想拥有这个位置。要知道，光有才不行。如果你想当先发球员，你需要让自己提升到一个全新的高度。你踢球的硬件（身体素质）不错，但是软件不行——缺乏斗志。"

虽然我还是想退出比赛，但是我牢记克拉克的话。接下来的两周，我以前所未有的状态投入到训练中，我是认真的。

我开始引起教练的注意了。训练中，我多次防守成功，甚至两次拦截传球，这对前锋来说，十分不易。虽然我依然没能上场，继续坐在替补席上，但是我比以前感觉好多了。

一天，我们球队在跟另一所高中进行客场比赛时，杰西摔伤了手臂。教练转向替补席，把所有替补队员仔细打量了一番。最终，他对我说："你上吧。"

那是一个微不足道但十分重要的关键时刻。今天，我意识到我的人生我做主，没有谁可以阻挡我前进的脚步。如果我想得到某样东西，仅有欲望是不够的，我需要拿出必胜的勇气和决心，并为之努力。我经常对自己说："如果你只是停留在思想层面想获得某样东西，那么就有点痴人说梦了。"想成为先发球员和真正成为先发球员有着天壤之别。

在本书的开头，我曾提及下面这个示意图：

我从克拉克先生那里学到的教训是：如果我想改变结果，我必须重新审视自己，然后用行动践行自己的承诺。一旦我的思想和态度发生转变，我的行为也随之改变，结果也就有所不同了。

如今，每当我感到自己一无是处或者是觉得老天对我不公，抑或是别人处处跟我作对时，我总是会想到克拉克先生跟我说过的那些话。然后，我努力提升自己的思想、行为和结果。

制胜法则

乔·蒙塔纳是美式足球史上最伟大的运动员之一，他曾给我邮寄过一本他的自传《制胜之道——追求卓越的16条无价法则》。这本书很适合那些一心想获得成功的人阅读。

可能好多人对乔·蒙塔纳不太熟悉，他曾效力于美式职业足球"旧金山49人队"，司职四分卫，曾带领球队四度晋身超级碗，悉数胜出。2000年提名为名人堂。他曾被美国《体育画报》誉为是"过去50年来最伟大的美式足球运动员"。以下内容出自他的书中。

这些年，我一直观察自己孩子参加青少年运动竞赛的情况。我发现家长们越来越喜欢轻轻拍孩子的脑袋并且对他们说"打得不错，今天每个人都是冠军"，然后给参赛的每个人都颁发一条象征胜利的丝带。我可不是在这种教育方式下长大的，而且作为父母，我绝不会给孩子们传达这种信息。我觉得家长们用毫无批判的方式对待这些追求进步、积极上进的孩子，这很不公正。作为父母，不仅要做孩子的啦啦队队员，还要做他们的教练。如果家长们对孩子参加竞技体育的目标只限于"重在参与"，我认为这样做不太好。

竞技体育是我们应对未来人生的最佳准备方式之一，并在一定程度上反映周围世界的高度竞争性。不论是运动场还是商场，我绝不希望我的团队中存在"毫不在乎输赢"的这种人。

如果获胜都不重要，那么人们更不会在意分数了。

不管你喜欢与否，我们都生活在一个需要靠分数评判高低的世界。

下面是他说到有关"超级碗"方面的内容：

近期，我发表演说结束后，观众席中有人问我："你第一次赢得'超级碗'的时候多大？"

我回答说"12岁"，而且从此之后我赢得了上千次之多，除了其中的4次。我解释道："其他的'超级碗'都是我在宾夕法尼亚州莫农加希拉家乡的后院得到的，那里离匹斯堡只有几英里远。"

换句话说，取得"超级碗"这一幕，他曾经在自家后院彩排了上千次。

在提及"个人准备"时，他在书中这样写道：

每个人的准备方式各不相同。对某人奏效的准备方式可能对他人无效。有些人会拖到最后一分钟才开始准备，有些人则需要一定程度的恐惧作为准备的驱动力。有些人需要消除所有干扰因素，在完全安静的状态下与世隔绝地全身心地投入准备工作中。有些人准备时则需要一些背景音乐，或者需要有他人陪伴。还有些人需要一次又一次地预演，直到有信心为止。不管哪种方法，最好的准备方式的目标都是一样的：为达到最佳的表现状态而蓄势待发，拼尽全力运动或者工作。

最后，乔·蒙塔纳这样描述做好准备的关键要素：

我们始终坚信"反复练习"是做好准备工作的关键，并且也这样教导别人。不论是在体育运动中一次又一次地重复训练，还是在商业中多次练习营销术语或者精炼报告，我们都是希望通过充分的准备工作获得熟练和自信，以便在比赛或者工作时游刃有余。

以上乔·蒙塔纳所说的这些正是我从运动中学到的最宝贵的经验。曾经有人对我说："我玩过一次你发明的《富爸爸现金流》游戏。接下来我该怎么做？你有什么建议？"

你能想象得到吗？他只玩过一次现金流游戏，就以为自己已经学到这个游戏的精髓了。当我建议他"至少再玩10次并且教会另外10个人学会玩这个游戏"时，他竟然很惊讶地看着我。每当我看到这样的表情，就知道这个人大概不懂得如何才能获得成功。正如乔·蒙塔纳所说的那样，"反复练习才是关键"。

这也是我为什么不进行多元化投资或者多元化经营生意的原因。相反，我专攻一个方向，直到成功，然后练习、练习、再练习。

下面我最后一次引用乔·蒙塔纳的话：

任何一个在自己所选领域取得成功的人，都知道反复练习和提前做好准备的重要性。要想在特定领域有一番作为，我们必须做到专心致志、聚精会神地练习。只有练习，才能让我们弥补劣势，提升自我。当我们想在某一领域取得杰出成绩时，仅仅做到最初期望的那样还不够，必须不断努力，为自己设定更高的目标，超越最初的期望。我们也不应该半途而废，练习时必须有始有终。

所以，这就是为什么富爸爸要求我一次又一次地玩《大富翁》游戏，直到有一天我能从游戏中看到我的未来。现在，我只不过是在现实世界中玩《大富翁》游戏而已。不管我现在多有钱，我知道自己还可以变得更好。对我来说，在游戏中玩得更好，比更有钱还要重要。

高尔夫运动的重要性

虽然我高尔夫打得不怎么样，但是我从球场上学会很多有关商业和人性的东西。

我从8岁开始接触高尔夫。当时爸妈经常开车带我们拜访他们那位于夏威夷大岛上某个偏僻小镇的老友。和大多数孩子一样，我觉得和一群大人待在客厅里聊天很无聊，于是我总是到屋外游逛。在他们这位朋友家的走廊上挂着一套高尔夫球具。我从袋子里取出一杆木质的高尔夫球棒，来到满是石子的车道上开始挥击石块。等到把这杆木质球棒打坏，我又取出一杆铁质球棒，继续在车道上一阵乱打。

不用多说你也应该猜得到，我的这堂高尔夫球入门课给父母的这位老友留下了多糟糕的印象。

12岁那年，我又开始接触这项运动。当时我在一所贵族小学读书，所以我好多同学的父亲都是乡村俱乐部的会员。我的穷爸爸和富爸爸当时还不是那个俱乐部的会员，因为当时他们都不是太有钱。我和富爸爸的儿子迈克混进球场的唯一办法是尾随在那些已经是俱乐部会员的同学的父亲身后。

没过多久，乡村俱乐部的会长就发现了我们的小把戏，开始禁止我们进入球场。他说，如果我们的父亲不是会员，就不可以进去打球。当时，我和迈克开始进行我们人生中第一次重大谈判。不知怎么的，会长竟然同意我们成为俱乐部会员。作为交换条件，我们每月必须在球场上担任几场球局的球童。当12岁的我们告诉老爸们这一好消息时，他们一脸疑惑，毕竟那是他们玩不起的俱乐部啊。

从12岁到15岁，我和迈克一边当球童一边打球。放学后，我们经常搭便车去俱乐部打球。我们遵照之前的协议担任球童，并且一有机会就尽情打球。

最后，当球童竟然为我们带来一笔不小的收入。我们每背一个球包走9洞就可以拿到1美元。不久，我们开始背两个球包走18洞，这样一天就会有4

美元的进账。要知道这在当时算是一大笔钱了。15岁的时候，我俩已经攒够买冲浪板的钱了，于是我们暂时放弃了高尔夫运动。

打高尔夫的两大理由

现在我偶尔打打高尔夫，主要是因为我太太金很喜欢这项运动。她总是从男球手的发球区开始打，而且杆数比我还要少，这让身为男人的我有点伤自尊。我的球技属于中等偏下，杆数基本保持在85~95之间。我知道自己更应该多打多练。

虽然我对高尔夫不太感冒，但是对于想致富的人来说有必要打打高尔夫，两大理由如下：

1. **打高尔夫球能反映一个人的行为模式**。多数高尔夫爱好者都一致同意这个观点：高尔夫球的魅力就在于它像镜子一样能折射出球手内在的核心行为模式。当我想了解跟我谈生意的人如何时，我通常约他们打高尔夫。打球的时候，我通常不太关心对方打球的得分情况，而是关注他们是如何打球的。

首先你应该注意他们的击球方式。他们在打远球的时候是使用蛮力击球，还是通过挥杆控制力度？他们打球的时候有没有作弊？他们有没有谎报成绩或者打球过程中移动小球的位置？是否按规则击球？

前段时间，一个朋友的朋友想要我对他的公司投点资。看过他的财务报表后，我问他是否愿意跟我一起打高尔夫。他急切地接受了我的邀请，很快我们就在他的乡村俱乐部见面了。打球那天正好是周六，我从头到尾都没关注他的得分情况，只是默默地观察他如何打球。他的高尔夫打得不错，击出去的球又远又直。开始的时候，他一直打得很棒，直到把球击到果岭旁的长草区以后，他竟然犯规私自移动小球，他以为我没看到，其实不然。因为周围的草十分茂盛，他必须打两杆才能从长草区进入果岭。当我问他打几杆时，他说只比标准杆多一杆。我问他是否把长草区的第二杆统计在内，他矢口否认，说自己没挥第二杆。当时，我就开始怀疑他公司的财务报表的真实性。

我也曾亲眼看过唐纳德·特朗普是如何打高尔夫的。他的球技和球品跟他经商的水准和人品如出一辙。他的球打得又远又直，而且击球也十分精确。

我打高尔夫时的状态很不稳定，时好时坏。所以我觉得我更擅长团体类的体育运动，而不是打高尔夫。我喜欢的团体类运动项目有划船、足球及橄榄球。这些运动需要团队成员通力协作，所以我在事业上也是如此，谨慎选择团队成员。

> 一旦我的思想和态度发生转变，我的行为也随之改变，结果也就有所不同了。
>
> ——罗伯特·清崎

2. 很多生意都是在高尔夫球场上谈成的。 我的两个爸爸（富爸爸和穷爸爸）都打高尔夫，而且两人的球技都不错。穷爸爸经常和学校的老师们一起打高尔夫，他们把打球当作消遣和娱乐；富爸爸则通过打高尔夫发财致富。富爸爸曾经说过："我在高尔夫球场上谈成的生意远比在会议室谈成的生意要多。"他是这样解释的："越是棘手的谈判，双方越需要在轻松愉悦的环境下进行。"

我用了好多年才慢慢体会到富爸爸这句话所蕴含的深刻哲理。现在，每当我遇到棘手的谈判，我经常邀请对方和我一起打高尔夫，这样我们就能轻松地讨论合作事宜。球场那种亲近大自然的户外环境不仅让双方有更多的时间进行谈判，而且彼此的思维也会更加灵活。安静、空旷的高尔夫球场会让人在思维方面更具开放性。

总结

虽然我在打高夫尔球方面不是太用心，但是我却致力于在商业游戏中获胜。打高尔夫球也算是一种商业游戏，我不像其他人那样过于看重比赛成绩，但是我对与做生意有关的比赛十分认真。所以，我同时加入了三家乡村俱乐部，因为那里不仅是谈生意的最佳场所，同时你还能在那里找到生意上的合作伙伴。

补充说明：和其他商人们谈合作时一样，为了合作这本书，特朗普特意邀请我到他位于洛杉矶的特朗普国家高尔夫球场一叙。

特朗普的回答

这些年我经常进行的体育运动主要有棒球、网球及高尔夫球。这些运动需要球员动作敏捷、准确、迅速判断情况、掌握时机,可以说它们是集反应力、判断力和专注力为一体的高技巧性运动。现在,我仍然喜欢观看棒球和网球比赛,但是我对高尔夫球却情有独钟。因为这一热情,我打造了几处具有国际一流水平的高尔夫球场。

这些运动让我意识到"直觉"的重要性。虽说耐力和技巧也是不可或缺的要素,但是如果你真想把球打好,还需具备那种无法言喻的"直觉",即所谓的"球感"。加拿大冰球明星韦恩·格雷斯基在解释自己所获得的冰球成就时这样说道:"冰球到哪儿,我就溜到哪儿。"他的这句话是对"直觉"最直观且最直接的描述。

听起来很简单,不是吗?是的。但是请你仔细想想:他怎么知道冰球去哪儿?为什么其他人却不知道呢?答案是:他拥有其他人所没有的特异功能——第六感,也就是"直觉"。

我见过一些比其他任何人都刻苦训练但一直无法上场参赛的运动员。他们不仅能胜任比赛,而且在能力和专注性方面也不差,但是总感觉他们缺少一样东西。我过去棒球打得不错,而且我发现自己对时机掌握的感知是与生俱来的。或许我永远也成不了贝比·鲁斯,但是我天生具有的棒球球感不容置疑。

网球,是一项一对一的运动项目。这一运动让我懂得赢得比赛的关键在于击败对手,因为赢家只有一个。网球比赛通常十分激烈。你是否看过著名的瑞士网球明星罗杰·费德勒打比赛?他就具备我刚才所说的"球感"。网坛名将安德烈·阿加西曾这样评价罗杰·费德勒:

"他是我遇到过的最厉害的竞争对手之一,几乎无可遁逃。我除了把球打上球道、果岭以及推杆之外,似乎别无选择。每次挥杆都有种迫不得已的成分在里面。无论你试图如何布局,他总有破解之道,这主要取决于他何时扣动扳机，以便促使你改变进攻策略。"

有意思的是，阿加西竟然用高尔夫的专业术语来解释罗杰·费德勒，因为高尔夫是众所周知的脑力竞技运动。打高尔夫不仅需要技巧，更重要的是需要大量用脑。罗杰·费德勒不仅能掌控全局，而且还能凭借直觉应对对手。他打球的时候刚柔并济，只能祝愿跟他同台竞技的选手们自求多福了。网球比赛一定程度上要求你不仅了解自己，更要了解对手。这是罗杰·费德勒所具有的另一优势。

打高尔夫让我乐在其中，同样，谈成一桩生意也会让我欣喜不已。高尔夫球冠军菲尔·米克森说他在高尔夫球方面获得的最佳建议来自于他父亲，父亲告诉他要把打球当作一种享受。所以即使他在训练时，也会把打球当作一种乐趣。我能理解到其中的奥妙。菲尔·米克森父亲的这一建议对我们所做的每一件事都适用。

我通过打高尔夫来了解一个人是否诚实、正直。这也是为什么我的好多单生意都是在打完高尔夫以后签约合作。打高尔夫需要人们遵守一定的运动规则，凡是能规规矩矩打球的人，在生意合作方面也一定会成为好的合作伙伴。有人把这称为"礼仪"，我却把它称为"诚实"。打高尔夫球可以很好地反映这一美德。

打高尔夫需要具备一定的弹性。是否保持平衡性将影响球局的好坏。这一法则同样适用于商业。保持变通，不要拘泥于固定模式。每场比赛，每桩生意，都是不一样的。你只需保持良好的状态，时刻做好准备，多加练习，知道前方会有很多变数等着你去处理即可。

尼克·法尔多是高尔夫球史上最伟大的球员之一。他曾一针见血地指出："不管你是慢慢击球，还是轻轻推球，抑或是用力击球，每个人都需要有自己的节奏。节奏好比胶水一样，它把高尔夫球杆所具有的各种元素有机地融合在一起。"不论做生意，还是生活，抑或是打高尔夫，我总能把握好

> 精确、直觉和节奏是达到卓越的必备素质。
> ——唐纳德·特朗普

节奏。我觉得尼克·法尔多有关节奏的忠告值得我们每一个人深思，不管你在哪一行业就职，也不管你喜爱哪项体育运动。

通过观看或进行以上三项运动，让我得以洞察事业和生活的真谛。这三项运动让我学到的最大的经验便是：精确、直觉和节奏。这是达到卓越的必备素质。

棒球比赛中的特朗普

正在打高尔夫球的特朗普

正在玩冲浪的清崎

清崎远赴新西兰打橄榄球

你的回答

在观看或进行某些体育比赛时,你从中得到了哪些重要的经验?

_____
_____
_____
_____
_____
_____
_____
_____
_____
_____
_____
_____

第19章
你从商业中学到哪些？

清崎的回答

你不可能通过看一本如何骑自行车的书就学会骑车。做生意同样如此，不可能看看书就学会怎么做生意了。书本和课堂学习对激发你产生奇思妙想有益，但是学骑车和学做生意却要在实践中完成。

或许你听过这句谚语：爬得越高，摔得越惨。特朗普和我都在做生意方面摔过跟头，只不过他的跟头比我更大、更公开。虽然我摔的跟头没特朗普那么大，也鲜为公众所知，但是却也很惨痛。

在施乐公司接受完销售培训后，我和两个朋友（约翰和拉里）开办了一家生产尼龙钱包的公司。不幸的是，我们的创业竟然出奇地成功。既然成功了，我还称其为"不幸"，是因为这成功来得太容易了，而且当时的我们都是20多岁的单身汉。《跑者世界》《GQ》甚至《花花公子》等杂志都对我们的产品进行了专题报道。

有一天，约翰突然开着一辆奔驰跑车过来，我们问他为什么买这么好的新车。"因为我们是有钱人了啊。"他这样说道，"你们也应该买一辆自己梦想中的跑车啊。"于是，我们也跟风照做了。拉里买了一辆跟约翰一模一样的奔驰小跑，我买了一辆银色镶黑边的保时捷跑车。

后面的结局估计你也猜到了。我们更换约会对象的速度比我们开跑车的速度还要快，生意衰败的速度比前两者还要快。不到三年的时间，我们经历了"从穷人到富人，又从富人到赤贫者"的过山车式的飞跃。我们曾经风光过，但最终的亏损却让我们负债累累。（如果你想学习更多有关创业的经验和教训，我建议你读读我的另一本书《富爸爸成功创业的10堂必修课》。书中有大量关于创业的成功经验和惨痛教训。这本书不仅有趣,而且信息量极大。)就像我前面所说的,我以为我们的财商会随着收入的增加而提高,其实则不然,伴随着收入增加的只有我们的愚蠢。

这次创业的失败成为我经商史上众多关键性时刻之一。生意失败导致我亏损近百万美元,这让我如梦初醒。

在此之前,我并不是一个大力提倡教育的人,因为我认为教育的意义不大。上学那会,我对自己的要求是"及格就行",而且我很乐意成为 C 等生。所以我的穷爸爸经常对我说:"以后你就靠笑着给别人擦鞋谋生吧。"

尼龙钱包生意失败的时候我刚 30 岁出头,此时我意识到我在学习方面远远落后于其他人。看到同龄人所取得的成就遥遥领先,只因为他们认真学习,努力工作。所以那次生意失败让我意识到我需要重新做回学生,以前所未有的斗志拼命苦读。

之后的几年,在失败面前我没有选择逃避,而是重整旗鼓,打算东山再起。我想知道:哪些东西是我以前忽视的?哪些东西是我不曾发现的?人们常说"事后诸葛亮肯定能洞悉一切"。但对我来说,"事后诸葛亮"不仅让我洞悉事实,而且还让我深刻反省。我不得不重新面对我以前对自己说过的那些蠢话,以及我对自己和别人说过的那些谎话。经过几年的韬光养晦,我的尼龙钱包生意起死回生了,再次大获成功且让我获利颇丰。这是我在商界上的最好的一堂课,也是我有史以来所经历过的最大的谦卑。

1980 年,在我经历商场起起落落的过程中,我参加了一次由富勒博士主讲的讲座。从此,我的人生再次发生重大转折。1984 年,即便我的生意既成功又赚钱,我还是和妻子金辞去了工作并离开夏威夷。我开始当

> 尼龙钱包生意失败的时候我刚 30 岁出头,此时我意识到我在学习方面远远落后于其他人。看到同龄人所取得的成就遥遥领先,只因为他们认真学习,努力工作。所以那次生意失败让我意识到我需要重新做回学生,以前所未有的斗志拼命苦读。
>
> ——罗伯特·清崎

老师，要知道这是我以前一点也不尊敬且发誓绝不从事的职业。1984—1994年，我和金到世界各地讲授有关创业和投资的培训课程。1994年，我们把以前讲授的内容变为现实——实现财务自由，提前退休。那一年，金37岁，我47岁。

接着，我在亚利桑那州南部的山区隐居了两年。那里离名为"比斯比"的小镇很近，我把全部的时间都投入到研发《富爸爸现金流》游戏及撰写《富爸爸穷爸爸》这本书中。1996年，第一款商业"现金流游戏"诞生。1997年4月8日，在我50岁生日那天，《富爸爸穷爸爸》一书在一个小型派对上公开问世。2000年年中，奥普拉脱口秀电视节目的制片人打电话给我，我和奥普拉一同登场，其余的我就不多说了。

尼龙钱包生意的惨败成为我人生中的关键性时刻之一，如果没有那次失败，我可能永远也不会成为学生或老师。

特朗普的回答

做有识之士

我想在这里跟大家分享一条我在商业方面的成功经验。要知道这一经验是我花了30年才总结出来的。

就在我们在财务上展望未来以期获得更加稳固的经济基础时，《纽约时报》在其2006年6月那一期杂志上刊登了一篇名为《2016，明日世界》的文章，文中对十年后的纽约市进行了一番预测。这不禁让我想起几年前当我想在曼哈顿上西区哈德逊河沿岸兴建特朗普广场时引发的一场骚动。特朗普广场是一处包含16栋大楼和一座公园在内的复合型住宅区，而且整个工程的工期很短。现在，人们预测预计到2016年，贾维茨中心以南的西区会比明尼阿波里斯市更大，所以我当年想在曼哈顿商业区的一侧提供一些住宅，实为先见之明。

因此，无论是现在还是将来，我们都有必要做一位有识之士，尤其是在遭遇一些阻力的时候。我以上所举的例子就是实证之一。

我和清崎之所以在本书中进行了一些预测，是因为我们已经预见到这些事情即将发生。正如我前面所说，我们并不是在试图制造金融恐慌，只是想把大家引导到正确的方向上来。千万不要等到为时已晚时，才自责地问道："为什么我当初就没料到会发生这样的事呢？！"幸运的是，我们处于有利地位，因为我和清崎会根据自身的成功经历对将来可能将要发生的事情为你们提供一些暗示。

回到我刚才提到的曼哈顿西区的开发案例，我对当初的决定矢志不渝。事实上，我等了30年才对此进行最终的验证。只不过，我在好多年以前就知道这一工程项目对未来的纽约来说意义重大。因为我了解这座城市。事实证明，我是正确的。

看看《学徒》这一节目的制作人马克·伯内特，你会发现在他发现电视节目新方向之前的好多年，他一直吃闭门羹。人们总是搞不懂他到底想要做什么，但是他一直坚持自己的想法，因为他知道自己的想法是正确的。当电视台的高层最终明白他到底在追求什么之后，马克·伯内特终于创造了电视史上的新潮流，翻开了新的篇章。

有时候很难定义我们的愿景是什么。通常，我们需要对这一事物的发展史进行一番研究，并推测未来十年、二十年后它会朝什么方向发展。确实，进行这样的预判是有一定风险的，但是有先见之明的人总能进行科学的预测。另一个典型的例子是列奥纳多·达·芬奇。他的发明和想法超越时代数个世纪之久。他那富有远见的天赋历经几个世纪才得以慢慢清晰，并最终得到证实。梭罗说过："假如你已经建好了空中楼阁，那么也无需毁弃它们，它们本来就应该在那里。现在，开始在它们下面建造地基吧！"如果规划好愿景以后不采取任何行动，那么愿景只能是愿景，除非你集中精力行动起来，并切切实实地执行。要知道只有愿景付诸实现的时候，它才能为你带来好处。

对于清崎所能清晰地洞察到的一些事实，其他人却一头雾水，清崎为此感到沮丧。他说：最糟糕的是，人们似乎不愿意知道事实的真相。他们宁愿保持无知或者不曾察觉的状态,也不愿意知道真相到底是什么。我想:难道因为他们担心知道真相后无法应对?

我和清崎不这么想,否则我们也不会花这么多时间思考这些事情并把它们写入本书中。我们有充分的理由做这件事。请继续阅读本书。亨利·基辛格说过:"历史不知道在何处休息,也不知道安顿于何处。"

> 如果规划好愿景以后不采取任何行动,那么愿景只能是愿景,除非你集中精力行动起来,并切切实实地执行。要知道只有愿景付诸实现的时候,它才能为你带来好处。
> ——唐纳德·特朗普

特朗普带清崎参观位于洛杉矶的特朗普国家高尔夫球俱乐部

你的回答

你从自己或者他人的失败经商案例中学到哪些经验和教训?

_____
_____
_____

你从自己或他人成功的经商案例中学到哪些经验和教训?

_____
_____
_____

你是否拥有自己的生意?如果没有,你是否想开创属于自己的事业呢?你认为哪些是确保生意成功的必备因素?

_____
_____
_____

你认识的企业家身上有哪些让你崇拜的优点?

_____
_____
_____

第20章
想有钱是一种罪恶吗?

清崎的回答

在成长过程中,关于"上帝、教会及宗教"一直有两大疑惑困扰着我。

第一个困惑是:有些人死后能去天堂,而有些人则不能,即便他们信仰同一个上帝。我曾经问主日学校的老师这样一个问题:"我们的教会跟天主教会有什么区别?"那一年我才八岁,参加的是父母所属的基督教教会,所以我很好奇两大教会有什么区别。老师的回答竟然让我大吃一惊,她是这样回答我的问题的:"我们都信仰耶稣基督,但是天主教教徒死后不能去天堂。"

当我追问老师为什么会这样时,她只是简单地说道:"他们选错教会了而已。"

此后,我更加不安且好奇。我问班上信仰天主教的同学是否可以跟他一起去教堂。接下来的几个月,我一直都去天主教堂,并且发现那里的教徒都是好人,而且他们信仰的上帝跟我们家人信仰的一样。于是我不再去父母从属教会的主日学校,想去同学信仰的那些教会教堂一探究竟,当我征求父母的意见时,他们同意了。

接下来几年,我经常问周围同学都信仰什么宗教或者属于哪个教会,然后要求跟他们一起去做礼拜。我去过路德教派、卫理公会教派、福音派、佛教和神道教的教堂或寺庙。在我住的那个小镇上,没有人信奉犹太教或穆斯林。后来我才有机会去犹太教教堂和清真寺做礼拜。

至今仍让我困惑的是,好多人都认为他们自己信奉的是"正确"的教派,而其他人信奉的教派则是"错误"的。我坚信人们有宗教信仰的自由,所以每当我听到人们说只有信奉他们那个教派的教徒死后才能进天堂,或者说只有他们信奉的上帝是真神，我会更加疑惑不解。这也许就是人类因为信仰不同而导致诸多战争的原因。在我看来，"圣战"这一思想是矛盾的。

相信上帝

在越南的时候，我开始坚信"神力"不可小觑。好多次我都与死神擦肩而过，或者是亲眼目睹战友奇迹般地死里逃生。

在经商方面，我坚信只要我努力朝着至善的方向前进，在神的召唤下圆满完成某项使命，我将得到来自上帝赐予我的神力。一旦我撒谎或愚弄欺骗他人，我将失去来自美国原住民所谓的"伟大神灵"所赋予的"神力"。我还相信，我越是朝着最高的法律、伦理和道德标准努力工作，就会有越多来自"伟大神灵"的力量注入我的生意中。

黄金法则

我十分尊重这一"黄金法则"——像你希望别人如何对待你那样去对待别人。每当我生气、不安或者想训斥别人时，我不是用自己的坏脾气去报复他人，而是站在对方的角度考虑问题，我会问自己："如果你是对方，你希望别人如何对待你呢？"并不是我每次都知道我应该怎么做，只不过我会冷静下来换位思考一下。举例来说，我曾经和一位朋友发生了一些争执。我希望他先给我打电话道歉，其实本应该是我先给他打电话致歉的。但是我坚决不肯主动跟他联系，以至于没能化解我们之间的矛盾。

寻找属于自己的路

我个人十分喜欢佛教所信奉的"佛法"，意思即从"佛"为众生已经设定好的多条道路中根据自己的意愿自主选择属于自己的路。

当我决定遵照内心的想法选择从事教育事业时，我的人生就此发生了戏剧性的变化。我在《富爸爸成功创业的10堂必修课》这一有关"创业"主题的书中曾经提及：当我决定从事教育事业时，一切好运都降临到我的头上了。上天赐给我最好的礼物便是在我决定从事教育事业的那一刻，我的妻子金来到了我的身边。

我十分坚信上帝那至高无上的"神力"。我只是质疑不同宗教对上帝的某些信仰及谁握有打开天堂大门的钥匙。在我看来，我们最主要的任务是让我们在人间的生活更像天堂一些。

第二个困惑

我的第二个困惑是关于上帝和金钱的。我至今依然记得我一位朋友的母亲十分有钱，她常说"金钱是万恶之源"。我很纳闷：既然她认为金钱是万恶之源，那她为什么不把所有的钱都捐给她常去做礼拜的教堂呢？

我一直搞不懂"想变富"是否有悖于上帝。我也一直不明白为什么只有穷人死后才能进天堂，而富人却不能。这一有关"金钱"与"上帝"的困惑时常萦绕在我的心头。

在一次教会组织的夏令营中，我找到了答案。教会为了这次夏令营活动专门请了一位年轻的牧师。我至今仍记得他走入营地的那一幕。只见那位年轻的牧师背着吉他，上身穿白色T恤，下身穿蓝色牛仔裤，脚上蹬一双牛仔靴，这身打扮让所有的教会领袖倒吸一口气。我想提醒你的是，当时可是20世纪60年代的夏威夷，只有电影中的不良少年才穿成这样。自然，孩子们很快就喜欢上那位年轻的牧师了。

他不像其他牧师一样向我们布道或者直接告诉我们哪些可以做、哪些不可以做，而是带领我们唱歌跳舞。在他的陪伴下，我们学会了感觉自我良好，而不是被教导为内疚或有负罪感。教堂的牧师长无论是长相还是穿着都像极了枯萎的青豆，还经常提醒我们注意新的潜在的罪恶。因此，伴随着那位年轻、快乐牧师的到来，两个男人之间的紧张关系显而易见。在篝火晚会上，我把自己关于金钱与信仰的疑问提了出来。年长的牧师开始引经论典："爱财是万恶之源"，"因为钱，让有钱的人进入上帝的国比让骆驼穿过针眼还要困难"。听完这些话，我感觉我的灵魂是肮脏的，而且我对自己"想变成有钱人"这一想法感到内疚。

年轻牧师对"上帝和金钱"有着另一种看法。他并没有对"爱财"这一观点进行抨击，而是给我们讲述了来自《圣经·新约·马太福音》中一则家喻户晓的寓言故事。故事是这样的：一个富翁要出门远行，临行前把他的仆人们叫来，打算把他的家业交给他们打理，依照各人的才干分给他们银子。一个给了五千，一个给了两千，一个给了一千，然后富翁就出门了。

领五千的仆人，把钱拿去做买卖，另外赚了五千。领两千的仆人，也照样赚了两千。但那领一千的仆人，竟然掘开地，把主人给他的银子埋了起来。

当富翁远行回来，和仆人们算账。主人对那两位把银子翻倍的仆人说："干得不错，你们不愧是我善良且忠心的仆人。你们能在这微不足道的小事上有忠心，我很放心把许多事务交给你们管理。你们可以和我一起享受快乐。"

讲到这里，年轻的牧师说道："请注意下面这句话，'你们可以和我一起享受快乐'，你们觉得这句话是什么意思？"

几个孩子摸摸头，开动脑筋，试图回答年轻牧师的问题。最终，一个小女孩说道："富翁想要我们成为有钱人，他很乐意看到我们和他一样有钱，并同他一起享受富人世界的欢愉。"

年轻牧师笑了笑，并没有对小女孩的回答做出评价。相反，他这样说道："让我告诉大家那位把仅有的一千银子埋在地下的仆人是怎么说的吧。"说完，他放下吉他，掏出《圣经》，一字一句地宣读那位仆人的话："主人啊，我知道您是严厉的人，没有种庄稼的地方也要收割。我很害怕，于是就把您的一千银子埋藏在地里。请看，您的银子在这里。"

年轻牧师抬头看了看大家，确认我们是否在认真听他读故事，并且说道："这个仆人声称他的主人很严厉，所以他什么也没做。"

"你的意思是说他责怪自己的主人了？"刚才回答问题的小女孩问道。

年轻牧师又一次不置可否，微笑着继续读故事。

听到仆人的话以后，富翁这样回答道："你这又恶又懒的仆人。"

"主人竟然骂那个仆人'又恶又懒'？"坐在篝火旁的另一个小朋友问道。"原因是这个仆人没有让手中的财富增值？您是想告诉我们这个富翁之所以骂他的仆人又恶又懒，是因为仆人没有让手中的财富增值吗？"

年轻牧师仍然只是笑了笑，并继续读故事。

"你既然知道我在没有种庄稼的地方都要收割,就该把我的银子放给兑换银钱的人,等我回来的时候,就可以连本带利全部收回。"于是富翁夺过仆人手中的一千银两,给了那个有一万的仆人。

"富翁对那个让财富增值最多的人进行了奖励?"我问道。

年轻牧师说道:"这就是你领悟到的道理?"

"听起来像是对我说的话一样。"我说道,"这意味着我做得越多,我得到的奖励就越多?"

年轻牧师只是笑着漫不经心地弹着吉他。

"故事中的富翁就是上帝吗?"一个小女孩问道,"我们就是上帝的仆人了?"

"上帝给富人的奖励要比穷人的多?"其他人这样问道。

"如果说上帝是那位富翁的话,他会不会奖励富人、惩罚穷人呢?"坐在我旁边的孩子这样问道。

这时,年长的牧师一直摇头,不知道我们的讨论最终止于何处。年轻牧师依然淡定自若地弹着吉他,让我们的思想在脑海中飞速旋转,让我们从寓言故事中自己得出结论。最终,随着火花噼里啪啦作响,烟雾飞逝到夜晚的高空中,年轻牧师开口问道:"对于富人和穷人来说,这句话到底意味着什么呢?"

"是说没钱的穷人都很懒吗?"坐在篝火对面的一个小男孩问道,"还是说没钱的穷人都是有罪的?"

"不,绝对不是那个意思。"又有人说道,"这种想法太残忍了。因为这世界上有太多的穷人。"

"但是'你们可以和我一起享受快乐'这句话到底是什么意思呢?难道不是说有钱才能享受快乐吗?"

"不,肯定不对。"另一个露营者大声吼道,"我爸妈曾经说过富人其实并不快乐,他们说只有穷人和好人才能死后进入天堂。他们还说爱财是万恶之源。"

"好了,好了。"年轻牧师平息了正在激烈进行的争论,"让我读完故事

> 在我看来，我们最主要的任务是让我们在人间的生活更像天堂一些。
>
> ——罗伯特·清崎

吧。"只见他放下吉他，继续读故事："凡有的，还要加给他，叫他有余；凡没有的，连他所有的也要夺过来。"

篝火在大家的沉默中静静燃烧。大家谁也不说话，就连年长的牧师和年轻的牧师也都沉默不语。

"难道说富人越来越富，穷人越来越穷吗？"一个小女孩问道。

两位牧师都没有做出回答。

"书中这样说未必太不公平了吧，听起来很可怕。"另一个露营者说道。

"这么说懒惰的人是有罪的？"因为天黑，我看不清这位低声提问者的面孔。"这就是为什么他们仅有的一些东西也要被夺走的原因？"

这场辩论一直持续到篝火熄灭。用水浇灭火种，年轻的牧师说道："该回去睡觉了。你们可以从这则寓言故事中找到属于自己的答案。也许你们中的一些人会继续认为金钱并不重要，也许一些人会认为有钱人是有罪的，或者穷人才能得到进入天堂的门票。无论你的答案是什么，它都决定你的余生过上什么样的生活。"

虽然我至今也没能完全明白这则寓言故事蕴含的真正哲理，但是我明白为什么富翁会把从一个仆人手里拿走的一千银两给那个让财富增值的仆人。我还可以断定即便富翁一无所有，也能创造出巨额财富。换句话说，他很有创造力，而且他创意无限，因此金钱也是无限的。用无穷的创造力创造出丰富的财富才是富翁体验到的最大的乐趣。那些没能使自己手中财富增值的人日后将面临什么，以及为什么他们手中仅有的那么一点财富最终也会被夺走，这两点我至今还没有确切的答案。对此，我仍有疑虑。不管怎样，年轻牧师那天晚上说的最后一句话在我身上确实灵验了。我从他读的寓言故事中得出的答案确实对我的余生产生了重要影响。

上帝（God）和金子（Gold）的区别

富爸爸让我懂得了上帝和金子之间的区别是什么。他说："如果你想让自己像上帝一样能具备点石成金的法力，你必须知道上帝和金子两者之间存在哪些差别。"富爸爸进一步解释道："两者之间的差别在于字母'L'。'L'代表着失败者（loser）、掠夺者（looter）、糟糕的领导者（lousy leader）及撒谎者（liar）。如果你没有摆脱自身性格中所具有的以上缺点，你永远也不可能拥有点石成金的法术。"

特朗普的回答

我发现那些有某种坚定信仰的人似乎往往比较脚踏实地且干劲十足，他们拥有无坚不摧的信念及永不放弃的斗志。不论是犹太教教徒，还是基督教教徒，抑或是佛门弟子、穆斯林，无论人们信仰何种宗教，宗教信仰带给他们的毅力和信念是任何商业分析都无法解释的。

我的员工当中有一些虔诚的宗教信徒，他们需要在周五日落前做礼拜。因此，每到周五，他们需要提前下班。他们在工作方面十分认真，所以我尊重他们这些虔诚的信仰。当他们和我一起去外地出差时，如果恰逢周五，我会安排专机提前到达，以满足他们在信仰方面的需求。在宗教信仰方面，他们有优先权。我可以为此牺牲几个小时的时间，等待他们做完礼拜。我知道，他们是发自内心的虔诚，而不是为了提前几个小时下班或者多休息几个小时。

我是在一个基督教家庭长大的，从小被教导要尊重他人的信仰。我们都有一些有着不同宗教信仰的朋友，这些在信仰方面的差异让我们能更好地了解这个世界及在这个世界上生活的人。理解可以取代仇恨，这样，就会避免一些无谓的战争和冲突。

有时候人们经常邮寄《圣经》给我，可能他们认为我需要读一读这本书。

我知道我的某些做法违背了书中的一些教诲，因为我曾经说过这样的话："如果别人欺骗了你，你要以牙还牙。"而这跟《圣经》中所说的"如果别人打你的左脸，你要把右脸转过来给他打"相矛盾。可我那样做是因为我所处的商场有它的生存法则。

很多情况下，我都遵循我很喜欢的一句谚语行事，即"聪明如蛇，温柔如鸽"。它让我很好地控制情绪，并提高智商。

在研究《圣经》方面我不是专家，但是我知道很多人花几十年的时间研读它。

因为书中确实有大量的智慧、教训及历史知识值得我们去学习。我父亲是诺曼·文森特·皮尔博士的朋友，所以我认识他，并熟知他的著作《积极思考的力量》。虽然他已经永远地离开了我们，但是我还是愿意向大家推荐他的这本书。

信仰意味着相信有一股比自身更强大的力量存在。我相信这一点。正是这种信仰让我在任何情况下都能坚持下去。这种信念是领导者必须具备的品质之一，因为他们知道自己不可能无所不知、无所不在，他们尽力帮助周围的人，而且在做某种决定时有全局观念。

我收藏着一幅画有"银河系"的图画，我经常站在画前凝视画中的银河系，因为它可以让我明白跟浩瀚的宇宙相比，我的问题是何等渺小。这张画让我视野顿时开阔，压力也随即消失。但是我依然会对我的家庭、我的员工及我的公司负责。虽然我现在已经是名利双收，但是我知道这世间仍有一股比我更伟大的力量。信仰不仅让我们在前进的道路上自信满满，同时也让我们懂得保持谦卑。

你的回答

关于上帝和宗教信仰,你的观点是什么?
_____
_____

你的宗教信仰如何影响你的金钱观?
_____
_____

你认为我们生活的世界是物产极度丰富,还是极其贫乏?
_____
_____

第四部分
如果我是你，我会怎么做

当一个人说："我有 10000 美金，我该怎么打理这笔钱呢？"这可能是此人所做的最冒险的一件事。一旦你宣布不知道如何处置这笔钱时，立马会招致数百万确实知道该如何帮你打理这笔钱的人，他们会直接从你手中夺走这些钱。

多数人都想从理财顾问那里得到一剂灵验的理财妙方。这些希望别人告诉自己如何理财的人通常是那些对理财顾问言听计从的人。通常理财顾问给他们的理财方案无外乎是：储蓄，尽快还清贷款，做长线投资，并且使投资多元化。如果你向多数人请教该如何理财时，我相信绝大多数人会告诉你最明智的方法就是"节衣缩食、量入为出"。如果你觉得这建议不错，那就照做吧。

寻求灵验理财妙方的人往往是那些不愿看到投资失败的人。他们在投资时如履薄冰，不敢有任何差池，生怕出现失误。如果你属于这一类型的投资者，那你就去找那些能为你提供灵验理财妙方的人吧，把钱交给对方代为打理。

特朗普和清崎认为接受财商教育并在投资之前做好一定的准备很有必要，这世上没有"放之四海而皆准"的理财真理。他们宁愿不断扩大日常开销，也不愿意过着"节衣缩食、量入为出"的生活。

在本书的这一部分，特朗普和清崎将向特定人群给出一般性建议，即如何通过接受优质的财商教育和必要的准备，以便使自己在财务方面超越他人。

第21章

在校学生的致富之路

清崎的回答

如果你还在读高中,甚至更年轻,我建议你专心玩乐。如果你曾经见过小猫小狗是如何嬉戏玩耍的,你会发现它们会从嬉戏玩耍中学会很多成年后需要用到的技能。所以,你现在要做的就是尽情享乐,好好玩耍,并从中学习经验。

我很同情现在的孩子,父母为了让他们日后能考入哈佛,从幼儿园时期就开始各项准备工作了。在夏威夷,一些经济条件不错的父母会每月花1000美元让6个月大的孩子去那些设有大学预备课程的早教中心。那是他们的选择,我可不愿意做他们的孩子。

对我来说,我遇到的最大困难是我上学以后才知道家里很穷。更糟糕的是,我不敢直接告诉父母、大人或老师们我想成为有钱人。因为对我所在的家庭来说,想成为有钱人、爱钱都是亵渎神明的。我相信,今天很多家庭和人群也依然面临同样的心理压力。

如果你是在"想成为有钱人是不好的想法,甚至是一种罪恶"这样的家庭或社会环境中长大,请保持沉默。千万不要与家人或社会进行抗争,不值得。你可以在学校或者通过网络寻找志同道合的朋友,真实面对自己,不违背家庭的价值观。因为家庭永远是第一位的。

如果你的家庭支持你致富的想法,那就跟他们一起奔向致富之路吧。很多致富讲座中,都不乏孩子的身影。比如我和特朗普一起做的那几场讲座,经常会有一些小观众带着父母一起来听课。

那些家长们曾多次指着他们的孩子对我说:"他们读了你的书,坚持要我带他们来现场听讲座。要不是因为他们,我才不会来这里。"

请记住:金钱本身无所谓好坏。我们都知道有的人为了追逐金钱不择手段,有些人害怕爱财会让自己变成一个贪婪的人,确实有些人堕落了。但你只要记住:如果你决定成为富人,你可以选择成为富有且慷慨的好人,而不是成为有钱的蠢货。

我这辈子遇到的最大的幸事便是我周围的那些有钱的朋友都不是势利小人。他们对每个人都很好。每当大家一起打棒球或者踢足球的时候,我们分队的时候不会嫌贫爱富。我知道,现在的社会风气变了,很多小孩子开始拉帮结派,歧视那些出身贫寒或者不太"酷"的同伴。如果你想成为小富翁,我希望你善待并且尊重每一个小伙伴,千万别变成势力眼。

学校带给我们的两大挑战

学校教育带给我们两大挑战。

第一个挑战是它鼓励我们毕业后找工作。老师们早已为我们设定好毕业后的人生道路,按照E象限雇员的标准对我们进行教育。可我却想走进B象限当企业家。幸运的是,现在学校为那些日后想创业的学生开设了创业社团或相关课程。可在我读书的那个年代,类似的社团寥寥无几,而且教授相关课程的老师根本没有一点商业实战经验,纯粹是理论教学。

第二个挑战是学校惩罚那些犯错的学生。这种做法是不是有点愚蠢?要知道,我们是从犯错中不断进步和成长起来的。我是通过一次又一次的摔跤才学会骑自行车、滑滑板和冲浪的。如果我因为摔倒而被罚,估计我永远也学不会这些技能。当你犯错时,千万不要像很多成年人那样为自己的失误而撒谎或者不敢承认错误。你只需花点时间从这些失误和错误中不断地汲取经验教训,只有这样你才能比那些避免出错或不敢尝试的人学习得更快。

两大重要练习

练习1:当你年纪足够大而且父母也同意时,可以进行一项很精彩的实战演练,即为全家做一份为期一周的饮食预算,并由你亲自采购食材。假设你们全家人一周的饮食预算支出为 100 美元。请列出每天每餐具体的食谱及所需的食材,并进行采购,尽量确保采购费用不超出预算,最大程度地让家人对你制定的菜单感到满意。多次尝试,直到你在预算方案制订方面驾轻就熟,且家人对你的饮食安排十分满意为止。这是一种非常好的提高制订预算方案能力的生活演练。

我进行此项演练的时候是 15 岁,大家对我的预算方案怨声载道。虽然我的采购没超出预算,但那一周之后,只要大家一看到热狗和豆子,就会倒胃口。经过那次实习,我更能体谅母亲的辛劳了。

练习2:许多人之所以在财务困境中挣扎,是因为他们上学时只学习"如何为钱工作",几乎没学"如何让钱为他们工作"。

当你学会如何制订预算方案以后,可以试着学习如何用钱来赚钱。这项练习的难易程度因人而异,对极具创造力的人来说,非常简单,对缺乏创意的人来说,有点困难。你需要做的就是拿出 10 美元,然后看看你要用多久时间把它变成 20 美元。你可能会把它借给朋友,然后向其收取 1 美元/月的利息,这样,你需要 10 个月才能让最初的 10 美元翻倍为 20 美元。或者你可以拿这 10 美元购买一样物品,然后在网上进行出售。如果你眼光不错的话,一天内就可以让本金翻倍。这项练习所面临的挑战在于发现不同的赚钱方式,并用钱来赚钱。

大多数人财务吃紧,是因为他们不知道如何用钱来赚钱。他们只知道如何努力工作、等着发工资,然后再把辛苦赚来的钱花掉。如果你立志成为富人,你有必要知道那些不同的用钱赚钱的方式。

导师和学徒

特朗普和我都有自己的"富爸爸"做导师。这也许就是为什么特朗普要亲自打造一档高收视率真人秀节目《学徒》的原因所在。多年前,在政府资助的公立学校出现以前,年轻人是通过学徒的方式跟随师父来学习的。师徒制成为当时人们的主要学习方式。追溯到人类的穴居时代,那时的小孩子就是跟着大人们学习各种技艺。

如今，老师替代师父。虽然老师和师父在某些方面类似，但两者还是有区别的。区别之一便是：老师把某一学科知识系统地传授给你，而师父则是以身作则地做你日后想成为的榜样。

虽然我很爱身为老师的父亲，但是我不想长大后成为他那样的人。父亲教给我很多重要的东西，比如荣誉的重要性、对学习的热爱、诚实及对腐败政权的抗争，即使失去工作也在所不惜。现在，我也竭力把这些优秀品质融入到我的生活中，但我不想像他一样长大后去教育系统当老师，我不想在我退休后还要继续工作或期待政府照顾我的晚年生活。我想成为投资房地产领域的有钱企业家。这也是我为什么选择富爸爸来当我的导师的原因。

现在，我也是老师。不同的是，我是个拥有教育事业的企业家。如若当年没在富爸爸身边当学徒，我真不敢想象自己竟然能成为讲授不动产、黄金、白银及石油勘探等领域投资课程的教育培训行业的企业家。换句话说，我通过选择不同的导师并从他们（富爸爸和穷爸爸）身上获得了榜样的优势和力量。

谨记老师和导师的区别。如果你幸运地找到了自己喜欢的导师，并且他/她也愿意收你为徒，那么请对他/她为了向你传授知识和经验所付出的时间和智慧表示最崇高的敬意。

每个人生命中都会遇到很多人。有些人可能是你喜欢的，有些则希望此生不再相见，但是你可以从每一个遇到的人身上学习一些东西。

关于学校这个世界

虽然我不太喜欢读书，求学期间的学习成绩也不怎么样，更没有在日后的工作中应用到多少所学知识，但是我仍然建议年轻人完成学业，至少把大学四年的课程好好修完。

我之所以给出这样的建议，理由如下：

1.高中和大学时期是一个人最重要的成长期。我在这段求学期间自以为无所不知、无所不能，但是毕业后我才发现我的无知与无能。

2.大学文凭好比门票。它既代表了你完成了某一学业方面的进修，也意味着你花了4年时间专注于此门专业课。如果我没有取得本科学位，我可能永远也进不了海军飞行学院。担任直升机飞行员期间，我经常偷偷让乘务长们驾驶飞机，因为他们没有大学文凭这张"门票"，按照部队规定他们不能驾驶飞机。

3. 大学为你提供探索不同主题和爱好的机会。在军校期间，我惊讶地发现自己竟然对经济学非常着迷。如果没有上大学，我可能对全球经济趋势及经济学使用的高深专业术语不甚了解，可能只分得清GDP和GNP，或者M1、M2、M3这些用来反映货币供应量的重要指标。如此一来，这将对我的投资理财产生重大不利影响。

大学期间我该学点什么

每当有人问我"大学期间我该学点什么"，我通常推荐以下两个方面的课程：

1. 会计学；
2. 商法。

我推荐这两门课程，并不是希望所有人都成为会计或律师，而是它们能让学生们具备洞察商业或投资活动的能力。借助这两门课程的知识，你就像戴上X光眼镜一样，能具备透视商业或投资活动的功能，看见好多人无法看见的东西。

理财顾问之所以有能力说服你把钱交给他们打理，是因为他们知道你相信他们能看见一些你所看不见的东西。他们只不过想要你以为在投资领域他们比你更有优势，事实是，有些理财顾问的确有一定优势，但大多数人其实没有。大部分理财顾问不过是业务员（这也是他们为什么被称为"经纪人"的原因）而已。正如我前面所述，绝大多数理财顾问并不对他们推荐的投资标的进行投资。

在学校学习不同课程的好处之一便是学习这些学科及隶属于不同领域的专业术语。比如，我在飞行学院学到了有关飞行的一些学科知识和术语。到了商船学院又学到了一些船上生活常识和作为一名军官所需的领导力,以及他们所使用的专业术语,比如他们不是用"left"和"right"代表左右,而是用"starboard"和"port"分别代表"向右转舵"和"向左转舵"。

当你学习会计学科时,你将学会从会计的视角和术语解读数字和此领域的专业知识。看过《富爸爸穷爸爸》这本书的读者或许记得我的富爸爸对"资产"的定义跟穷爸爸不太一样。这就是为什么穷爸爸说他的房子是"资产",而富爸爸却说他的房子是"负债"。富爸爸了解资产的真正含义,穷爸爸却不懂,正因为对"资产"定义的不同,导致两个人截然不同的人生。直到现在,我还会时不时遇到一些财经记者或者销售人员跟我争论"资产"和"负债"的定义。

顺便我想解释一下为什么大多数人的房产是负债而非资产。因为在会计学上有三种基本报表。

1. 损益表,如下图所示:

损益表

收入
支出

2. 资产负债表,如下图所示:

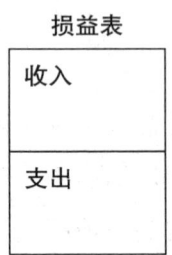

资产负债表

资产	负债

3. 现金流量表。很多人甚至包括一些会计师在内都不太注重现金流量表。如果你是投资者，你需要密切关注你的现金流量表。因为企业家或投资家知道：现金为王。《富爸爸现金流》游戏中的现金流量表如下所示：

我曾经参加过一档电视真人秀节目《20/20》，他们对我或我的著作其实并没有太大认同。栏目组请了一些他们青睐的财经作家。其中一位财经专家曾经推荐大家在千禧年到来之前购买高科技领域的共同基金，没想到到了2006年，他转身一变成了房地产专家。在《20/20》这一节目中，这位先前曾是共同基金方面的专家，现在摇身一变成为房地产专家，竟然建议一对资金短缺的夫妇购买他们梦想中的房子，因为他觉得房子是资产。"在房地产泡沫即将破裂、利率持续攀升、次贷危机日趋严重"这种情况下，他竟然告诉别人房子是资产。你能想象这将导致什么样的结局吗？根据这位专家的说法，他之所以说房子是资产，是因为如果租房的话，支付的房租就像把钱扔进排水管道冲走一样。作为专业投资人，我会推荐这对夫妇继续租房，直到房地产市场降温。

栏目组邀请的另一位财经专家说"百万富翁们大多开丰田车"。正如我在本书一开始提到的那样：现如今的百万富翁远比以前多得多，原因很简单，因为美元贬值导致房屋价值上扬。事实上，这些百万富翁只不过是名义上的百万富翁。

百万富翁选择开丰田车并没有错。可我不会选择过其他财经专家建议的那种"节衣缩食、量入为出"的生活。我想成为有钱人，因为我想过更好的生活，而不是多赚少花。如果你愿意成为那种多赚少花的百万富翁，请自便吧。选择权在你手里。

学习会计学和商法，并了解市场走势，你就不会被那些自己标榜为"理财专家"（或被媒体冠以"专家"封号）的伪专家所愚弄。

《20/20》这一节目的主持人是位经验丰富的记者，他声称我的书中没有给出具体明确的理财方案。我不会给人们提供类似"把你的钱交给我打理，并且进行多元化投资，这样我就可以赚取更多的佣金了"或"买房吧，这样你就不会白白浪费你的租金了"这样的建议，因为我宁愿教大家如何独立思考，从而找到适合自己的理财方案。你看到了，有时候租房确实比买房更划算，何种方案才是对自己最有利的方案，你需要具备这种思考能力。虽然我也同意拥有自己的房屋很重要，但是知道何时、何地及以多高的利率买房也同样重要。就像每一个精打细算的购物者都知道什么时候商场会搞特价促销一样，他们只有在促销减价的时候才选择下手。建议一对夫妇省下喝咖啡的钱在房价最高点买入房产，在我看来这是在用可怜且愚蠢的方法对待买房这件事。

人们只有在具备一定的理财能力后才能做出有利于自己的投资选择，戴上"理财透视镜"看待投资，总比被那些所谓的"理财专家"牵着鼻子走要好得多。即使你以后并不打算成为会计师或律师，最好也在大学期间选修一下会计学和商法方面的课程吧。

现金为王的世界

现金流之所以很重要，是因为它是企业家或者投资者最想控制的首要因素。正如前面提到的那样，我喜欢房地产及购买或自己开发房地产项目的原因在于这种投资的可控性很强。好多投资者认为投资有风险，那是因为他们投资于一些无法掌控的投资项目——储蓄、股票、债券和共同基金等。

当你看财务报表时，就会明白为什么对专业投资者和企业主来说控制现金流十分重要。

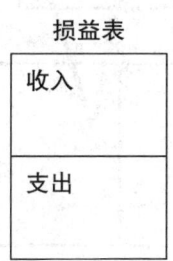

高财商的一个显著标志就是大量的现金流进收入栏，低财商的标志则是大量的现金从支出栏流出。

美国及美国人之所以会在财务方面深陷危机，是因为他们一直没能让更多的现金流入收入栏，同时无法控制从支出栏流出的现金量。此外，他们不仅不创造资产，反而不断背负更多的负债，使得现金不断从支出栏流出。有些人本已拥有大量卡债，然后又拿房屋净值贷款偿还信用卡债务，接着利用信用卡大规模举债……这就是现金流失控的最好例证。

富爸爸建议我花几年时间学习营销，敲开陌生人的门推销，是因为他想让我学习如何控制把来自收入栏的现金流入我的资产栏。许多人深陷财务困境，是因为他们不擅长推销或营销。或许你已经注意到特朗普可能是全世界最伟大的营销高手之一，以他的名字命名的品牌"TRUMP"就是金字招牌，能为他带来无限商机。

有意思的是，富爸爸曾经说过"支出栏"是所有栏中最重要的一项。他说:"许多人就是通过花钱把自己花穷了。如果你想成为有钱人,你需要知道如何通过花钱让自己更有钱。"下面的示意图将向你解释富爸爸这句话所蕴含的道理。

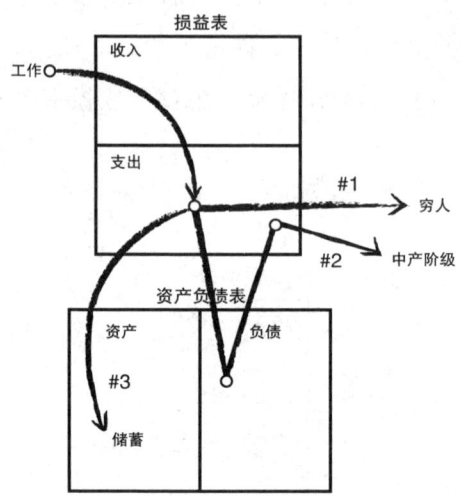

以上是支出栏常见的三种基本现金流模式。美国政府和美国人之所以无法摆脱财务危机,是因为他们沿用第1和第2这两种现金流模式。如果你想要成为有钱人,无论你赚多少钱并不重要,重要的是你要拥有第3种现金流模式。

前面提到过,《今日美国》做过一项调查,结果发现美国人最大的恐惧不是恐怖主义,而是担心退休后把钱花光,没钱养老。这或许就是为什么大多数理财顾问和大众在投资理财时候选择"储蓄、长线投资"这一策略的原因,一定程度上折射了这一人群所持有的储蓄者心态。第3种现金流模式便是这一心态的最好呈现。如果你想变成有钱人,而且又不想过那种"节衣缩食、量入为出"的生活方式,那么你就需要第4种现金流模式。下文示意图中箭头所指向的现金流模式正是我和特朗普所拥有的。

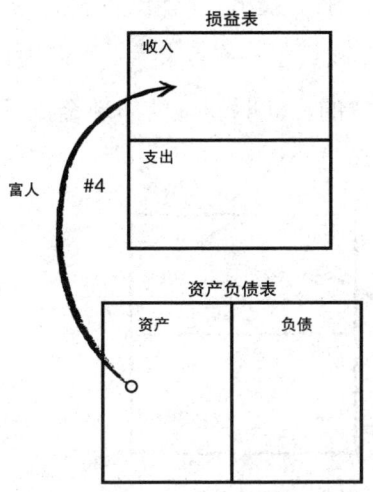

不管工作与否，我们都有源源不断的现金流从资产栏流入收入栏。我们越努力工作以便往资产栏注入更多的资产，就会有越多的现金流入我们的收入栏。特朗普和我都有现金流模式第4种状态下的大量现金流，我们无需工作，但是我们选择继续努力工作，以增加更多的资产，让自己更富有。

接下来，让我举一个我太太金的例子吧。1989年，金开始她的第一笔投资，用45000美元投资了一套位于俄勒冈州波特兰市的两室一厅的房子。她的现金流模式如下图所示：

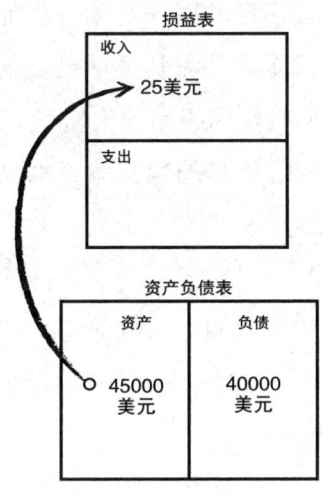

在看了上千次房源后,她从中筛选出 25 套比较满意的,2004 年她进行了这样一项投资:融资 800 万美元购买了一套商品房,并向银行借贷 100 万美元。所以她是百分之百通过债务融资的。此时,她的净现金流示意图如下所示:

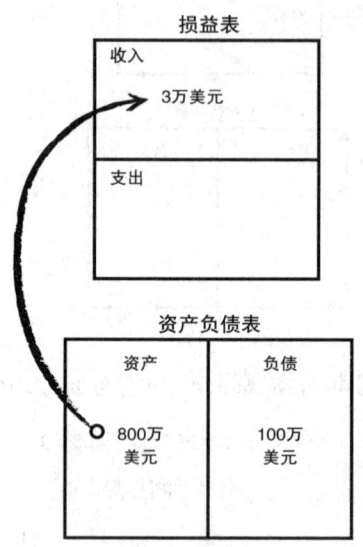

换句话说,她每月有 3 万美元的净现金流收入。而且,这笔钱属于被动收入(不需要工作就能赚取的收入),所以税费比每月赚 3 万美元工资的人所缴纳的个税要少很多。这是多么划算的一笔投资啊。这样的投资项目确实有,只不过不多见。但是一旦你拥有一定的财商基础,也能从投资中受益。只要运用基本的数学知识计算一下,就能预测到某项投资的获利有多大,肯定能击败理财顾问向你吹嘘的 10% 的投资回报率。

房地产投资商和企业家们追求更高的回报率,那是因为房地产行业和商业经营都是极具创意空间的投资项目,而创意和可控性则成为定期储蓄、股票、债券及共同基金此类投资的禁忌。

2005 年,金又找到另一个投资项目。这次她必须投入 100 万美元的自有资金,而且这次的投资项目每月也能带给她 3 万美元的净现金流收入。如今,她每年的被动收入高达 100 万美元。

这也是我为什么推荐在校大学生在校期间多选修一些会计学和商法方面

课程的原因。一旦大学毕业，这些知识就可以学以致用。只不过你要把书本上的理论转化为现实社会中的实践经验。你实践得越多，获取的经验也就越丰富。于是，你将慢慢发现投资风险越来越低，回报率越来越高。

金曾经写过一本书，书名为《富爸爸女人一定要有钱》。她写这本书真的是实至名归。十年的历练让她具备了丰富的投资经验，可以说她已经跻身于投资专家之列了。她这本书的副标题是这样的："因为我痛恨让别人告诉我应该怎么理财。"她的这一观点我可以作证，正是她对自由生活的向往促使她变成有钱人的。

银行会付我利息

可能有人会说："你看，我把钱存进银行，银行支付的利息就是我的回报。"

再强调一次，储蓄的问题在于美元贬值的速度远高于存款带来的利息。说到储蓄，你对自己的收入和利息几乎没有任何把控性。

从现在开始，那些退休后领取固定退休金的人，面对日益严重的通货膨胀，他们只能眼睁睁地看着自己手中的现金贬值或储蓄缩水。

我宁愿学会如何控制自己的收入及投资回报率，也不愿意把钱存进银行，我的确在银行有点存款以备不时之需，但是我绝不靠这笔钱过活。

我希望大家以投资人的心态取代储蓄者的心态。如果你照做了，我相信等你老了以后，你会睡得更踏实安稳些。

总结

如果你还在读大学，务必修一下会计学和商法方面的相关课程吧，等你毕业后，花时间把这些书本知识转化为实践经验，学会控制来自"收入与支出"、"资产与负债"中的现金流。理论上听起来很容易，实际操作起来却又是另一回事。关键要学会如何将理论转化为实践。

商法等同于游戏（比赛）中的游戏（比赛）规则。不论何种游戏（比赛），总会有一定的游戏（比赛）规则，有些大型游戏（比赛）还会有专门的裁判员。好多次我的生意出了一些意外状况，原因在于我没有注意到商业规则或我的顾问忽略了这些规则。因此，规则很重要，你越早懂得基本规则就越有机会赢得比赛。

如果你擅长制订预算且能很好地控制流入资产栏的现金流，你将在致富之路上获得更多机会。如果你既精于制订预算又了解控制和杠杆，你无需拥有收入颇丰的固定工作就可以变得很有钱。很多人拥有高薪工作但却没什么钱，那是因为他们不懂得如何制订预算或利用财务杠杆，而且对自己的资金缺乏控制权。

所以学学有关会计学和商法方面的课程吧。无需精通，只在这两个方面知道一点皮毛就能让你在雇用会计或律师时做出更好的选择。

特朗普的回答

这周接到来自乔治城大学一位教授的来信，他是我儿子艾瑞克的大学老师。上个月，艾瑞克从商学院毕业了，虽然我知道他在学习方面很用功且成绩优异，但我确实不知道他在学业方面到底有多勤奋。

教授在来信中提到艾瑞克是他这么多年教学生涯中遇到的唯一一个会提前一周交论文的学生。艾瑞克的敬业（学业）精神也成为其他教授津津乐道的话题，而且他在谈判和仲裁这些方面也获得了优秀奖。这位老师信中说艾瑞克"鹤立鸡群"，绝不是指他那一米九五的身高，而是其卓越的才能。当然，听到别人称赞他表现优异，我还是挺自豪的。

前面我曾经讲过，如果你想高人一等，那么你所做的事情就要超出自己或他人对你的预期。大学期间我经常利用业余时间读书，如果今天让我重回学校，我依然会这样做。学习什么不重要，重要的是多读、多学。每天尽可能多读书，多学习。

我认识一位主修文学专业的同学，他不仅把老师指定的阅读书目读完，而且会自己增加一些其他书单，甚至会找到《克里夫读书笔记》这类小册子来研读。我不禁问他:"既然已经完成了老师布置的阅读任务,为什么还要给自己加码?"因为我知道他读任何一本书的时候都是精读。他这样回答说:"只有这样,我才能把我心里的想法和书中其他人的观点进行对比,然后让两种观点在内心辩论和交锋。等两种观点激战完毕,我对这一方面的内容才能烂熟于心。"果然不出所料,他毕业后成为一位优秀且博学多才的律师。能有今天的成就,他为此提前做足了准备,工作量远远超出预期。

要提高对自己的要求,别只满足于"差不多就行了"。当今世界竞争日趋激烈且瞬息万变,如果你不想被淘汰出局,甚至想在竞争中赢得一席之地,就必须提升自己的耐力和毅力。

此外,面对日新月异的科技发展和进步,我们唯有奋力进取才能跟上时代的步伐。你必须知道周遭世界正在发生什么样的变化,面对这些挑战和变化,我们必须做大量的"家庭作业",随时为自己充电。

我们要做的第二项"家庭作业"便是了解全球时事。千万别忽略这一点。相信大家都听说过"全球化"这个名词,没错,现在全球一体化进程加速,你需要关心并了解国际事务,与世界接轨。

我们不得不面对这样一个现实:我们需要学习的东西很多很多。如果你现在仍是一位在校大学生,而且你想日后在世界舞台上登场亮相,现在就开始每天多花点精力,多用点功。千万不要坐等机会主动送上门来。

正如路易斯·巴斯德所言:"机遇偏爱有准备的人。"

第三项"家庭作业"是"千万别忽视你的生活技能的历练",这其中应包括接受正确的财商教育。无论你的兴趣点在不在这里,财商的高低都将直接影响到你生活质量的高低。别因为对财商教育的忽略而毁了你们的大好前程。让自己像建筑规划师一样,把建筑的各个细节都考虑在内(就像是生活的方方面面都要兼顾)。有些人每天浑浑噩噩地度日,抱有"船到桥头自然直"的侥幸心理。如果你这样做的话,无异于自掘坟墓。请务必牢记这一点。

我之所以成为著名的房地产开发商,是因为我做事有始有终。善始善终不是选择项,而是必须项。千万不要把财商教育视为可有可无的东西,除非你想在以后遇到重大难题。请务必每周检查一次自己的财务状况,并把它看

> 千万不要忽略财商教育这一重要的生活技能。
>
> ——唐纳德·特朗普

作是清洗脏衣服一样必要。

最后，花点时间用于自己的人生目标上吧。你应该试着为自己制订一个富有激情和抱负的远大目标。如果无法找到这一目标的话，你最好问自己这样一个问题：

如果我实现财务自由了，我会怎么做？

在读大学之前，我面临两个选择：毕业后是进军电影产业还是房地产产业？我对这两个行业都十分感兴趣，在进入沃顿商学院之前，我的确认真考虑过去南加州大学学习电影专业。由于对房地产的钟爱使得我最后选择去沃顿商学院，做出这一决定后，我则心无旁骛地学习房地产方面的知识。但是，我仍然对电影这一娱乐产业怀有极大兴趣。所以，当我日后不经意地涉足这一产业时，对此已经有了充分的准备。对自己的兴趣点时刻保持关注，说不定哪天它会带给你优厚的回报。

另一个能帮你找到目标的问题是：

如果我知道自己坚决不能失败，我会怎么做？

你的回答可能近乎疯狂，也可能十分明智，抑或是连自己都感觉惊讶不已。如果一百年前有人回答说"我想在月球上散散步"，人们一定认为这个人疯了。但是今天我们却觉得这不是痴人说梦，而是切实可行的。当你朝着自己的远大目标前进时，你会发现自己还是有一些真知灼见的。

理想变成现实是需要条件的。首先我们需要提高自己的财商，要知道它是我们必备的生活技能之一。学习如何与金钱打交道及如何让它为你工作。接下来，就着手努力实现梦想吧。

第22章
穷人的致富之路

清崎的回答

我父母这一代,也就是二战后的这一代,他们的成功法则十分简单,即好好上学,找份好工作,努力工作,退休后公司和政府会照顾你的晚年生活。这个法则能够有效,是因为当时的美国经济正在飞速发展,油价很便宜,而且美国是自由世界的领头羊。美元当时处于强势地位且战后许多国家向美国借贷。但时至今日,时局几乎完全逆转了。

第一个变化发生在1971年,那年,金钱规则改变了。正如前文所述,1971年美元从国际货币变为通用货币,这意味着美国政府印钞的速度远远大于你存钱的速度。第二个变化发生在1974年,因为石油危机的爆发,大公司开始告知员工无法照顾他们一辈子了。

1996年,众所周知的美国《电信改革法案》颁布。这一法律对日后金钱和就业规则造成重大影响,因为《电信改革法案》允许美国企业可以在中国、印度、爱尔兰及其他地方雇用低成本的劳动力。

当我还是孩子的时候,唯一受到国外竞争威胁的只有蓝领阶层,因为许多工作机会伴随工厂转移到海外。1996年《电信改革法案》颁布后,白领及大学本科文凭可胜任的工作机会也随之转移到海外。

许多呼叫中心离开美国,转移到印度等国家。因为《电信改革法案》允许环球电讯(早已破产)这样的大型电信公司在海外架设长达数千英里的光纤电缆。现在,从美国往亚洲或东欧打电话要比往美国其他城市打电话便宜得多。

位于B象限和I象限的人大多数从这一法案中受益,而位于E象限和S

象限的人则遭受不幸。许多人哭诉自己的工作机会转移到海外。尽管在此之前就已经有一些工作机会流失，但是法案的颁布加速了这一进程。今天，甚至连医生、律师、会计师的收入也受此法案影响。

2001年，又有一件大事发生——中国加入世贸组织。这对B象限和I象限的人来说又是一大利好消息，而对E象限和S象限的人来说，那意味着雪上加霜。

要求加薪

《电信改革法案》的颁布和中国加入世贸组织所产生的重大影响在于：美国人再提出加薪要求可能会饭碗不保。不管你是蓝领还是白领，跟你竞争同一工作机会的人可能是住在离你几千英里以外的外国人，更别提你是在通货膨胀加剧、天然气价格上涨及房价高到离谱之际提出这一要求。

也许你们当中会有一些人说："我的工作很稳定。我是学校老师，不管什么时候总得有人来教室上课吧。"没错，确实有很多类似的稳定工作，比如警察、接待员、消防员、酒店服务员、保洁工等。但是请想一想：蓝领和白领的工作机会正在逐渐减少，他们会变成当地跟你抢饭碗的竞争对手。

简单还是复杂

如果你是个手头不太宽裕的成年人，通常你将面临以下两种基本选择：

1. 量入为出（节流）；
2. 扩大收入（开源）。

换一种说法便是：

1. 简单（简单朴素）；
2. 复杂（奢华富足）。

我有一些朋友，他们选择了简朴的生活方式，他们缩减生活开支，降低生活水准。在亚利桑那州南部居住着这样一对夫妇，他们用风干砖坯建造房屋，这样就不用跟银行借贷买房。他们关闭电网，借助自己的太阳能设备发电。他们还有自己的水井，自己饲养牛羊，而且靠自己的武器装备做好安防。丈夫用退役后从军队领取的生活津贴每月进城采购一些生活必需品。他们过着简朴且快乐的生活。

许多婴儿潮一代则是选择迁移到生活成本更低的墨西哥或哥斯达黎加过着同样简朴的生活。

特朗普和我则选择过奢华富足的生活。这种生活可能有点复杂，因为我们全年无休地打理着位于世界各地的诸多生意。我们到处置业、旅居，并与家庭大本营保持密切联系。

金和我都对这种生活方式十分满意。我们的朋友和生意遍及全球，而且我们的生活方式能使我们维持这种被时空隔离的友谊和商务。

大部分人的生活水平和生活方式则介于以上两种生活方式之间。现在，只要自己愿意，谁都可以轻松地购买100英亩地，即便切断电网也可以与外界保持联系，过着全年无休的生活。

之所以选择何种生活方式很重要，是因为不论你做出何种选择，都需要在有钱有闲的基础上进行生活方式规划。我知道很多人都想切断电网去外面过一种远离尘嚣的桃源生活。但是他们既没钱购买那一百亩地，也没时间逍遥自在。

作为成年人，你应该知道自己想过什么样的生活。没有对错之分。我建议：为了避免日后留下遗憾，你最好从现在开始规划，尤其是当你希望拥有百亩庄园或在热带小岛上自由生活。开始寻找自己心中梦想的天堂生活吧，人生苦短，须及时行乐，毕竟钱不是最主要的。

特朗普和我并不是推荐大家也选择繁忙且快节奏的生活方式，只是我们喜欢这样。这是我们的选择，你应该有自己的选择。

如果你现在还不打算去海边度假或去乡村过田园生活，而是更倾向于忙碌且富足的生活，那么你需要让自己的生活变得复杂起来。这意味着你需要提高自己对周围世界经济变化的敏锐度。举例来说，每天早上醒来，我都要了解欧亚市场的表现如何，日元对美元的汇率是多少，当天油价涨跌几许，以及我在中国和南美投资的开采天然气、金银矿的公司效益如何……

同时还意味着你需要经常阅读商业书刊和杂志，比如《福布斯》《财富》《时代》《经济学家》，以便时刻掌握世界经济的脉搏。金和我经常参加投资理财研讨会，不仅为了结识新朋友，还为了让自己吸收新观念，发现新的投资趋势。忙碌和富足的生活意味着接触不同类型的人，并与他们谈生意。当你面对如此之多的商人及高杠杆投资项目时，你会遇到许多有趣的人物，其中也不乏骗子之流。

我们还经常跟媒体打交道。大部分时候媒体对我们利大于弊。但是根据10/90法则来看，还会有一小部分媒体人表面上答应刊登一篇公平报道我们的文章，却背后捅我们一刀：扭曲事实，以支撑某种立场或言论。富爸爸常说："言论自由不代表你必须说实话。"

简单来说，竞争的复杂性意味着你要以学生的心态来学习如何跟全世界的钱和人打交道，并且全年无休。24/7/52 即：一天24小时，一周7天，一年52周。我喜欢这种游戏。对我来说，它就像是每天都在举办"超级碗星期天"这样一个大Party一样。我不知道还有什么会比这种游戏更刺激的了，虽然有时候它会让人失望，但它还是值得你花钱买票。如果你愚钝不堪，这场游戏会将你赚的钱全都赔进去；如果你足够聪明，这场游戏会将为你打开宝藏之门，源源不断的金钱滚滚而来。

> 简单来说，竞争的复杂性意味着你要以学生的心态来学习如何跟全世界的钱和人打交道，并且全年无休。
>
> ——罗伯特·清崎

两种极端

以上两种生活方式可能有点极端化。这是一个自由的国度，你可以根据自己的意愿自由选择。我在读小学五年级的时候读了一些伟大探险家的故事，比如哥伦布、马可·波罗等，那时我自己就做出了选择。我梦想着追随他们的足迹周游世界，而且我已经实现这一梦想了。区别在于，我可以在游历世界的同时通过网络随时查看我的各种投资，而这比哥伦布解下缆绳停船靠岸的时间还要短。如今，全球经济一体化，全球市场也无眠无休地24小时运转，每天都有高达数百万美元的交易在进行。所以，每当我看到那些因求职、加薪或为了多赚点钱而四处奔波的人们时，不免觉得好笑。显然，他们和我生活在不同的世界。现在，即使人们居住在世界上最为偏僻的一角，也可以跟世界各地的人做生意。

自由国度赋予我们自由选择生活方式的权利。我宁愿与时俱进地跟上时代的步伐，也不会像其他人那样对全球化表示不满。我相信大家都听说了近来法国发生的暴乱事件。暴乱的原因在于人们要求工作有保障。参与暴乱的学生要求政府制定相关法规以避免企业的裁员行为。尽管我理解他们的忧虑和对工作保障的渴望，但是我担心这些年轻人没能真正融入到他们所生活的这个新世界。

当人们问我该怎么做时，我建议他们先去法国一游，然后飞到纽约和洛杉矶，接着飞去上海、香港、新加坡、印度，接着去迪拜、布拉格、伦敦及柏林，最后回家。也许这可能要花费25000美元甚至更多的费用，但是这将是你花的最有价值的一笔钱。

我在亚利桑那州的一个朋友经常去欧洲度假，他在接受我的建议以后，果然跑去这些国家和城市玩了一圈，回来后他惊讶地说道："哇，真让人大开眼界。我简直无法想象这个世界上的其他地方正在发生日新月异的变化。上海和香港的快节奏让我目不暇接，如果美国人知道亚洲人工作如此勤奋却只拿那么一点薪水，他们就会发觉自己是多么懒惰了。欧洲的有钱人太厉害了，他们的生意做得要比美国人更加国际化。但是欧洲的劳苦大众却生活在黑暗之中，他们不是积极进取，而是逆潮流而退。"所以，如果有可能，出去看看吧，看看这个飞速发展的金钱世界，体验一下全球化的节奏。

致力于赢得金钱这场奥运会比赛

我常常这样建议那些白手起家但又想致富的人：想象一下自己赢得奥运会金牌的情景。一旦你设定了赢得奥运金牌的目标，接下来的问题就是，你是要参加冬季奥运会还是夏季奥运会？然后，再问问自己，你想在哪个项目上夺金？是百米短跑，还是花样滑冰，抑或是铅球、射击？一旦你确定了参赛项目，接着就是学习此项比赛的规则，刻苦训练，找一个教练来指导，在小型赛事中积累比赛经验，最后为此奋斗终生。

如果你不愿意一生致力于赢得金钱奥运会这场比赛，那么我觉得你赢得比赛并成为富人的几率很渺茫。

回顾我的整个求学生涯，我曾经在英语、打字和会计这三个学科上挂过科。结果今天，我却是家喻户晓的畅销书作家，而且我大部分时间在打字，时不时也会发表一些财务方面的文章。虽然这三个学科曾经是我的软肋，但是我一直为此不懈努力。

如何迎头赶上

作为成年人，是时候坦诚面对自己了，扪心自问："我是领先世界潮流，还是落后于世界潮流？"如果是落后，而且你甘于落后，那么请开始简化你的生活。或许你需要按照大多数理财专家建议的那样"多赚少花"。

如果你想加入到全球化浪潮中并让自己的生活变得复杂（奢华富足），我建议你遵循以下基本步骤：

1. 拓展人脉：结识新老朋友，与志同道合的人为伍；
2. 多出去转转：借助旅行开阔视野，增长见识；
3. 推荐阅读书目：a 托马斯·弗里德曼的《世界是平的》，b 理查德·邓肯的《美元危机》，c 丹尼尔·平克的《全新思维》，d 斯蒂芬·李柏的《即将来临的经济崩溃》，e 唐纳德·特朗普的《我们该有的美国》。

如果你想尽快迎头赶上，请认真研读以上书目，它们会让你以不同于政客和理财规划师的独特视角快速了解当今世界。最好以小组讨论的方式一起研读这些书，这样能让你站在更高的高度看待当今世界存在的诸多问题。你会看到美好的新世界正在向你招手，伴随而来的是大量的致富机会，这些机会将助你超越最疯狂的梦想。

别再过多数人鸵鸟般的生活了，你应该像雄鹰一样翱翔天际，尽情享受只有 10% 的富人才有的富足生活。

遇到志同道合的人

我们对于在富爸爸公司中由个人发起的现金流俱乐部而感到兴奋。现金流俱乐部是一群人聚在一起玩现金流游戏并花费一定的时间用于提高个人财商的地方。这些俱乐部大多独立于富爸爸公司之外，是由游戏玩家自发成立的。

俱乐部有两种形式：商业型俱乐部和教育型俱乐部。

1. 多数商业型俱乐部成立的初衷是在向玩家介绍游戏的同时宣传推广自身售卖的产品，比如房地产公司用此游戏作为教育工具的同时，还向玩家介绍本公司的服务。

在此需要做出重要提醒：此类俱乐部不隶属于富爸爸公司，是完全独立的个人组织。我们对这类俱乐部的唯一要求是：在邀请玩家玩游戏之前，务必向俱乐部新成员提前告知其背后的商业诉求。

在富爸爸公司，我们发现大多数人都会借助玩游戏出售一些东西，所以我们只要求在兜售产品或服务的同时最大限度地尊重客户的个人意愿，保质保量地达成交易。

2. 教育型俱乐部主要是向家人或朋友教授富爸爸教给我的那些商业或投资原则。

你可能还记得本书一开始提到的"学习金字塔"原理。想让自己学习并且长久不忘的最佳方式是小组学习、玩游戏或模拟训练。这也正是这类俱乐部所遵循的宗旨。这既是一种共同学习的方式，也是结识新朋友的绝佳机会。

我们强烈建议你在把钱投资于市场的时候，先投资点时间用于学习投资知识。希望你在把钱交给卖鱼人之前，先自己学会钓鱼。这就是为什么会在家庭、学校、公司、教堂甚至午饭时间都有俱乐部成立的原因。

总结

如果已经决定生活在这个日趋复杂的全球化世界，我强烈建议你学习以下内容：

1. 基本面投资。这是读懂数字的一种能力。如果你打算对企业、不动产或股票进行投资，一定要具备读懂数字背后含义的能力。这是金融素养的重要组成部分。

2. 技术面投资。面对瞬息万变的当今世界，技术面投资成为进入投资界的必备技能。它需要你了解如何在市场的震荡起伏中进行投资。无论市场走势如何，这一技能都将帮投资者赚取利润。

技术面投资技能在教会投资者进行有保障的投资时显得尤为重要。正如我多次强调的那样，专业投资者的投资项目通常是风险极低的，而业余投资者则面临极高的投资风险。我对共同基金的一大顾虑便是：这种投资除了不能通过融资的方式进行，还无法通过购买保险来对抗市场的暴跌。这种投资的风险太大了。

希望你能加入现金流俱乐部。在那里，你可以遇到一些志同道合的朋友，并跟他们同场竞技。

更重要的是，你只需要投资一点时间，而并不危及你手中的资金。一旦觉得自己已经学会基本面和技术面的基本原理，你就可以拿一小部分资金进行实际投资了。只要你勤加练习，很快就能以周游世界的方式来玩最刺激的金钱游戏了。

特朗普的回答

我建议你深刻审视一下自己的生活方式,看看自己属于哪种类型的人:是喜欢简朴的生活,还是喜欢复杂富足的生活?

对我来说,钱就像健康一样重要。健康对所有人来说都很重要。即便你有很多钱,但是身体不太好的话,也不会多开心。金钱不是万能的。我这么说,是想让你好好想想自己到底拥有哪些优势,这些优势可以帮你达成何种心愿。

就算我一无所有,只要我有一副好身板,我相信只要我埋头苦干、坚持不懈,一定能东山再起的。我们可以通过时刻关注全球时事及阅读财经书刊提高自己的财商。要知道,凡事都需要我们付出一定的时间、精力和脑力的。

我会确保每一项投资都根据现实的实际情况充分论证过。毕竟年纪越大,赌注越高,一旦犯错,很少有回旋的余地。好在我们也积累了更多的生活阅历和经验。

一天,我跟我的财务总监艾伦·魏森贝格一起聊天,他谈到自己大学刚毕业后初当老师那会的事儿。每次上课前,他总是先向学生讲解他们知道的知识点,然后再过渡到新知识点。他对高中生们的理财能力及生活能力很是担忧。为了让学生们领会他的意图,他问学生们是否喜欢外出购物。所有人都说"喜欢"。接着他问学生们:"如果一条牛仔裤八五折出售,应少付多少钱?"学生们说收银员会为他们计算出这个金额的。

接着他继续问道:"如果收银员算错了呢?你们能告诉收银员正确的金额是多少吗?如果连你们自己也计算不出来的话,你们怎么知道自己有没有吃亏?"结果,这群孩子们因为都不喜欢被店家多收钱,立刻尝试着自己计算出这一折扣金额。他告诉学生们这就是未雨绸缪的例子,至少大家应该对周围发生的事物有所警觉。

这一经验教训对成年人也同样适用。我们需要亲自花时间和精力搞懂一些事情,否则就必须假手于人,由别人任意摆布,要知道他们可能会在有意或无意间把自身的利益放在前面,从而导致我们的利益未能达到最大化。

检视你的技能、兴趣、定位及倾向，用心改变现状。对自己不太认同的观点保持一定的包容心，机会可能会以各种方式降临，尤其是在遭遇重大挫折以后。否极泰来的好事不可能经常遇到，但不排除发生的可能性。

不论做什么，不能轻言放弃。总结并发挥自身优势。每个人都是独一无二的个体，请相信"天生我材必有用"。

正如我前面所说的，不要为任何事情找借口。尤其是事关你的未来和爱人的未来时，更不能有任何借口。

第23章
退休老年人的致富之路

清崎的回答

1946—1964年之间出生的战后婴儿潮一代，很大程度上来讲意味着是幸运的一代。因为他们出生的时候正好赶上美国崛起为世界军事和经济强国。但是，现在他们不得不面对美国日渐衰落的现实，虽然军事上还说得过去，至少经济上已经开始走下坡路了。

婴儿潮一代算是承上启下的一代：抓住工业时代的小尾巴，迎接信息时代的第一代。正是这种过渡性，使得"有钱"、"没钱"成为他们这一代人的分水岭。

对于遵守工业时代生存法则和价值观的婴儿潮一代来说，年龄的增长或许不是什么好事。他们刚一毕业，就投入到工业时代潮流中的汽车或航空行业。在他们为企业献出一切而准备退休之际，却突然遭遇重大的财务挑战。

他们中那些顺应了信息时代规则和价值观的一批人，将有较多的发展机会，从而优雅地面对年华的老去，并享受富足无忧的老年生活。虽然大多数置身于工业制造企业中的婴儿潮一代人正在过苦日子，但是那些进入微软或苹果公司的同龄人则发迹了。

随着年龄的增长，以财富作为分水岭的两大阵营的对比将日趋明显。未来几年他们的境遇如何，主要取决于自身所遵循的金钱规则和价值观：工业时代的规则，还是信息时代的规则？

就在第一波婴儿潮一代大学毕业之际，世界开始发生骤变。首先是越战，这场代价极高的战争在美国人民中间造成了分裂，反战游行席卷全国。接着是1971年废除金本位制，美元与黄金脱钩。接下来是1973年的第一次石油危机。接着是1974年颁布实施的《雇员退休收入保障法案》。

1971年,许多第一波的婴儿潮一代刚刚大学毕业,当时的金价是35美元/盎司。今天,每盎司黄金的价格飙升到700美元。这一对比充分说明了美元购买力的下降。

1971年,许多婴儿潮一代开始结婚并且买房。我父亲在1968年花5万美元买的房,现在这个房子升值到200万美元。房屋升值对婴儿潮一代来说是好事,但是这也使得他们的子孙后代无力购置属于自己的房屋。一些婴儿潮一代不得不把儿孙赶出家门,希望他们不再啃老。

由于1974年《雇员退休收入保障法案》的颁布,好多婴儿潮一代无法领取退休金。他们没有父母那一代人所享受的DB退休金计划,就算能享受这一计划所带来的福利,最后也会有问题,因为政府已经无力承担和兑现。由于他们在学校没有接受任何理财训练和学习,导致他们傻傻地分不清DB计划、DC计划及自己的储蓄计划三者之间有何区别。数百万的人只是把自己的钱交给所谓的"理财专家"代为打理,以至于后来连这笔理财最后怎么样了也无从知晓。2000年,股市大跌,许多婴儿潮一代恍如大梦初醒,意识到自己的退休金远没有想象中那么安全、保险。许多人发现所谓的"理财专家"甚至在理财方面比他们自己还差劲。

2006年,在买下高油耗的SUV车以后,这些婴儿潮一代再次遭遇石油危机所带来的冲击。这次危机可是真实发生的,而不是政治性石油危机。1973年,每桶原油价格为3美元,现在升至每桶100美元,未来或许更高。

石油价格上涨意味着那些靠固定收入为生的人会发现自己的这笔固定收入变得不经花了。如果汽油价格继续攀升至10美元/加仑,他们积攒的退休养老金都将打水漂。

现在我们已经知道美国的社保和医保都出现了问题。我希望你们谁也不要在看完这本书后还指望政府能照料你的晚年生活。

数据显示:80%的婴儿潮一代无法有一个安枕无忧的晚年生活。许多人之所以陷入这样的困境,在于他们遵循了父辈的理财计划。

你能一直工作下去吗

我的一些婴儿潮一代的朋友说他们会选择退休后继续工作。虽说工作是保持活力的一种绝佳方式，但是自认为自己可以一直工作下去未免有点目光短浅。如果哪天你突然不能继续工作了，你该怎么办？家庭护理费用高得惊人，如果你孩子的房子较小，无法与你同住的话，你又该怎么办？

健康、财富和快乐

上军校的时候，我发现父亲俨然是一位成功人士。毕竟，他是夏威夷州教育部门的一把手，而且他的工作能力受到一致好评，同事们也对他高度尊敬。但是我觉得他并不快乐，他没有一副健康的身板，更谈不上有一笔巨款。

父亲的身体每况愈下，因为他每天吸两到三包不带过滤嘴的廉价香烟。最终，父亲死于肺癌。

他一生都没留下什么财产。虽然赚的不少，但却赚多少花多少。他努力攒钱但不做任何投资。竞选失败后，他是靠着微薄的退休金及基本的社保和医保来养老的。

他也没快乐可言。事业越成功，带给他的工作压力就越大。他几乎很少在家休息。虽然我大部分时间都在进行各种体育活动，但是他从来没有观看过我参加的任何一场比赛。他总是到处奔波，去多所学校参加家长会，却没时间参加自己孩子的家长会。

健康和财富都是用时间来衡量的

虽然健康和财富可以衡量，但快乐却无法量化。去医院看病的时候，医生会为我们抽血化验、量血压，现在可能会做核磁共振。从这个意义上来说，健康状况是可以进行评估的。财富也同样可以评估。如果你向银行申请贷款，银行会让你填写一份信用贷款申请表或提交你的财产证明，然后才决定是否放贷。

健康和财富还可以用时间来衡量。举例来说，如果某人生病了，医生会对他说："你还能再活 6 个月。"这意味着这个人肯定在健康方面出问题了。如果人类的平均寿命为75岁的话，如果某人现在已经60岁了，说明他剩下的时间不多了。

《福布斯》杂志曾经以"年收入达100万美元"这样的标准界定"富翁"。所以，"富翁"是用钱来衡量的。财富也可以用时间来衡量。举例来说，如果你有1万美元的存款，而每月的支出只有1000美元，这意味着你有10个月的财富。

穷人的定义

当我收看全美收视率极高的CNBC财经频道时，评论员说他曾遇到某著名金融机构发给其各个办公室的一份通知。虽然他在节目中提到这家金融机构的名称，但是我不想在此提及，因为我没有亲眼看到那份通知。不管如何，那位评论员说"这家金融机构在通知中把投资额低于10万美元的人称为穷人"。

想象一下，按照这家金融机构文件中的划分标准，大多数美国人都属于穷人。

当我向曾经在这家金融机构工作过的一位朋友核实此事时，他不仅证实了评论员言论的正确性，还告诉我："这家机构不仅用这一标准划分贫富，还以此为标准招聘员工。"他这样解释道：这家机构不关心你是否有大学文凭或工作经验如何，在聘用之前，会让你列出你认识的可以拿出10万美元进行投资的人的名单。如果你列出了长长的一份名单，那么你就可以入职了。否则，不被录用。

健康、财富和快乐，哪一个更重要

我在前面提及健康和财富及时间的关系，是因为许多人拥有的健康多于其拥有的财富，可他们却过得并不快乐。如果你有幸同时拥有健康和财富，你不仅会长寿，而且会比那些两者都不具备的人活得更久更快乐。随着科技的进步与发展，虽然我们现在无法预测未来医学对人类健康产生的影响有多大，但是，前提一定是你要有足够的财力支付这些医疗费用。

你的答案是什么

在我看来，三者（健康、财富、快乐）之中，健康是最重要的。如果人死了，财富和快乐也随之消失。问题是，许多人会牺牲其中一个去换取另一个。举例来说，许多人以健康为代价去获取财富，或者牺牲快乐来换取财富。我们周围不乏一些拼命工作的有钱人，他们却为此透支生命和健康。或者像我父亲一样为了金钱和职务拼命工作，最终失去了健康、财富和快乐。

> 如果你现在做的事情不是自己喜欢的，那么从现在开始做自己喜欢做的事情，即便只能兼职。
> ——罗伯特·清崎

健康、财富和快乐都很重要，尤其是对于那些没钱且即将迎来晚年生活的婴儿潮一代来说更是如此。

所以，我提出以下几点建议：

1. 如果你现在做的事情不是自己喜欢的，那么从现在开始做自己喜欢做的事情，即便只能兼职。举例来说，我有一位做公务员的朋友，十分讨厌这份公职，他热衷于打高尔夫球。每到周六，他都去当地的高尔夫球场当志愿者，还在里面的高尔夫球专卖店上班。他离退休还有几年，但是他在高尔夫球场结识了好多朋友，一旦退休，他就可以全职打球了。

2. 开始投资于自己喜爱的事情上。请注意"爱"这个字眼。我相信你肯定听过"我们应该做自己喜欢的工作"这样的言论。投资也是同样的道理。好多人竟然投资于自己一无所知的东西上面。也就是说，他们投资的方向既不是自己喜欢的，更不是自己感兴趣的。

我只投资自己喜欢的事物。我喜欢房地产。所以我的太太金这样评价我："没有哪一栋楼或者哪一块泥土是你不喜欢的。"我还非常喜欢石油行业，因为我在读军校的时候曾经在这个行业工作过。我还喜欢黄金和白银。如果你读过我的《富爸爸穷爸爸》，就知道我曾经在9岁的时候尝试用铅制造银币。

如果你对自己所投资的领域十分热爱,那么你才有可能深入研究它,了解这一领域的利弊及细枝末节,你对投资标的越发了解,就越能选到赚钱的投资项目。

3. 找一位教练。2005 年,我看着金和我在夏威夷拍摄的一张合影,不由得一惊:我怎么会那么胖?看起来就像是个被吹涨的气球。虽然我知道自己是个"重量级人物",但是我总自欺欺人地说"跟别人比起来,我不算太胖,我分分钟就能通过节食和锻炼减肥成功"。我就这样欺骗了自己整整 25 年。

那张肥胖的合影让我震惊,并开始付诸行动减肥。我并不是因为怕死才下定决心减肥的,而是因为我害怕不能陪金在人生之路上多走一程。那不是恐惧,而是出于爱。我还有很多事要做。

我知道自己无法依靠个人毅力来完成减肥目标。毕竟我已经骗了自己 25 年。我需要找一个教练或导师,在他的监督和指导下来完成我自己无法自律完成的任务。

一年后,我瘦了 50 磅。不仅体重下去了,我的体脂率也从 36% 降到 20%。为了达到这一减肥目标,我必须重塑自己。

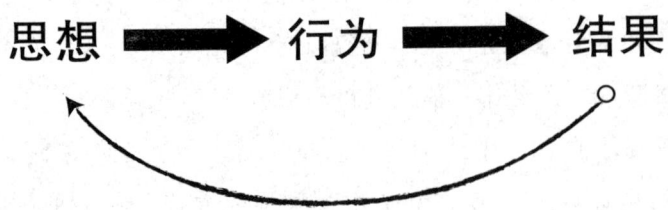

首先我需要改变我的思维模式,重塑我对健康的认知。

今天,每当人们问我如何减肥成功的(如何饮食和锻炼),我会试着这样解释:"与其说我是如何具体行动的,不如说我是如何改变思维模式才减肥成功的。"

现在我比以前吃的还要多。每当看到朋友们为我吃这么多而倒吸一口气时，我都想笑。

如果你是没多少积蓄的婴儿潮一代且余下的时间也不太多了，那么，是时候改变你的生活了。如果可以的话，找一位教练来帮你做出改变，他们所具备的专业知识会帮你重塑人生中至关重要的部分。

爱才是关键

爱才是拥有健康、财富、快乐人生的关键。如果你多数时间很开心，那么身体通常来说会很健康，进而积累的财富也不会太少。可怎样才能快乐呢？做自己喜欢做的事情才会快乐。

很多人任由恐惧主宰自己的人生，而不是让爱来主导自己的人生。对自己做出承诺吧：让爱决定接下来你要做的事情吧。如果你接下来的思考和行动都是根植于爱的基础上，那么你拥有健康、财富和快乐的可能性就会越大。

> 很多人任由恐惧主宰自己的人生，而不是让爱来主导自己的人生。举例来说，许多人之所以工作，不是出于喜欢，而是害怕失业和赚不到养家糊口的工资。许多人出于同样的恐惧而进行投资。许多人生活得不开心，因为他们缺少爱。
>
> ——罗伯特·清崎

爱并不会让事情变轻松

有些人认为做自己喜欢的事或投资于自己喜欢的领域或者在爱的滋润下会变得更健康，总之，事情会因爱而变得容易。错了，爱一个人或爱一件事并不容易，甚至有时候会让我们痛苦。许多人放弃自己的最爱（无论是喜欢的工作、还是爱的某个人或者喜欢的某个地方），就是因为这份爱让人太痛苦了。相信大多数人都听过这句话："我不会再爱了。"

爱或许不能让你过上好日子，但它能赋予生活更大的意义。

爱是崇高的精神食粮，尽管有时候让人痛苦。每当我在健身房难以忍受时，只要我一想到我的小甜心——金，我就会找到继续健身下去的动力。一想到两个小时的痛苦健身会让我和我最爱的人能更快乐、更长久地生活在一起，我便咬牙坚持下来。工作和投资也是一样的道理。如果不是出于热爱，我可能无法忍受工作和投资中遇到的各种艰难困苦。那些认为爱很简单的人，显然没有真正爱过。

最后对婴儿潮一代说的一句话

对大多数婴儿潮一代来说，能活在当今这个时代让人很兴奋，而且后面还有更兴奋的时代等着我们呢。祝愿你能享受更多的健康、财富和快乐。

特朗普的回答

当今社会，我对 60 岁以上老人的晚年生活表示担忧，除非他们有足够的经济实力来安度余下的 35 年，当然还要把通货膨胀、物价上涨及昂贵的医疗费用计算在内。

并非所有的婴儿潮一代都是浑浑噩噩的，他们当中不乏成绩斐然之辈，正如清崎所说，如果他们这一代人没能在中年时期搭上信息时代的末班车，那么他们的余生状况堪忧。我没有开玩笑，而是想和大家认真探讨未来。你可能会说"一直以来我们都是这么做的"，确实如此，但是跟旧时代相比，我们生活的这个新时代已经发生了翻天覆地的变化。

正如清崎所建议的那样，我不得不说的是：对于婴儿潮一代来说，眼下最重要的是重新奋斗。重新开始确实很难，但只要你把它当作一种挑战，并且有能力迎接挑战，那么你已经成功了一半。

有时候，我们有必要做最坏的打算、把未来有可能发生的状况都提前预想一下。一旦我们遭遇突发状况，则不会惊慌失措。前面所做的未雨绸缪的工作会在这个时候发挥作用。这不禁让我想起我的"雷达信号预警灾难"理论，换句话说，提前做好准备，防患于未然。

可以肯定的是，你已经活了60年，这本身就是一种成就。此时的你兼具智慧和经验，这就是你最大的优势所在。现在你需要采取的最佳策略应该是：跟20岁或25岁那时候的我相比，我现在该以另一种什么样的角度来看待未来？

现在是你发挥创意的时候了。我们都知道"阳光总在风雨后"，同样，机会也通常隐藏在失意或挫折背后。如果你能正视现实，专注寻找机会，你将有可能把挑战转变为机遇，到那时，你目前的困境将变成美好的未来。这是有可能发生的。我还是要强调一下：专注于眼下你所面对的局面，积极寻找正面优势，这是你胜出的唯一机会。

我认识的一对夫妇，因为各种原因，他们在60来岁的时候生意失败。这是他们毕生的心血，也是他们未来退休的资本。无需多言，你也知道他们对自身的处境十分担忧，决定去滑雪度假中心散散心。他们曾经在那里度过好多次愉快的假期，无论是淡季还是旺季。他们一直希望退休后能去那里定居。这次他们还是入住于度假中心的同一家旅馆，并商量如何走出当前的困境。这时，旅店老板因家里突发状况不得不离开小镇一段时间。旅店老板问这对夫妇是否愿意帮他照看生意，作为报答，免去二人的住宿费。这对夫妇同意了。长话短说，接下来，他们被聘为负责经营旅店的全职经理人，并最终买下这家旅馆。他们终于在自己希望退休后的旅居地再次经营着自己喜爱的新事业。这比他们当初计划得还圆满，二人最终获得了财务自由，并过上了心灵富足的生活。

以上只是众多机会隐藏在失意之中的一个案例。这样的案例还有很多，你完全可能成为其中之一。值得注意的是，这对夫妇生意失败后跑去自己曾经度过美好时光且已经深爱的地方。在人生失意的时候跑去这么一个充满美好回忆的地方真是一个明智之举，只有在那里，你才能以满满的正能量让自己继续走下去。如果你也有这么一个能让自己忘记烦恼、满血复活的美好胜地，请铭记于心吧。每当你想起它，总会有让自己开心起来的理由，而且它与你的未来息息相关。

除此之外，不妨问问自己为什么喜欢那样一个地方？有时候理由很简单：那里很美，或者那里是度假天堂，抑或是那里充满浪漫情调，或者其他。如果你不断地深挖,有可能会触及一些能帮你打开事业之门的好创意。

我认为退休未必是好事,我父亲常说"退休意味着失效"。因为他曾经从工作中获取巨大能量。许多案例显示:保持活力并持久充电似乎有延长寿命的功效。也许你眼中所谓的"挫折"对拥有更长寿、更快乐的人生是有益的。

清崎和我都坚信我们必须爱我们从事的工作或事业,只有这样,才可能在此领域取得非凡成就。清崎还建议投资于自己喜欢的领域,这也正是那对接手经营度假中心小旅馆夫妇所做的。他们明智地选择去自己喜欢的地方给自己鼓气,结果如愿以偿。这就是知行合一的例子。

如果今天的你是个没多少钱的婴儿潮一代,请感激你已经走过的那段人生之路,并且意识到前面还有更刺激的生活等待着你。别低估自己或低估未来可能面对的严峻现实。不管你是6岁还是60岁,前面仍有大量的机遇等待着你。除非你放弃追寻,否则美好人生不会结束。

> 别低估自己或低估未来可能面对的严峻现实。
> ——唐纳德·特朗普

最后我想用史蒂夫·乔布斯的一句话来做总结。史蒂夫几年前在他的一本名为《自由的新诞生》中写下了一段至今依然深刻精辟且中肯的话:"在这个新的纪元里,财富和资本的真正来源不是物质,而是人、人的精神、人的想象力及对未来的信念。那是自由社会的神奇之处,每个人都可以往前走并且大富大贵,因为财富来自内在。"

第24章
如何让我的财富保值增值?

清崎的回答

如果你很富有,请感恩上天的这一恩赐吧。但务必记住:金钱既可以是上天的恩赐,也可以是上天的诅咒。

对大多数人来说,赚钱实属不易。如果你有一大笔财富,要想守住这笔财富也很难。彩票大奖得主、影视明星、专业运动员及巨额财产继承人之所以让自己损失殆尽,是因为在他们看来守住钱财跟赚钱一样难。因此他们成了那些觊觎他们钱财的人的猎物。

看看下面这张现金流游戏板,你将发现三种不同水平的投资者,如下图所示:

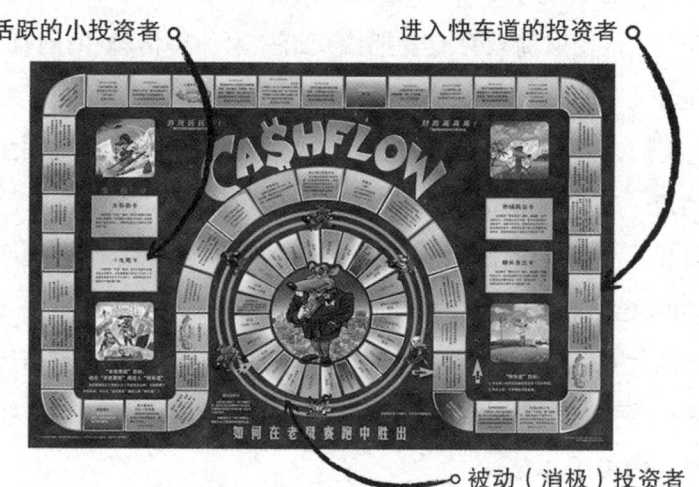

1. 被动（消极）投资者处在老鼠赛跑圈。大部分人都停在这一区域。再说一次，位于这一区域的投资者主要投资于储蓄、股票、债券和共同基金等纸资产。

2. 活跃的小投资者只专注于小生意和大买卖。这些投资于小生意和大买卖的投资者，多数是接受了一定的财商教育，多数已经是跑出"老鼠赛跑圈"的人。

3. 进入快车道的投资者才是真正的有钱人。"快车道"这一名词是由肯尼迪总统的父亲约瑟夫·肯尼迪于1933年发明的。快车道是为大投资者及具备相当丰富理财知识和投资经验的人准备的。问题是，大多数有钱人缺乏基本的理财常识，所以他们的钱财都败给那些毫无操守、专门掠夺有钱人钱财的不良理财推销顾问了。

因此，富人主要有两种：

一种是会赚钱且具备快车道投资者所需的财商常识和投资经验的人。

另一种是有很多钱，但是缺乏基本的财商常识和投资经验的人。

那些靠自己双手白手起家的有钱人不害怕失去财富，因为他们可以在一无所有后东山再起。通过其他渠道获取巨额财富的人则面临跟普通人一样的两种理财选择：接受财商教育或者把钱交给一家值得信赖和托付的专业理财机构代为打理。

每年，我们都会从相关报道中获取一些体育明星或者影视明星因理财不善而破产的消息，或者某位老人的巨额财产被亲戚或照顾者窃取的新闻。这样的消息太常见了。我们周围也不乏一些刚结婚就被分走一半财产的故事。最臭名昭著的此类新闻莫过于26岁的年轻模特兼演员的安娜·妮可·史密斯嫁给了一位比她大63岁的石油大亨霍华德·马歇尔。马歇尔宣称自己找到了"真爱"。4年后，俩人离婚，因为没有签订婚前财产协议，结果证明这是马歇尔享受的最昂贵的极乐4年。

快车道的投资之道

对普通投资者来说,美国证监会对其投资标的及投资项目销售人员进行监督管理。而对于在"老鼠赛跑圈"之外的投资者来说,保障性相对较低。

对于那些投资于小生意和大买卖及在快车道的投资者来说,财商教育、投资经验和正直诚实都是不可或缺的因素。如果你或者你的投资顾问缺乏以上因素,最好还是购买美国证监会监管之下的纸资产吧。

如果你有资格进入快车道进行投资,我相信这种投资可能是最刺激、最赚钱且最有趣的。我和特朗普正是在快车道上进行投资的。这才是唯一的人间游戏。

快车道投资案例

以下是我在快车道领域的投资案例。

1. **当你以创业者身份创业并向投资人募集资金时,这就属于快车道交易。**我谨慎对待那些跟我谈合作的投资人,确保他们有投资资格并取得大众认可。

什么样的投资人才算是有投资资格且被大众认可的呢?

投资人(或与配偶一起)需拥有超过100万美元的净资产;投资人最近两年的年收入超过20万美元或当年的预期收入达到这一水平,或在此期间与配偶的共有收入超过30万美元。

我在中国的金矿开采公司便是这样一种投资。这项投资使得我的许多投资人成为百万富翁。

如大家所知,我还曾成立了一家石油开采公司,结果没能发现石油。这导致我的投资人几乎损失殆尽。好在这些投资于石油公司的投资人同时也投资了我的金矿开采公司。

2. **房地产投资合作人。**我和妻子金是几个大型房地产开发工程的合作人,这些工程包括多达300栋的公寓房、商用大楼及办公大楼等。金和我不是特朗普那样的房地产开发商,我们只是开发商的合伙人而已。谢天谢地,我们从没有在房地产投资方面赔过钱。关键是我们拥有诚实且经验丰富的合作伙伴。

3. 石油和天然气投资合伙人。 我喜欢投资石油和天然气领域的理由很多。

现金流：就算这项投资遭受某些冲击，你每月都可以得到一笔现金流收入，就像出租房屋时收取的房租一样。

税收优惠：如果你在此领域投资了10万美元，根据税法规定，其中有7万美元可以免税。如果税率是50%，等于我从政府那里获得3.5万美元的现金流或者我可以把这笔钱用于投资上。

另一种税收优惠是我从石油和天然气投资中每赚取的1美元所得都可以再次享受八五折的优惠。也就是我的投资收益中只有85%的收入所得需要缴税。

4. 私募基金。 有一些共同基金是专为富人准备的。通常来说，私募基金通常有信誉较好的私募投资机构发起，投资领域较广，涉及企业及大型房地产收购等。

通常来说，私募基金比一般共同基金对现金需求量要高。我投资的某项私募基金要求投入100万。结果不到3年我就收回本金并获得4成的收益。投资额和回报率取决于你委托的私募投资机构。

5. 对冲基金。 对冲基金与共同基金的不同之处在于对冲基金可以使用杠杆（用借来的钱投资），而且在投资标的和投资方式方面没有限制。我投资的对冲基金获利情况各有不同。对冲基金的最终投资效果视管理水平而定。

6. 衍生性金融产品。 这是鲜有人知的一个投资领域。但是，我觉得这一投资类型值得引起所有投资人的注意。沃伦·巴菲特将其称为"大规模杀伤性武器"。

我对此种投资类别不是太精通，但是我知道什么是衍生性金融产品。衍生性金融产品肯定是衍生自某种东西。举例来说，橙汁衍生自橙子，抵押贷款衍生自不动产。所以我觉得巴菲特之所以对这类投资顾虑颇多，原因在于很多人对这种投资类别不是太懂，甚至那些涉足此类投资的投资人也未必完全了解此类投资。这类投资就像是运动员服用的强心剂一样，可以使用极高的杠杆率。稍有差池，所有资金就像用纸牌搭建的房屋一样瞬间倒塌。

一位朋友这样跟我解释衍生性金融产品："它就像失业后借钱投资，拿借来的钱做担保再去借钱。"这听起来就像有些人拿房屋的抵押贷款去还信用卡的卡债,然后继续用信用卡透支消费。如果这就是衍生性金融产品的阴暗世界,那么全球性高额融资就是用信用卡搭建起来的纸房子。

总结

如果你是有钱人,那么你的首要任务就是保住手中的财富并让它增值。不论你从事什么职业,务必遵照以下几点要求去做:

1. 遗嘱;
2. 遗产分配计划;
3. 丧失行为能力后的计划;
4. 再婚时的婚前协议。

特朗普的回答

首先,我会说:如果你十分富有,请记得感恩;然后我想说的是:请看好你的钱。最后我想说的是:好好享受金钱带给你的快乐吧。

这就是我正在做的事情。现在,我正在洛杉矶的贝弗利山酒店和我美丽的妻子梅拉尼娅及我们的小宝宝巴伦一起享受美好时光。这边的天气、住宿及饮食都不错,而且阿尔伯托·霍亚对我们也照顾得无微不至。

我此行目的一是为了录制第六期的《学徒》,节目的制作人马克·伯内特和他的妻子罗玛住在洛杉矶;二是为了参加我女儿蒂芙尼本周的毕业典礼。虽然我是一个纽约客,但是能来这样一个不错的地方小住几天也别有一番滋味。

距此不远的地方便是位于太平洋沿岸的帕罗斯·维尔德,我新开发的一处高尔夫球场也位于这里。我会定期来视察一下工作,顺便打打高尔夫。能俯瞰整个高尔夫球场及太平洋风光的地产项目刚刚竣工。这些住宅项目十分漂亮。

> 慈善事业是你一生所能得到的最好回报之一。
>
> ——唐纳德·特朗普

目前我手中有很多项目在同时进行,这也是我富有的原因之一。我充分运作手中的财富。如果你真心想做成某件事,我相信什么也阻挡不了你前进的脚步。如果我不能忙于谈生意或者学习新东西,我会十分不开心。所以,我的每一分钟都过得很充实。生活可以如此充满刺激,对吧?生活本就应该如此。

虽然生意繁忙,但并不意味着我不认真对待。人在顺境时很容易骄傲自大,所以我一直告诫自己要谦虚谨慎。我的几个孩子们渐渐长大,正陆续步入商界,我不愿意他们陷入任何灾难之中,这也是原因之一。一定要对自己拥有的东西高度负责。

我每天都会跟特朗普集团的每个人保持联系,以便随时了解他们那里发生的一切。罗娜专门提醒我注意我的日程安排活动。我的两个孩子小唐纳德和伊万卡这次也来协助我拍摄《学徒》的后续收尾部分。这段时间大家都挺开心的。

如果你是有钱人,我希望你也谈谈你的富有生活。生活是值得庆祝的,尤其是当你有财力去为此欢庆。

永远别低估自己的好运,同时记住慈善事业是你一生所能得到的最好回报之一。这就是我对富人的最佳忠告。

特朗普和妻子梅拉尼娅及儿子巴伦

特朗普和巴伦

小唐纳德和伊万卡

第25章

为什么我发不了财?

清崎的回答

显然,导致好多人无法发财的理由有很多,比如以下这些:

1. 懒惰
2. 坏习惯
3. 缺乏教育
4. 经验不足
5. 缺少指导

6. 态度不端正
7. 家人或朋友的不良影响
8. 不够专注
9. 缺少决心
10. 勇气不佳

不过,我想在这里谈论一种很少被提及的理由,那就是人们无法找到帮助自己致富的有利环境。

我曾经在《教人致富》一书中说过:所有人生来都是天才,但每个人都需要找到让自己才华得以施展的舞台。以极具高尔夫天赋的泰格·伍兹为例,如果他去当赛马骑手,可能就不会有今天这样一番成就。米克·贾格尔当初是为了以后当会计而去读书,结果他的天赋竟然在滚石乐队的舞台上得以发挥。

我的穷爸爸在学习方面很有天赋,富爸爸则没有,但是富爸爸的非凡才能是在社会上打拼积累财富。同样,我在学校的学习成绩也不太好,学校这种环境不太适合我。我和富爸爸一样,适合在社会中闯荡,那才是我们发挥才能的最佳场所。如果我当初选择走学术之路,绝不会像现在这样出人头地。

正确的环境是发挥才能所不可或缺的。我在飞行学院期间,一些同学在飞行方面发现了自己的天赋，其中一位最终成为将军，其他人也在各大航空公司成为资深飞行员。而我，只不过是一个普通飞行员而已。我的一些足球球友在球场上找到了属于自己的舞台，而我的球技则很一般。在施乐公司工作的时候，我有一位同事发现了自己经商方面的天赋，最终他在商场上大获成功，平步青云。

园丁们都知道植物的生长需要合适的土壤、水分及温度，只有所有条件都具备了，花草才能长得繁荣茂盛。人也一样。不论是谁，要想取得一番佳绩，需要一定的要素。如果缺乏这些特定的要素，这个人将无法"成长"，更别提"开花结果"了。

匮乏环境造就富人

富爸爸常说："富人多出自寒门。"等我长大后，才慢慢理解他说的这句话的真正含义。

我的家庭环境

我此生意识到的第一件事是：我出生的家庭并不富裕。这并不是说我们家庭不和睦，恰恰相反。问题是，我的家庭环境无益于我成为富人。以我家的传统观念来看，爱财属于大忌。我生长在一个重视教育、领取微薄薪水的公务员家庭。虽然没有公开说明，但是我们遵循的基本价值观是：富人是有罪的，因为他们剥削他人。

家庭内部从未展开过关于投资的讨论。在家人看来，投资等于赌博；多赚少花，尽量储蓄，这才是生活之道。

如今，在我家，金钱已经不再是肮脏罪恶的，致富是一件有趣的事情，投资像是一场游戏。我们宁愿通过开源的方式扩大支出、增加收入、建立资产，尽可能地帮助和服务于他人，也不愿意通过节流的方式过那种量入为出的生活。同时，我们远离那些拒绝理财的人，并与志同道合的人为伍，从他们身上接受新思想，帮助自己进步。我们把朋友当作环境的一部分。

我的工作环境

我的第一份工作是在施乐公司当销售员，很快我发现那里不是理想的致富环境。虽然老板希望我努力工作、赚取更多的薪水，但我知道他只是想取悦于股东而已，根本不是从员工的利益出发。当我说想自己开公司时，经理告诉我这样做有悖于公司的政策。

这并不是说我不喜欢在施乐工作，其实我很喜欢这个工作。只不过它不是适合我致富的环境而已。虽然我在施乐的销售业绩不错，但惊人的个人所得税让我很难实现创富梦想。

在我创办富爸爸公司以后，每周的例会都会把会议重点放到如何让员工变得更富上。我们鼓励员工通过参加理财研讨会开创属于自己的事业，并着手投资：不是依靠公司的退休金计划，而且拥有自己的投资计划。一些员工辞职了，因为他们不喜欢我施加给他们的这种压力：通过接受财商教育最终实现财务自由。我很高兴他们离开了，因为他们会在其他环境下快乐工作。

追求稳定的工作环境

许多人无法致富，原因在于他们是生活在贫困环境中的富人。举例来说，如果你是一个打工族，你很可能在这样一种设计好的环境中工作：只赚不赔，旱涝保收。创造这样一种环境的企业主通常能留住好员工，员工们也乐意在这样的环境下工作，并把自己的收入交给理财专家打理，而不是学着自己做理财专家。显然，公务员等拥有铁饭碗的人就身处这样的工作环境中。

赢家施展拳脚的舞台

有一些专门为那些想成为富人的人生赢家提供适宜投资环境的组织机构，比如体育界（专业运动员）、影视界（好莱坞）及音乐界，在这些领域生存的挑战在于你必须有一定的天赋，奋发向上且坚韧不拔。而且10/90这一黄金法则也适用于这些行业，即只有少数人才能成为人生赢家。

垂死的树

近来，我种植的一棵树开始枯萎。这是我的心爱之物，所以我很伤心。我打电话请种植方面的专家前来，专家给树木施肥后效果不大，还是有枯死的迹象。最终我找来一根软管，每周给树浇水一次。一个月后，这棵树竟然从枯萎的枝干上长出新叶子。这时我才知道它只是缺水了而已。后来我仔细检查，发现用于给这棵树灌溉的管道堵塞了。现在，这棵树非常健康，而且生机勃勃。它欠缺的只是一个适合自己生长的环境而已。人也是如此，很多人之所以无法致富，是因为他们所处的环境不佳。

有效的环境

继续深思一下有关"环境"的理论，试着从以下几个方面考虑：

1. 如果你想让自己的智商有所提高：请去图书馆、书店或学校。

2. 如果你想让自己的健康状况有所提升：请去健身房、骑车或多运动。

3. 如果你想让自己的灵魂得到升华：请去教堂，找个安静的地方多冥想或祈祷。

4. 如果你想让自己的财富增长：请去人们日渐富裕的地方，比如房地产公司或股票经纪人那里，加入投资俱乐部，或参加学习研讨会，认识一些跟你一样想致富的新朋友。

5. 如果你想扩展自己的世界观：去一些自己以前从没有去过的地方，或做一些自己以前不敢做的事。

> 找到让自己发挥才能的环境。如果没有高尔夫球场，我们可能从来也不会知道有泰格·伍兹这个人。
> ——罗伯特·清崎

总之，有时改变并让自己进步最快的方法就是换个环境。

最后的提问

我相信所有人天生都具备一定的天赋，这是上帝赐予我们的独一无二的礼物。问题是，有的人没能发现自己的这一天赋，从而将之埋没了。原因在于，人们没能找到充分展示才能的环境和舞台。你只需记住这样一句话：如果没有高尔夫球场，我们可能从来也不会知道有泰格·伍兹这个人。

我最后想问的问题是：

1. 你生活的家庭环境是否有助于发展理财天赋？　　　　是（ ）否（ ）
2. 你的工作环境是否鼓励你发展你的理财天赋？　　　　是（ ）否（ ）
3. 你是否知道自己在什么方面有天赋？　　　　　　　　是（ ）否（ ）
4. 和你一起工作的同事是否希望你发展你的理财天赋？　是（ ）否（ ）
5. 如果找到适合自己天赋发挥的舞台，你是否愿意为此而努力？
　　　　　　　　　　　　　　　　　　　　　　　　　是（ ）否（ ）

我之所以问最后那样一个问题，是因为即便你天资不错，这也并不意味着你以后的生活会好到哪里去。毕竟人人都有天赋。问题是，一些人不愿意在开发和施展天赋方面付出努力。永远谨记：泰格·伍兹（或是其他任何伟大人物）都是靠"1%的天赋+99%的汗水"取得成功的。

正如我的富爸爸所说："懒惰是杀死天赋的刺客。"

以上5个问题十分重要。请先认真思考并回答以上问题，然后再继续阅读。

特朗普的回答

环境

我发现我最大的财富来自于我的家庭，是父母的支持及他们对教育价值的肯定才使我有今天这样的成就。我把良好的家庭背景称为"幸运精子俱乐部"。当然我也知道，有些人即便没有任何背景，也能通过自己的努力改变命运，最终有一番作为。

正如梭罗所说："我知道没有什么比一个人具备一定天赋，然后又努力利用这一天赋来让生命大放异彩更鼓舞人心的了。"

可能你觉得自己以后的日子还长着呢，但这不是你让目标搁置一旁的借口。我父亲白手起家，刚开始他赚的钱只能解决基本的温饱问题，在他不断努力工作并最大化地发挥自己的天赋后，最终取得成功。我对历经各种磨难最终成功登上人生之巅的人保持崇高的敬意。

正如清崎指出的那样，正确的环境有利于滋养你特定的天赋。我们的使命就是找到这个正确的环境，或者至少利用这一有利环境让自己更上一层楼。生活经验的积累就像学校的升级一样。当我们还是5年级学生的时候，只要我们达到要求就可以顺利升入6年级。好多成年人就是在达到一定阶段后开始故步自封，几十年如一日地原地踏步。或许这样的生活很安逸，但长期来看未必是好事。

保持专注是你在面对不利环境时所采取的最佳策略。凡事不可能十全十美。如果你的家庭环境或工作环境不能为你铺垫一条成功之路，那么你需要奋发图强，以保证不迷失自己的目标。

最重要的是，不要紧盯住负面因素不放，而是着眼于解决之道上。

很多人身处逆境，却通过自身努力战胜艰难困苦，最终取得惊人的成功。这样的例子生活中比比皆是，你也可以成为其中之一。即使你的工作环境不利于自身成长，也要告诉自己这是一家很有价值的企业。试着多付出一些努力，相信天道酬勤。

我之所以说这些，是因为有些人认为成功是奢望，好像成功是他人才有的特权，与自己无关。可能他们从小就被这样教导：成功意味着贪婪、自私，或其他。不管怎么样，这种错误的思维定式一定要加以修正。

深陷贫困绝对是毫无优势可言。事实上，长远来看，贫困对谁来说都是一种负担。

> 专注于目标，着眼于解决之道。
> ——唐纳德·特朗普

没有哪个健康的人想成为他人的累赘。创造有助于提升他人的环境需要一定的财力做支撑，做慈善绝对比接受救济要好得多。只是有这种乐善好施的念头就足以激励我们全力以赴地前进。

遗传和环境是影响我们的过去、现在和未来的两大重要因素，但它们不是唯一因素。其他因素还包括：你的责任感及你的选择。这就是思考的力量。

你有能力克服自身所处的劣势环境。我们都听说过"善待环境"这个专业术语。它在这里也很适用。善待你周围的形势，并从中学习经验教训，不断进步。举例来说，清崎就从他所处的两种环境中学到很多，而且这两种环境都对他大有裨益。

高度关注与成功有关的一切，把自己的人生提升到应有的高度。

你的回答

花点时间进一步研究你所处的环境。

1. 你生活的家庭环境是否有助于发展你的理财天赋？如果是，为什么？如果不是，你打算怎么做？

2. 你的工作环境是否鼓励你发展你的理财天赋？如果是，为什么？如果不是，你打算怎么做？

3. 你是否知道自己在什么方面有天赋？如果答案是肯定的，你的天赋是什么？如果你不确定，你打算如何找到自己的天赋？

4. 和你一起工作的同事是否希望你发展你的理财天赋？如果是，他们是如何支持你的？如果不是，你打算怎么做？

5. 如果找到适合自己天赋发挥的舞台，你是否愿意为此而努力？为什么愿意或者为什么不愿意？

接下来，重温现金流象限，并做下面的练习。

你想从哪个象限获得主要的收入来源？
_____
_____

列出你经常联系的6个人，并列出这6个人的主要收入来源分别来自哪个象限？

_____ _____ _____
_____ _____ _____
_____ _____ _____

他们在你想进入的那个象限中的活跃度如何？

如果他们不是很积极，你可能需要改变现在的朋友圈，结识那些从你想进入的象限中获取主要收入来源的人。

如果他们很积极，那么你的生活环境将有助于你实现目标。

清崎和特朗普一起走过特朗普国际高尔夫俱乐部的大门

第五部分

踏上你的致富之路吧

每天都充满了许许多多的关键性时刻。早上醒来,我们就开始定义自己的人生了:是立马起床进行晨练,还是再睡半小时?是打电话请病假,还是继续坚持上班?是看电视,还是阅读有关理财或经商的书籍?是把钱财交给他人代为打理,还是自学理财知识和技能?

在第四部分,清崎和特朗普针对不同人群给出了建议。现在,从这一部分开始,他们将继续与大家分享他们在房地产投资及创业方面的具体建议。最重要的是,他们以发展领导力这一必要因素作为总结。如果你连自己都领导不了,又何谈领导别人呢?

经常有人问清崎和特朗普这样的问题:"你认为房地产是好的投资对象吗?你认为股票是好的投资对象吗?"

他们总是这样回答:"这得视情况而定,主要取决于投资人自身的情况。"这和投资于房地产、股票抑或是黄金还是其他投资标的关系不大。投资对象的好坏跟投资人在此领域所下的苦功息息相关。问房地产投资是不是一个好的投资对象,就好比问一个人他的饮食状况是不是最佳方式,或者就像问一个人她嫁的那个人能不能让他们幸福地生活在一起一样。

有时他们还会补充一句:"房地产无所谓好坏,投资者才有好坏之分。"投资对象本身并无风险,风险来自于投资人。

清崎的富爸爸常说:"没有坏的投资项目,只有一帮坏的投资者。"

90%的人想获得神奇的致富法则。持有这种心态的人面临三个问题。首先,获取巨大财富的方法多达几百万之多。想想互联网的诞生造就了多少亿万富翁、百万富翁?以前是这样,以后也会是这样。所以,第一个问题便是:你需要找到适合自己的致富法则。第二个问题是,寻找神奇致富法则的人通常成为那些推销神奇致富法则之人的猎物。那些推销者给出的神奇法则是:"把你的钱交给我,我帮你做长期投资,我会帮你打理一切的。"第三个问题是,大多数人都无法长期遵循同一神奇法则。

如果你想成为这90%中的一个,并且也不想花费时间和精力加入那10%,那你只能遵循这些理财建议:"多存钱,尽快还清债务,做多元化及长期投资。"然而,清崎和特朗普想在这里提醒这类人:一旦你决定这么做,越早开始越好,尽可能多地攒钱,因为在这一神奇法则下,你需要花费大量的时间和金钱才能致富。清崎和特朗普在积累和获取资产方面,宁愿投资也不愿意储蓄。

如果你愿意成为赚取世界90%财富的那10%的人,你需要付出专注和决心。

去寻找属于自己的神奇致富法则吧!

第26章
路径 1：投资房地产

清崎的回答

我为什么会投资于房地产？答案是：它具有可控性。我不知道还有什么投资能让我在赚取利润和保本这两个方面拥有如此大的掌控性。最终，它让我掌控人生。

正如本书中多次强调的那样，许多人认为投资有风险，是因为他们对自己的投资无法掌控。储蓄、股票、债券、共同基金这类纸资产投资几乎没有可控性而言。永远记住下面这张图所表达的含义：

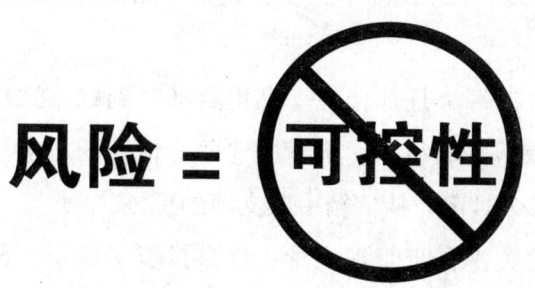

人们之所以会对自己的工作保障性有所担忧，那是因为他们缺乏对工作的掌控性。大多数员工对公司的所有权、自己能拿多少工资、能少缴多少税及未来的发展前景等几乎没有任何掌控力。

房地产投资除了具有良好的可控性，还有许多其他优点。如果你通过合理融资在较好的地段投资了一处房地产，且管理完善，那么这处房地产将给你带来以下好处：

1. **现金流**：每月都有一笔收入入账。

2. **杠杆**：银行会排队借钱给你，让你投资房地产。问问银行，看看他们是否愿意借钱给你购买共同基金？

3. **摊销**：房客帮你一起还清债务。

4. **资产折旧**：政府会在房地产投资方面给予一定的税收优惠，因为房地产会随着时间的推移而出现损耗折旧。虽然账面上会如此，但实际上不会。事实上，政府之所以会推出折旧补偿政策，是因为房地产投资人帮政府解决了大众基本的住宅需求。

5. **创造性**：房地产可通过创造性实现增值。举例来说，如果你购买了一块地皮，我可以通过改变土地的用途来实现增值。或者我可以购买一处旧房产，然后通过装修提高其价值。

6. **可扩展性**：一旦我学会如何购买独栋个人住宅后，我可以把这一经验扩展到多个单元楼的购买上。现在，我和妻子金所购买的房产规模至少在250个单元以上。

7. **可预见性**：一般房地产投资要在购买一年后才可以在出租方面步入正轨。一年内经过有效管理，剔除不良租客，然后根据优质租客的需求进行装修，然后慢慢提高租金。

一旦步入正轨，每个月都会有一笔租金准时到账。这样看来，总比在股市上心惊肉跳地赚钱舒服得多。毕竟股迷的心情会随着市场的波动而起伏不定。而我更喜欢每个月定时从信箱中取支票的感觉。

房地产投资的关键在于管理完善。许多投资于股票、债券等纸资产的投资人之所以在房地产投资方面表现一般，是因为他们对这一投资既缺乏有效的管理又不愿意学习如何管理好这一资产。

在我们的房地产投资中，我和金努力寻找那些规模在100个单元以上的投资项目，这样做的目的是因为只有达到这一规模，我们才可以请得起好的经理人代为管理。

既然房地产投资的关键在于管理，那么从那些不善管理这类投资的管理者手中买入这一资产不失为最佳投资机会。

8. **递延纳税收入**：房地产投资的最大优点之一便是递延纳税。对房地产投资者来说，有很多合理的避税方式。我们大家熟知的一个便是1031条款中规定的递延纳税政策。去年，金和我出售了一套小公寓，获得多达100万美元的资本利得。根据1031条款的相关规定，我们可以把这笔钱重新投资而无需缴税。

递延纳税这一税收优惠在股票、债券这类投资中是没有的。如果能通过投资减少一大笔税款，你会惊讶地发现自己将在很短的时间内致富。

9. **增值**：美元币值下跌的时候，房地产就会增值。另外，随着人口的增加，对房地产的需求不断扩大，这也会拉升房地产的价格。

在房地产市场，大部分投资者是为了增值（即资本利得）而投资。在股票市场，投资者则是通过低买高卖而赚取差价。这一投资也是为了获取资本利得。在地产界，那些为了获取资本利得的投资者通常被称为"炒房客"，也就是通过低买高卖而赚取利润。这种为资本利得而投资的投资策略存在这样一个问题：这种策略只有在房价持续走高的形势下有效。如果房地产市场处于下行时，很多纸资产投资者和炒房客就会遭殃。

房地产投资领域，为现金流而投资要比为资本利得而投资好得多。因为税法比较偏爱那些为现金流而投资的人。

为何把增值放最后

为何我把"增值"放到最后？对大多数人来说，增值可能是首要的投资目的。许多人买房后立马转手，这意味着他们买房后为了追求单纯的差价而卖掉。炒房客们需要更加努力工作，并支付高额的税费。偶尔我也会炒房，但是我在投资房地产时会更倾向于其带给我的前5个优点。我最喜欢的策略是买入一处房地产，然后再买一处……长此以往，我将越来越轻松，越赚越多，并且支付更少的税费。

我买入资产的目的不是期望其升值。如果这样的话，那购买房地产跟购买股票无异，在我看来，这属于投机（类似赌博），而非投资。虽然我也喜欢资产增值，但我不会对此产生依赖。为增值而投资，在房价下跌时，对投资者将产生灾难性打击。要知道，这种情况每隔几年就会出现一次。

喜欢房地产投资的终极理由

我喜欢房地产投资还有另一个理由。因为房地产市场的变化节奏相对缓慢。前面提到过,婴儿潮一代既是工业时代的最后一代,也是信息时代的第一代。在信息时代,我就是老古董。我没有电子邮箱,而且我也不想申请。我不太会上网,也玩不转那些与网络有关的高科技小玩意儿。

富爸爸公司有自己的网站,而且我通过网站赚取数百万美元。我也有自己的电脑,但是我只用它打字,它帮我赚取几百万美元,发挥的只是打字机这一功能,而非计算机功能。

现在我都这么落后于时代了,随着科技的飞速发展,我感觉自己会越来越赶不上时代的步伐。我曾经买了一个iPod,但是我不知道如何通过它来输入或输出资料。事实上,我早就知道自己从什么时候开始落伍的。20世纪80年代,当我尝试播放录像的时候,我就发现自己对科技一窍不通。

这就是我为什么集中精力研究房地产投资而不是让自己跟上科技进步的原因。不论时代如何变迁,我们都需要一个住和工作的地方。随着人口的增长及美元的贬值,房地产将会有不俗的表现。前提是:以最优的价格和最佳的融资方式,在较好的地段购买正确的房产,再加上妥善的管理。

千禧年之后出生的年轻一代将进一步加速科技的更新换代。就像我们那一代人高中时候开始制造大马力的汽车一样,今天的孩子们会让科技插上腾飞的翅膀。

网络诞生于1989年。千禧年之后出生的孩子所经历的一切跟我那会儿经历的完全不同。他们不会再通过读报或看电视来了解世界,更不知道世界的边界在哪里,他们知道自己可以和世界上每一个角落的人做生意。

电视走进我们家时,我当时还在读小学。20世纪60年代,小孩子们都上街游行,发动暴乱。为什么会这样?因为电视上把越战的画面直接呈现在我们眼前。这是真正的战争,不是好莱坞拍摄的战争题材剧。我们那一代人从小就目睹了战争的残酷,看到妇孺横尸遍野的画面,所以才会发动暴乱。

过不了多久,千禧一代就会让人们感受到他们的存在。他们可能会通过提出尖锐的问题来证明自己的存在感。比如，为什么不寻找可替代性能源？为什么无法消除贫困？为什么不同的人适用不同的税法？为什么学校的老师不教孩子们如何与金钱打交道？希望他们能接受被我们那一代掩藏起来的种种问题和挑战。

那些数百万投资者依赖的蓝筹股公司将不再辉煌。由年轻一代以新思维经营的新公司将不断崛起，并推倒那些老态龙钟的蓝筹股公司。在我小时候，通用公司还是一个势不可挡的强大集团，现在它俨然已经是年老力衰的老怪物。或许明天的微软、戴尔或谷歌也将成为今天的通用。

当我投资房地产时，我不关心我的房客是通用还是谷歌，是婴儿潮一代还是千禧一代，只要他们付房租给我就行。

这就是我为什么喜欢房地产投资的终极理由。房地产项目要经过好长一段时间才会被淘汰。

谁才是房地产真正的主人

顺便提一下，我猜你一定对"到底谁拥有房地产"这个问题感兴趣。

"Real estate"（房地产）这个词语来自于西班牙语"real"，在西班牙语中，这个单词的意思是"royal"（皇室的，贵族的）。所以"real estate"从字面上翻译为"皇室（贵族）的地产"。因为在农耕时代，当时只有两个阶层：皇室（贵族）和平民。正如前面所述，皇室拥有土地，平民只能在皇室或贵族的土地上耕作。平民耕种皇室的土地是要支付一定的租金的，当时是以粮食作为租金。

现在，我们仍然无法拥有自己的房产或地产。政府掌管着土地资源。所有人都要向政府支付一定的税费——房产税和土地使用税。如果我们不乖乖支付这笔费用，很快就会发现谁才是这块土地真正的主人。由此看来，不管时代如何变迁，有关房地产的归属权几乎没变。

你有多少种致富方式

接下来我要讲的是我和特朗普投资房地产的一些理由。这些理由与巴菲特喜欢的一个术语有关——内在价值。

巴菲特以谈论股票的内在价值而闻名于世。很多人模仿巴菲特发表的有关"内在价值"的言论，但是很少有人真正理解"内在价值"的真正含义。下面我将尽可能简单地解释"内在价值"的含义。如果你想了解巴菲特关于"内在价值"更深更复杂的阐释，可以阅读他那些大部头的著作及他的投资理论。

一旦你搞懂了"内在价值"的真正含义，你就会明白为什么有的投资者会比其他投资者会赚钱。同时，你还可以在股票以外的其他投资项目中发现真正的内在价值。我将以房地产为例来解释内在价值的含义。为什么我要用房地产举例？因为房地产要比股票更真实，会让大家更容易理解"内在价值"。

大多数投资者在谈到赚钱时，通常会想到低买高卖。举例来说，一位投资人在股票每股10美元的时候买入，打算等股票涨到每股20美元的时候再卖出。所以每天起床后他需要时刻关注股票的走势。

许多投资人已经对关注行情走势上瘾。如果今天股市开局不错，他们一天就会心情不错，如果行情下跌，一天的好心情就没了。这不是巴菲特做法，我也不会这样做。虽然资产的价格很重要，但这并非是我们每天都需要关注的事情。巴菲特只在买入一家公司之前密切关注股价的走势。之后，他再也不关心股价走势，也不关心股票市场的开盘和收盘信息。他不会像大多数股民那样玩股票。

首先，巴菲特自己不仅持有股票，还拥有企业。其次，巴菲特寻找的是那些随着时间的推移，公司不断增值且管理完善的公司。他经常提到企业价值的复利效果，也就是价值的加速。

转向房地产

现在让我们重新回到房地产，我觉得从房地产的角度来阐述会让大家比较容易理解"内在价值"的含义。

当我购买一处房地产时，我只关心购买时的价格（和巴菲特一样），因为购买价格决定后期收益。在购买房地产时，我追寻的是能带给我以下4种收入（或现金流）来源的资产：

1. 现金流收入：这是在支付所有费用（包括抵押贷款及税费）后到手的正现金流收入。

2. 资产折旧（隐性现金流）：折旧表面上看起来是一笔支出，实际上它是来自税收优惠的一种收入。这让许多房地产投资新手感到困惑不解，因此这一现金流或收入常常被忽视。

3. 摊销：房客帮你偿还房贷的时候，这笔钱对你来说就是收入。如果你是买房自住，而且自己还房贷的话，那么这笔钱对你来说就是一笔支出。

4. 增值：房产表面上看是增值，其实是通货膨胀。如果你的租金收入上涨，那么投资者可以利用房屋的增值部分进行融资，借入免税现金，重新置办房产，用房客的租金偿还新房贷。总之，这是一笔免税的现金流。

通过下面的财务报表你将很好地理解那些常常被房地产投资者视而不见的以上4种收入来源。

损益表

收入
正现金流（净收入）

支出
资产折旧（隐性现金流）

资产负债表

资产	负债
增值（通货膨胀）	摊销（我的房客替我偿还房贷）

从房地产投资中获得的4种收入

通过上面的图表，你可以发现真正的房地产投资者在投资时追求的是什么。他们要的是被大多数投资者遗漏的东西——内在价值。

这就是房地产投资者在以"合理的融资、合适的价格、良好的管理"进行投资时，阐释"内在价值"例子。这就是我这样一个房地产投资者的投资目的——增值和现金流。

炒房客买入房产只是为了转手出售，我称其为"投机分子"，因为这并不是真正的投资。他们只关心"资本利得"，要知道这笔收入要支付高昂的税费，除非他们把这笔收入用于再投资。我和这帮炒房客的不同之处在于，我为现金流和内在价值而投资。

巴菲特也不喜欢出售资产，因为一旦出售将要被政府征走一大笔税费，这会减少自身的财富。相信大家都熟知巴菲特的投资秘诀，利用投资收益进行复利投资，扩大复利效应；而不是让政府分走一部分投资收益。

我之所以建议大家多玩《富爸爸现金流》游戏，是因为通过游戏你可以看到自己平时投资中忽略的东西。换句话说，不论是股票、债券、共同基金、企业还是房地产，你都能从游戏中发现这些投资所拥有的真正价值及缺失的价值。我建议大家至少玩十次，玩得越多，你就越能发现大多数投资者忽略的东西。

巴菲特谈及投资一家公司的内在价值时，跟我列举的房地产的内在价值在本质上是一样的。只不过他使用的术语不一样而已。我相信你能通过我列举的房地产例子更清晰地理解"内在价值"的真正含义。

股票投资者常常提及"市盈率"，房地产投资者常常提及"资产回报率"。这些都是值得投资者关注的重要指标，但是它们无法衡量投资资产的内在价值，专业投资者在投资时寻求的是价值，而非价格。

如果你愿意通过玩《富爸爸现金流》游戏积累投资经验，这样就无需承担任何资金损失风险。我相信你愿意加入其中，并能发现那些常常被大多数投资者忽略的东西。

总之，大多数投资者只知道一种赚钱方式——低买高卖。专业投资者宁愿低买以后，从其他方面获取利润，让资产持续增值。

洞察力的威力

财商能让一个人借助脑力发现一些肉眼无法看到的东西。这就是洞察力。特朗普和我投资房地产时,能够看到投资对象带给我们的现金流及其内在价值。具备洞察力,人们就能看透问题的核心和投资对象的本质。这就是为什么投资者投资时重视投资对象的透明度。

> 有洞察力的人具备看透问题的核心和投资对象的本质这一能力。他们看重投资对象的透明度。
> ——罗伯特·清崎

无透明度可言

共同基金毫无透明度可言。因为共同基金公司无需对外披露其财务状况。我无法理解为什么会有人投资于这样一家不对外披露财务状况的公司。这并非专业不专业,而是掩耳盗铃。

长期投资

由于大多数投资者无法看到共同基金公司的真实数据,所以他们也不清楚共同基金公司到底从他们的投资中拿走了多少钱。当理财顾问建议你做长期投资时,这就是理由所在:

投资期限长达40年以上

共同基金公司	你
拿走80%的回报	拿走20%的回报
零风险	承担100%风险
零投入	100%的资金投入

共同基金公司拿走80%的投资回报,因为共同基金公司按照投资基金额度和投资人的交易期间收取费用。投资者承担100%的风险,并且投入100%

的资金。现在你明白为什么银行不借钱给你购买共同基金了、为什么保险公司不会再推出基金交易损失险了。

不是所有的投资对象都是平等的

领导者或者教师的工作就是教会大家如何去"看",但是我们的学校系统不教学生如何跟金钱打交道。所以,那些即便接受过良好教育的人也无法分辨哪些投资好哪些投资不好。

既然你现在明白共同基金和房地产这两种投资之间的区别了,就应该知道哪一种投资更适合你。

特朗普的回答

当有人问我为什么喜欢做房地产投资时,我总是喜欢这样回答:"因为我喜欢呼吸。"对我来说,房地产就像是呼吸必不可少的氧气一样。无论是在我睡觉还是醒着的时候,它都为我提供生存所必须的氧气。

虽说我是在做房地产生意的家庭长大的,但是即便不是这样,我觉得我也会走上房地产投资和开发这条路。因为我喜欢跟房地产有关的一切。我觉得自己天生就是当建筑师的料儿。小时候搭积木的时候,我经常借哥哥的积木,以便搭更高的"大楼",本来我应该把借来的积木还回去的,但是通常没办法还,因为我用胶水把积木都固定在一起了。我猜我建造大楼的天赋是与生俱来的,而且我认为大楼盖的越高越好。

房地产投资属于安全系数较高的一种投资。因为它不像其他产业那样说破产就破产。虽然房地产行业也会有波动,但是正如清崎所说的那样:房地产行业永远不会过时。随着时代的变迁,土地资源会越来越贵。要知道,1626年,欧洲移民用24美元就买下了整个曼哈顿,看清楚了哦,就24美元,后面一个零都没有。

清崎说他不喜欢小玩意，我也一样。我的办公室连分机都不用。我宁愿用"吼"的通讯方式，这样比较有效率，而且节约时间，还能为公司上下创造一种生机勃勃的办公氛围。随便大家怎么吼，只要他们吼回来的声音大到能让我听见就行。因为我不可能跟所有人靠一条电话线单线联系。

> 我热爱房地产，这就是我的工作。
>
> ——唐纳德·特朗普

房地产施工现场的办公区非常吵闹，来采访的媒体人经常把这里的办公室称为"作战指挥中心"。确实如此。做房地产开发确实像打仗。我期待我的房地产生意极具战斗力，这意味着我做好接受现实挑战的准备了。

所以，这又让我多了几个喜欢房地产投资的理由：刺激、复杂、多维，而且可见。你可以经常去现场看看，亲眼目睹自己的投资——随着时间的推移，你的投资会变得更大、更好，前提是你知道自己在做什么。

建于1983年的特朗普大厦，建成后不久就成为地标性建筑了。这是我引以为傲的成就，也是房地产投资带给我的一种奖励，更是我喜欢投资于房地产的另一个理由。其实，投资房地产的奖励不仅如此，它还会带给你经济上的收益。

如果我必须把时间和金钱投资于某样东西，在临死的时候，我必须为这一投资引以为荣。很多人投资于自己完全不懂或者根本不关心的东西上。这也没什么，只要他们自己觉得OK就行，但是我必须投资自己热爱的东西。我热爱房地产，这就是我的工作。

你热衷于什么东西呢？

你的回答

你的房地产投资正在带给你收益吗?

第27章
路径 2：创业

清崎的回答

再次看看下面这个现金流象限图：

四个象限之间最大的差别在于观念不同。我的穷爸爸之所以没能在 S 象限或 B 象限和 I 象限取得成功，是因为被培训成教师的他被灌输了 E 象限的观念。他不具备在商场打拼的生存技能，也没接受过进入其他三个象限所需的培训。所以当州长禁止他担任政府公职的时候，他才明白是谁掌控着他的人生。

拥有一个在 B 象限和 I 象限的富爸爸的好处在于，我的富爸爸能够在精神和情感上指引我如何从 E 象限和 S 象限进入 B 象限和 I 象限。同样，特朗普也是在他爸爸的指引下完成这一转变的。虽然我这一路走来，经历了众多失败，但是正是富爸爸的智慧和教诲带领我战胜挫折和磨难。

我喜欢创业

虽然创业之路异常艰险，但我依然喜欢创业。我喜欢创办新企业，喜欢创造性地工作，喜欢跟不同的人打交道，更喜欢创业带给我的挑战和回报。虽然我为取得这些经验和教训付出了极大的代价，但回顾过去走过的路，这一切都是值得的。

我之所以没有回到油轮上工作或者继续开飞机，是因为这些工作对我来说已经没有新鲜感和刺激感了。只有在我第一次让油轮驶出港口，第一次让飞机着陆的时候才是我最兴奋的时刻。一旦我掌握了这些技能，就意味着我在此职业生涯上的学习也就结束了。如果我当初继续做飞行员或油轮军官，那么可能我现在每天的生活都是在复制粘贴。

我喜欢每天都以创业家的身份迎接新的挑战，我喜欢创业之初带给我的兴奋感。过不了多久，事业将步入正轨，我开始面对扩张和成长的挑战。等到进入成长期，我喜欢不断招新人加入团队，以保持团队的稳定性和保证事业不断上升。这会让生意变得可预测且为我带来丰厚的利润。

作为企业家，我经常学习新东西，即便是身处逆境。特朗普也是这么认为的，这就是为什么他会同时开展那么多项目。要想成为真正的企业家，你必须聪明、好学。如果你踌躇不前，那么你的事业也将原地踏步。每当我发现某家公司进入衰退期或停滞不前，我就知道这通常是由于企业主自己开始倒退或停止不前。

照镜子反观自己

你的事业是最能让你反观自身的一面镜子。经营事业就像打高尔夫，每次挥杆完毕，你就能马上知道自己刚才的表现如何。如果你球技足够娴熟，它会让你比泰格·伍兹还要富有。我们都知道，成功的企业家通常是这个世界上最富有的人。如果你球技不佳，没有任何一家高尔夫俱乐部愿意邀你入会。我自己颇有体会。今天，我被许多著名的高尔夫球俱乐部授予名誉会员。要知道，几年前，这些俱乐部连门都不会让我进的。

收回控制权

好多人缺乏安全感的原因之一是学校从来不告诉他们掌控性对人生有多重要。举例来说，如果你是一个打工族，你无法控制自己月薪多少，什么时候升迁，什么时候加薪，什么时候可以去度假，甚至有时候连吃午饭的时间都无法自由决定。

1974年，《雇员退休收入保障法案》实施，而后演变成401（k）计划，许多E象限的雇员被迫进入I象限做投资家。问题是，由于缺乏财商教育和投资经验，即便是受过良好教育的投资者也缺乏基本的投资常识，只能投资于储蓄、股票、债券、共同基金等纸资产。这次又回到前面提到的问题：作为这类资产的投资人，他们无法掌控这些资产的收益。

"税费"是另一个雇员无法掌控的东西。在E象限和S象限，通常来说，这些人的税赋要比位于B象限和I象限的人所承担的税赋重得多。

原因又是因为"缺乏掌控性"。国税局和税法赋予B象限和I象限的人更多的控制权。因为这些人在促进国家经济增长和增强国力方面发挥着非常重要的作用。真正的B象限的企业家为社会创造诸多就业机会，真正的I象限的投资家在创办企业、基础设施、勘探开发及能源开采、房地产等方面提供资金支持。

许多人之所以感觉无法掌控自己的未来，只是因为他们对自己的工作、投资及赋税没有丝毫的可控性。

经常有来自不同国家的人试图要我相信他们国家的法律有特殊规定。但我的经验告诉我不是这样的。因为我在中国、日本、韩国、加拿大、澳大利亚、以色列、南美洲、中东及欧洲都有生意。在这些国家或地区，无论是发展中国家，还是发达国家，B象限和I象限的人在税收方面都能享有一定的优惠。虽然有些细节不太一样，

> 好多人缺乏安全感的原因之一是学校从来不告诉他们掌控性对人生有多重要。
> ——罗伯特·清崎

但正如黄金法则所陈述的那样:"手握黄金的人掌握着世界规则的制订。"似乎全世界都是如此。

学着自己掌握前途

如今比以往任何时候都能更轻易地进入 B 象限和 I 象限。我们可以借助科技工具轻松地把分公司扩展到世界各地。举例来说,电脑和网络使得企业家无论是在国内创业还是组建跨国集团都更加容易且成本更低。花几百美元,我就能买一台电脑,然后以企业主或投资家的身份进军全球市场。问题是,你有成为企业家或投资家所需的教育、经验、心态和核心价值观吗?

如何获取教育和经验

由于学校没能教会我们太多有关创业或投资的知识,我们如何才能得到相关的经验和教育,以便在 S 象限、B 象限和 I 象限获得成功呢?

我和特朗普的答案十分相似。我们都推荐你去商学院或者找一位经验丰富的导师。你知道,我和他都有自己的人生导师,指导我们开拓进取。

特许加盟的威力

如果你钱很多,而且准备大干一场,你可以试着做特许加盟商。我再强调一次,如果你投资的加盟连锁品牌不错,他们会花大量的时间和精力教你如何经营生意和构建经营系统。

我们都听说过麦当劳。它是迄今为止全球最成功的特许加盟商。好多次我都差点考虑购买麦当劳的特许加盟经营权,不仅仅是为了赚钱,而是看重他们的培训计划。或许你听说过汉堡大学,这是一所有着极高口碑的商学院,专门培训进入现实商界所需的各种技能。麦当劳特许加盟的问题在于成本很高,加盟费几乎高达100万美元。

导师和教练的重要性

对从左边的 E 象限和 S 象限进入到右边的 B 象限和 I 象限所面临的挑战、

挫折、收获和历程，我对此深有感受。这就是为什么我们富爸爸公司为那些想进入B象限和I象限并在那里获取成功的人提供众多先进培训计划的原因。我们提供的培训方式有以下几种：

1. **富爸爸教练**：我们有一批受过专业训练的教练，他们致力于帮你达成你在理财、投资、创业或事业成长等方面设定的目标。这是一对一的培训，它对众多学员的人生产生了重大影响。这一培训课程之所以有如此大的成效，在于目标是你设定的，而且这些目标是超越现状的目标，并让你最大限度地发挥自我极限，连你自己也知道一旦实现这些目标，你的人生将发生彻底转变。

2. **富爸爸财商教育**：大多数理财顾问建议你"投资分散、分散再分散"，而我们富爸爸公司的建议是"集中、集中再集中"。所有取得一定成就的人都是十分专注的人。在不久的将来，富爸爸公司将提供相当于大学水平的课程培训计划及研讨会，帮助人们更好地专注学习特定领域的商业课程或投资课程。举例来说，连我自己都对学做房地产开发商感到兴奋不已。或许你想成为股票期权或丧失抵押品赎回权方面的专家。赚钱的方式有很多，前提是你需要对此保持高度的专注。

总结

世界上有两种人：一种人追求稳定，一种人追求自由。要知道，稳定和自由是矛盾的。这就是为什么拥有高度稳定的人不太自由，他们就像是待在监狱的高度戒备牢区一样。如果你追求自由，我可以恳切地告诉你：最大的自由只有在B象限和I象限才能找到。

特朗普的回答

奇怪的是,我通常不太喜欢鼓励人们创业。事实上,有些人不适合创业,如果我告诉他"你也能通过创业取得一番成就",这无疑是个坏主意。这对那些想听我谈谈"激励"和"成功"这方面主题的群体来说,可能会有点忠言逆耳,但我必须实话实说。但凡我能帮得上一点忙,我也不愿意给他们提供错误的建议。

一年前,在我的一次演讲中,一位60多岁的男士很直截了当地问我"如何成为企业家"这一问题。我告诉他并非什么时候创业都是一件好事,要知道风险很大。想到给这么一位有可能因为创业失去一切的老年人提供有关成功创业方面的建议,我不得不谨慎起来,我不可能像以前那样为他人提供建议。他的情况很特殊,如果他按照我给的建议去行动,一旦失败,我感觉我要对他的失败负责。我觉得他不适合创业,当然并不是因为他年纪有点大。我是一个谨慎的乐观派,但是即便再乐观,也要把"谨慎"放在第一位。

我建议大家在现实情况证明你有创业成功的绝对把握时才开始创业。我只有在看到创业者具备成功企业家所需要的以下品质(职业道德、动力、激情、坚韧不拔的毅力)时才鼓励他们开创属于自己的事业。有人可能自认为自己已经具备这些品质,其实不然。凡是我建议去创业的人基本上都成功了,当然我不会建议所有人都这么做的。

我曾经鼓励一位在房地产行业工作的年轻女士自己另立山头,结果第二天她就辞职创业了。如今那位名叫金·穆格尔的女士已经在纽约的房地产行业小有名气。至今,她依然对自己当初是如何创业的这件事津津乐道:我只用了不到24小时就去创业了。我还认识一个入错行的男士。他曾经在华尔街工作。我告诉他"你看你混得越来越惨,因为你在从事自己不擅长的行业"。我问他喜欢做什么,他说自己喜欢做一些与高尔夫有关的事。经过几年时间的好言相劝,他最终做出改变,并且把自己的高尔夫球生意做得风生水起。同时,他也做得很开心。

以上两个例子说明：1.你必须擅长自己正在做的工作；2.你必须有勇气跨出第一步。虽然每个人的爱好和特长不同，但肯定有一定的倾向性。

我还想说几件事。首先，成功创业并非完全是靠团队的努力达成的。有时候你需要自己孤军奋斗，甚至是很长一段时间都要这样。清崎并非是在一朝一夕内成功登顶的，一路走来，他坚持不懈，自强不息，才有了今天的成就。如果你决心已定，那就朝着目标努力吧，相信我，你为此付出的一切都是值得的。

拥有某件东西的自豪感无需多言，那种感觉就像是我们小时候第一次拥有心爱的自行车一样。一旦某样东西属于你，你就会由衷地产生一种忠诚感，希望它一切都好。以我为例，以我的名字命名的"TRUMP"品牌的Logo出现在很多产品上，这意味着我需要对这些产品的高品质负责。这是我的标准，我在工作和生活中也是以此为准则的。除非你有自己的事业，否则很难做到我这样。

有人跟我说他们曾遇到这样一些员工，"他们工作的劲头就好像这公司是自己的一样。"如果你想拥有自己的公司，你也需要这种干劲：每周的工作小时数不确定，你可能需要没日没夜地工作。最终，你还要为所有事情负责。

我喜欢这样以高度的责任感投入工作，因为这会让我充满力量，每天都能量满满，而不是毫无斗志。可能有人觉得这样做压力太大，如果是这样，我奉劝他们还是继续打工为好。

自己开公司所获得的回报人人都看得到。一旦你自己当老板了，就再也不可能回去为他人打工了。无论从哪些方面来看，打工和创业都是截然不同的。为了鼓励自己更加努力地工作，以便保住"船长"（企业主）的地位，你需要每天对自己说："此时此刻，我要对这艘航行中的巨轮（企业）负责。"这种感觉真好！

拥有自己的公司就像是种树一样——它是一个生命体，经历四季的更替和暴风雪的袭击，无论严寒还是酷暑，它都在成长。这同时也是你自己创业的写照。所以我才会对自己所做的事情严把质量关。如果某件事物在一定程度上代表你自己，你会希望它至善至美，接下来就会对自己提出更高的要求和标准。相信我，你不会对这些感到无聊和厌倦的。

拥有自己的公司还有一个好处。如果你感到无聊，你不能责怪他人，只能怪自己，不过这种情况不会持续太久。有些工作确实有点无聊，你别无选择，只能离开。拥有自己的公司，一切都在自己的掌控中，这也意味着你拥有了更多的自由。

"自由"是个有趣的字眼，因为自由是要付出代价的。要知道大多数企业主的工作时间比员工还要长，但我从没听哪位企业主说他想为别人打工。

我们常说要善于表现自我，尤其是在涉及艺术或艺术品的时候。做生意也同样如此，我把经营的公司当作一件艺术品。无论是艺术创作，还是经营公司，两者在很多方面都是有一些共性的东西，比如自律、技术及耐心等。拥有"自由表达"的权利，这是让企业主感觉很棒的一点。如果我想表达某种意愿，我就会付诸行动达成心愿，无需向他们汇报请示。这就好比是我自己的一场球赛。当然，我得遵守有关场地、球道的规定等，但是我有权决定如何打比赛。这种感觉太奇妙了。

人们因某种原因获得灵感，灵感又变成一种激励因素。当我们的灵感没有引起关注，就会产生挫折感、沮丧感。如果你把灵感跟勤奋、专注完美地结合在一起，我建议你可以考虑创业了，一旦成功，回报会比现在多得多，你会受益匪浅。俗话说得好：一分耕耘，一分收获。仔细考虑一下吧。

你的回答

你想拥有自己的公司吗?
为什么?

_____
_____
_____

"自由"对你来说意味着什么?

_____
_____
_____

第28章
给自己找一个致富导师

清崎的回答

挑战无处不在,相比追随者而言,我们需要更多的领导者。

多数人还依然抱有应得权益心态——期望政府或公司或家庭帮他们解决自己的财务问题。希望本书能让你成为主动解决问题的领导者,而不是做一个坐等别人来解决问题的等待者。

怎样才能成为领导者?下面我们从三个方面对领导者进行定义:

1. 领导者身先士卒,争做他人楷模。我在军校和海军陆战队的时候,大部分训练都集中于领导力方面的训练:如何成为领导楷模。这样,你才会成为其他人仰望且马首是瞻的领导,他人也会以你的高标准来作为自己的行为准则。

特朗普完全符合这些标准。因为合著本书,使得我有机会进一步了解这位多年来我一直敬佩的楷模。他一出场,我就知道自己以后的人生该如何度过:按照更高的标准来要求自己。

穷爸爸建议我多赚少花(节流),富爸爸建议我继续工作以拓展收入来源(开源)。因为特朗普,我受到极大的鼓舞:我要拓展财富,而且这笔财富远远超出我的想象。这就是真正的领导者要做的事情:鼓舞他人,并使其超越自我。我相信在本书的鼓舞下,你一定能超越自我,向人生更高的目标迈进。

2. 领导者激励他人战胜怀疑和恐惧。富爸爸常说:"恐惧不仅是懦夫和领导者的分界线,还是成功和失败的分水岭。"

在加利福尼亚彭德尔顿营参加战前集训、即将被派往越南战场前的最后

> 真正的领导者能激励下属自强、自信,使他们能做不敢做之事。
> ——罗伯特·清崎

几天,负责训练射击和发射火箭的飞行员教练对我们说:"你们在学校的日子即将结束,接下来你们将远赴越南作战。在那里,你们将遇到领导者需要面对的最艰难的考验。你们需要让搭档牺牲自己以保全队友,我的问题是你愿意这样做吗?"在我和同机的副驾驶员思索完教练的话以后,教练继续说道:"如果你愿意放弃生命,你将获得新生。生命将会以一种奇异的方式赋予你一次面对人生重大转折点的机会,而这一机会却是大多数人一生都在极力逃避的。你将进入一个超越生死的人生新境界。"

在越南战场上,我曾多次遇到教练所说的这一时刻:那一刻,我需要面对极大的恐惧,并且超越生死。

显然,经商和投资不是事关生死的事情。但是,要想获得成功,你必须在"旧我死"和"新我生"之间做出选择。许多人因为害怕"涅槃"而拒绝成长并获得重生,只能按照以前的生活继续过活。

真正的领导者能激励下属自强、自信,使他们能做不敢做之事。

回顾我以往的人生,我发现,要想让新我获得重生的机会,旧我必须死去。

举例来说:

当我决定成为富人时,我内心住着的那个穷鬼必须死亡。

当我决定成为创业家时,我内心住着的那个打工者必须死亡。

当我决定通过瘦身而变成一个健康人时,我内心住着的那个肥胖且懒惰的人必须死亡。

我的一个朋友常说:"人人都想去天堂,但没人想死。"过去跟特朗普一起共事的两年,他鼓舞我战胜内心那个旧我,追求少数人才能体验的人生。

回到20世纪80年代,当时是我和金正面临人生中经济上最困难的时期,我们都读了特朗普《交易的艺术》一书。或许有些人知道,1985年,我和金破产了,当时无家可归,有一段时间只能在汽车里面过夜。1987年,特朗普《交易的艺术》一书问世,是他在书中分享的智慧鼓励我们继续走下去,即便好多朋友和家人都劝我们放弃梦想。

1987年，股市暴跌。正是特朗普的智慧让我们意识到最坏的时期才是致富的最好时机，而非灾难。我们利用股市、储蓄和贷款机构及房地产市场崩盘的这一大好机会，最终实现财务自由。

特朗普对当时的我和金来说，就像是黑暗中的灯塔。感谢他多年来一直分享的经验。

3. 领导者具有远见卓识，而且教别人同样具备这一技能。我曾经在报道中看到有人说丘吉尔能预见到未来200年的事情，富勒博士则能预见到1000年之后的事情。不管是不是真的，但是我们都知道有些人确实拥有远见。别人眼中衰败、落魄的建筑在特朗普那里则是高耸云天、熠熠发光的摩天大楼。也正因为如此，特朗普才能成为领导者，且同时让自己跻身富豪之列。因为他能看到其他人看不到的东西。

富爸爸教我看见其他人看不到的东西：房地产投资者拥有的四种不同的收入形式：

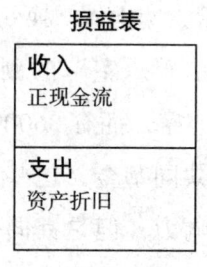

年纪轻轻的我就能用心发现以上四种收入。接下来，我就知道自己如何利用房地产投资致富了。正是富爸爸教我学会如何看到其他人看不到的东西，让我具备过人的远见。

如果用长远的眼光去看那些长期投资共同基金的人日后所面临的现实情况的话，你将看见一个不一样的未来。

下面是本书反复强调的一个教训：

25~65岁投资共同基金的人，他们的投资收益应该是这样的：

40年后

	共同基金公司	投资者
收益率	80%	20%
风险系数	0%	100%
资金投入	0%	100%

引狼入室

正如你所看到的那样，更糟糕的是，当学校、企事业单位试图向其成员推广财商知识时，事实上，他们只不过是邀请那些只会兜售"高风险、低产出"这类投资项目的伪理财专家来给大家上课。换句话说，这就是典型的引狼入室。

下面我就给大家举一个"引狼入室"的例子。2006年5月美国《金钱》杂志刊登了这样一篇报道：据透露，拥有3600万会员的美国退休者协会借助其强大的组织力量向会员推销共同基金，这些基金表现极差。尽管这一组织有着强大的经济实力和政治影响力，但是其向会员出售的基金不在基金业绩排行榜的前20%之列。即便是它最大最受欢迎的基金，也未跻身于基金业绩排行榜前40%。好消息是，该协会目前正在着手改变这一现状。

作为一个受害者的例子，文章引用美国国会代表杰弗里·戴维斯的话这样写道："作为已退役军官，他也是通过这一欺骗性的投资广告让自己损失数千美元。"他还说，"直到我退伍后进入商界，我才发现，与其他投资机会相比，这些产品是多么的缺乏竞争力……这个所谓的'投资项目'，让我和妻子损失了近一半的存款。"

再次重申一下我的观点：向那些毫无财商且认为投资有风险的人兜售理财

产品会让销售者获利颇丰。其实投资并没有风险，毫无财商去投资这才是最大的风险所在。

有些人盲目地把钱交给共同基金公司，由其帮你代为投资。你是这种投资者吗？还是你想成为这种投资者：通过掌控四种不同的收入来源从而掌控自己的未来。

"但高管的角色并没有被忽视。首席执行官们目前的公信力已经跌到最低值。一项调查显示：75%的公众信任店主，73%的公众信任军队，60%的公众信任医生，只有25%的人信任企业高管。这一比例仅高于仅有23%公信力的二手车交易员。"

——约翰·伯格
先锋集团创始人及CEO

首席执行官们管理着基金经理投资的公司。我的富爸爸说："共同基金就像炸薯条。它们能满足你一时的口欲，但不适合长期食用。"

如果你喜欢投资股票和共同基金，我极力推荐你读读约翰·伯格的《资本主义的灵魂之战》。

领导者善为人师

多年前，我免费为富爸爸打工，他虽然没给我工钱，但却教会我如何练就远见卓识的能力。这就是财商：用你的心去领悟你的眼睛看不到的东西。

正如本书前面提到的那样：在金钱世界，你会经常听人谈及"透明度"这个词。透明度意味着你可以透视某物。当银行要求查看你的财务报表时，是想透过财务报表来看透你或者看透你的公司。你的财务报表就是你在真实世界的"成绩单"。

我的富爸爸既是领导者又是诲人不倦的老师，教我具备洞察未来的能力，让我决定自己的未来。这就是伟大的领导者和人生导师所做的事。卓越的领导者不仅自己有远见卓识，也教他人具备这一能力。

——罗伯特·清崎

特朗普的回答

总结

清崎和我简述并强调了一些我们国家和个人都面临的一些问题。我们相信自己能找到解决之道并亲自参与到解决方案之中。我们希望能清楚地向读者们说明问题，同时也成为解决问题的一份子。

身为老师，我们知道我们只能向大家提供一些见解和指导原则，但是最终由你们来做出抉择并对其负责。事实上，这正是我们的初衷。

我做什么事情都喜欢专注，因为专注是高效解决问题的主要素质之一，就像觉悟是进步的第一步一样。如果你都不能发现问题，又谈何解决问题呢？我们一直将注意力集中于问题之上，这样我们才能更加清楚地知道如何解决它，不论是自己解决还是大家一起解决。

在撰写本书的过程中，见诸报端的一些头条新闻更加凸显了我们为此而付出的努力和价值。我们看到一些善行和天赋，也见证了安然公司财务作假的涉案人员被绳之于法，还看到石油和天然气市场依然动荡不安。我们更加意识到：当前的严峻局势不会有所改变，我们只能改变自己。

> 我们意识到：当前的严峻局势不会有所改变，我们只能改变自己。
> ——唐纳德·特朗普

我曾经说过："没有激情，就没有能量；没有能量，就没有一切。"这是我很早以前说过的话，但是放到今天仍然适用，也正是这句话鼓舞着我写完本书。现在还不是退出世界舞台的时候。如果需要做点什么的话，那就是我们需要付诸更多的激情和能量，去着手解决眼前所发生的问题。看看丘吉尔说的这句话：

"指望获得，只是生存。学会给予，才是生活。"

清崎和我衷心地希望有朝一日，所有人都能成为施予者，因为这表明你已经成为解决问题的一份子了。这是对我们所付出的努力最大的回报。

在此期间，觉悟是朝正确方向前进时所迈出的最大一步，一定要继续保持这种状态。在涉及财务责任和全球责任的时候，请让我们把盲点降至最低吧。

我知道清崎会继续朝着通往卓越导师之路继续前进，我希望大家继续聆听他的教诲。觉悟赋予你力量。

我希望我们已经赋予你成功所需的力量。

——唐纳德·特朗普

结 语

自我评估

整本书中,我们要求你分享自己的想法、经历及目标和梦想。我们这么做的原因请见学习金字塔原理。从中你可以发现"阅读"在学习金字塔理论的最底层,而"实战"则位于学习金字塔理论的最顶端。参与并反思如何把这些观点应用于实际生活中,这样你就是在真正应用学习金字塔原理了,接近"参与讨论"这一方式。通过这些学习方式,我们希望你能察觉到那些能改变你生活的机会,并将之内化。

学习金字塔		
两周后我们还能记住多少		参与程度
说过和做过的还能记住 90%	实战	主动
	模拟	
	做一次令人印象深刻的报告	
说过的还能记住 70%	发表一次演讲	
	参与讨论	
听过和看过的还能记住 50%	现场观摩	被动
	观看演示	
	看展览、观看演示	
	看视频	
看过的还能记住 30%	看图片	
听过的还能记住 20%	听演讲	
读过的还能记住 10%	阅读	

资料来源:改编自戴尔的学习金字塔(1969)

现在是检验和评估自己的时候了。每章后面的问题你做出了回答吗?如果做了,你的决心和专注度如何?

检查一下你的回答，看看它们是消极负面的作答，（我不能，我做不到，我不知道）还是积极正面的作答（我能，我可以，我会）？

消极负面的回答通常会让你止步不前或感到沮丧，而积极正面的回答通常会激励你前进并让你充满自信。如果你的回答偏消极负面，你觉得自己是否要做一些努力和尝试？如果你的回答积极正面，你做好改变的准备了吗？

你现在可以拿出多少时间和金钱用于投资？

你是否做出了有关投资的时间和金钱规划？如果没有，你目前的状况估计没有任何改观。如果做了，花点时间和金钱明智地用于自己感兴趣的领域吧。

你是否已经选好某一投资领域并集中精力研究它，比如房地产、股票或者创业？

如果没有，你是否可从制订另一个理财计划？不管你决定投资于哪一领域，继续让自己接受理财方面的教育并向自己承诺一定要成功。

你是否拥有一个支持你成功的有利环境及一些能够把你推上人生巅峰的伙伴？

你周围的环境和圈子是支持你前进的，还是在这方面拖你后腿？你是否需要改变一下所处的环境？如果需要，请开始行动吧。

只有你自己才能回答以上问题，也只有你自己才能改变自己的人生。

思考——行为——结果

我们就是想让你成为有钱人。

特朗普和清崎合影

特朗普的致谢

和清崎及富爸爸团队一起共事,既难忘又愉快。我们的合作既亲切又坚如磐石。谢谢他们能把清崎和我的一些相同点和不同之处如此完美地融合在一起。这项工作完成起来难度很大,他们却成功地做到了。莫纳·甘贝塔在协调本书出版工作中付出了艰辛和努力。清崎,谢谢你给了我这么一次美妙的经历,不得不说,你是一位温和且极具天赋的老师。

同时我还要感谢机敏、幽默的梅雷迪思·麦基沃,有了她的帮助,我的这部分内容才得以完美收工,写作期间她需要跟我的时间表保持一致。罗娜·格拉夫也经常赶过来帮忙,我想在此对她表示由衷的感谢。

米歇尔·洛基,感谢你从一开始努力投入到本书的各种活动中;感谢艾伦·维森伯格,是你为本书提供了深刻的洞察力及极具教育冲击力的建议。人们并不知道你在担任特朗普集团首席财务官之前曾在某高中任教。现在他们知道了。基思·席勒,你的严谨和深思熟虑是大家有目共睹的。凯茜·肯尼迪,谢谢你对本书中图片的处理。

感谢来自《出版人周刊》杂志的威廉姆·麦高瑞和凯文·布雷尔曼及整个团队,是你们从清崎和我最初一开始合作就向我们提供了热情的帮助和支持。你们太棒了!

谢谢本书的所有读者,让我有机会再次与你们共享这美好的阅读时光。希望你们不断学习,不断前进,不断宏观思考。

唐纳德·特朗普

清崎的致谢

许久以来，我一直期待能和特朗普携手合作，这次终于梦想成真了。很荣幸这次能和特朗普及其团队合作。他是我们这个时代当之无愧的偶像人物。他做事一向追求卓越，而且最重要的是他尊重下属、礼貌待人。我从他那里学到很多东西，使得我在奋斗过程中不断发展壮大。他的团队在工作中所表现出来的活力及所提供的巨大支持正是特朗普本人的映照。

得知能和梅雷迪思·麦基沃一起共事，我感到十分高兴。她的古典优雅与她的才华、创造力完全匹配。米歇尔·洛基一直大力推进此次合作项目。非常感谢这两位优秀的女性能够对我们这个项目表现出极大的兴趣。

我还要感谢基思·席勒和罗娜·格拉夫在过去的一年中为此付出的热情和努力。此外，很高兴能够通过此次合作结识特朗普集团的首席财务官艾伦·维森伯格，从他身上我看到了他对年轻一代迫切需要财商教育的热情和呼吁。

特别感谢参与此次项目的所有富爸爸团队成员，感谢你们为本书提供的建议和意见，使得本书结构更加清晰，内容更加引人入胜。他们把我的写作风格和特朗普的写作风格完美融合，使得本书独树一帜。

莫纳·甘贝塔在本书的出版和推广中做出了巨大贡献。她的热情来源于她对卓越无止境的追求。正因为如此，我们的工作才变得生机勃勃。

我还要感谢《出版人周刊》团队凭借自身丰富的知识和经验对此书予以的帮助，尤其是他们对此书投入的热情，特别是威廉姆·麦高瑞、凯文·布雷尔曼、汉娜·沃克曼、雷切尔·迪尔对本书的大力支持。特别感谢凯文对本书的指导。

最后，感谢广大读者们高度关注自身的财商教育问题，并有兴趣阅读本书。

罗伯特·清崎

迅速提高财商的三个方法

方法一：阅读"富爸爸"系列书籍

财富观念篇
《富爸爸穷爸爸》
《富爸爸为什么富人越来越富》（《富爸爸穷爸爸》研究生版）
《富爸爸财务自由之路》
《富爸爸提高你的财商》
《富爸爸女人一定要有钱》
《富爸爸杠杆致富》
《富爸爸我和埃米的富足之路》

财富实践篇
《富爸爸投资指南》
《富爸爸房地产投资指南》
《富爸爸点石成金》
《富爸爸致富需要做的6件事》
《富爸爸穷爸爸实践篇》
《富爸爸商学院》
《富爸爸销售狗》
《富爸爸成功创业的10堂必修课》
《富爸爸给你的钱找一份工作》
《富爸爸股票投资从入门到精通》
《富爸爸为什么A等生为C等生工作》

财富趋势篇
《富爸爸21世纪的生意》
《富爸爸财富大趋势》
《富爸爸富人的阴谋》
《富爸爸不公平的优势》

财富亲子篇
《富爸爸穷爸爸（少儿财商启蒙书）》（适合3~6岁）
《富爸爸穷爸爸（漫画版）》（适合7岁以上）
《富爸爸穷爸爸（青少版）》（适合11岁以上）
《富爸爸发现你孩子的财富基因》
《富爸爸别让你的孩子长大为钱所困》

财富企业篇	《富爸爸如何创办自己的公司》
	《富爸爸如何经营自己的公司》
	《富爸爸胜利之师》
	《富爸爸社会企业家》

方法二：玩《富爸爸现金流》游戏

风靡全球的《富爸爸现金流》游戏浓缩了《富爸爸穷爸爸》一书的作者——罗伯特·清崎三十多年的商界经验，让我们在游戏中模仿和体验现实生活的同时，告诉游戏者应如何识别和把握投资理财机会；通过不断的游戏和训练及学习游戏中所蕴含的富人的投资思维，来提高游戏者的财务智商，最终实现财务自由。

扫码购买《富爸爸现金流》游戏

方法三：关注读书人俱乐部微信公众号，在读书人移动财商学院学习财商知识

北京读书人俱乐部微信公众号由北京读书人文化艺术有限公司运营，为富爸爸读者提供既符合富爸爸理念又根据中国实际情况加以完善的财商相关课程，帮助读者系统地学习和掌握富爸爸财商的原理、方法和实操技巧，助力富爸爸读者的财务自由之路。

readers-club

扫码关注读书人俱乐部

开始学习

图书在版编目（CIP）数据

富爸爸为什么我们希望你成为有钱人 /（美）唐纳德·特朗普，
（美）罗伯特·清崎著；刘红霞译. — 成都：四川人民出版社，2019.1
ISBN 978-7-220-11174-7

Ⅰ. ①富… Ⅱ. ①唐… ②罗… ③刘… Ⅲ. ①私人投资–通俗读物 Ⅳ. ① F830.59-49

中国版本图书馆 CIP 数据核字（2018）第 288890 号

Why We Want You To Be Rich
Copyright © 2017 by Donald J. Trump and Robert T. Kiyosaki
This edition published by arrangement with Rich Dad Operating Company, LLC.

版权合同登记号：图进 21-2018-737

FUBABA WEISHENMEWOMENXIWANGNICHENGWEIYOUQIANREN
富爸爸为什么我们希望你成为有钱人（第二版）

〔美〕唐纳德·特朗普　〔美〕罗伯特·清崎　著　刘红霞　译

责任编辑	李淑云
特约编辑	张　芹
封面设计	朱　红
版式设计	乐阅文化
责任印制	聂　敏
出版发行	四川人民出版社（成都市槐树街2号）
网　　址	http://www.scpph.cn
E-mail	scrmcbs@sina.com
新浪微博	@四川人民出版社
微信公众号	四川人民出版社
发行部业务电话	（028）86259624　86259453
防盗版举报电话	（028）86259624
照　　排	北京乐阅文化有限责任公司
印　　刷	三河市中晟雅豪印务有限公司
成品尺寸	168mm×234mm　1/16
印　　张	20
字　　数	315 千
版　　次	2019 年 4 月第 1 版
印　　次	2019 年 4 月第 1 次印刷
书　　号	ISBN 978-7-220-11174-7
定　　价	58.00 元

■版权所有·侵权必究

本书若出现印装质量问题，请与我社发行部联系调换
电话：（028）86259453